刑法総論

小松 進 著

不磨書房

はしがき

　刑法はとっつき易い法律だが難しい，分からない，という言葉をときどき耳にする。
　私自身が刑法を学び始めた頃を思い返すと，教科書は大家の書かれた分厚い体系書であった。その分量にも圧倒されたが，難解な用語と概念を駆使した新しい知識の森に方位を失い，自分の現在地が分からず途方に暮れることがたびたびであった。刑法の知識が少しずつふえるにつれて，迷路を抜け出す小径を探す術を身につけていったように思うが，後で考えると，森の全体図と方位が分かっていたら森を十分観察しながら通れたと思う。その後大学院で刑法を専攻し，一橋大学で植松正教授のご指導を受けて研究を進めるうちに視界が徐々に広がっていった。さらに，福田平教授，大塚仁教授，藤木英雄教授はじめ多くの先生方からご指導を頂き，また，同学の先輩や友人たちとの議論を通して個別専門的研究のみならず「刑法の森」を鳥瞰する目も養われてきたように思う。また，講義や演習の中で大学院生や学生諸君の素朴ではあるが鋭い質問も刺激的で大いに役立ったと思う。

　さて，本書は刑法を本格的に学びたいという意欲的な学生に刑法を講ずる際の素材としてまとめたものである。刑法総論の全体像と基本的な知識を提供し，あわせて刑事法学の新しい動向・論点について私自身の考えも加味しながら議論を展開した。まとめるにあたっては，つぎの点に留意した。
　第1に，刑法総論の全体像の把握と刑法総論の基本的な知識の修得ができるように心がけた。さらに進んだ問題，現代的な問題を解決する方向を探る力は，そうした基本的な知識なしには涵養できないと考えるからである。学説の詳細な紹介はさけ，主要な学説と通説をわかりやすく説明し，私自身の考えが通説と異なるところはその理由を述べるように心がけたつもりである。
　さらに，刑法総論の知識のステップアップを志す者のために章の末尾にその

はしがき

章の基本テーマに関する主な研究書・研究論文を数点ずつ掲げた。

　第2に，基本的な判例について簡潔な要約をつけたり，馴染みやすい事件名をつけたり確実に覚えて貰うよに工夫をした。判例は現実に発生した事件の具体的事実関係を基礎になされた判断である。いわば「法の規定は骨組みであり，判例はその肉づけをするもの」ということができる。学問の対象としての法は判例と併せて研究されることによってはじめて生き生きとしたものとして理解されると考えるからである。

　しかし，書き終えて最初の意図がどの程度実現できたかは全く心許ない次第である。大方のご教示を得て次回の補正を期することとしたい。

　本書をまとめるにあたっては，不磨書房の方々，とくに稲葉文彦氏，稲葉文子氏には大変お世話になった。記して感謝を申し上げる次第である。

　　　2003年7月

　　　　　　　　　　　　　　　　　　　　　　　　　小　松　　進

目　　次

第1編　刑法の基礎理論

第1章　刑法の意義 …………………………………………………3
　1　刑法および刑法学 ……………………………………………3
　　（1）　刑法の意義 ………………………………………………3
　　（2）　刑法の規範 ………………………………………………4
　　（3）　刑法の目的（機能） ……………………………………5
　　（4）　刑　法　学 ………………………………………………7
　2　社会と犯罪 ……………………………………………………8
第2章　罪刑法定主義・刑法の解釈・法源 ……………………11
　1　罪刑法定主義 …………………………………………………11
　　（1）　意義と沿革 ………………………………………………11
　　（2）　派生的原理 ………………………………………………12
　2　刑法の解釈 ……………………………………………………16
　3　刑法の法源 ……………………………………………………19
　　（1）　狭義の法律（法律主義） ………………………………19
　　（2）　委任命令と罰則 …………………………………………20
　　（3）　条例と罰則 ………………………………………………21
　　（4）　判　　例 …………………………………………………21
第3章　刑法の適用範囲 …………………………………………23
　1　時間的適用範囲 ………………………………………………23
　　（1）　効力の始期 ………………………………………………23
　　（2）　効力の終期 ………………………………………………24
　　（3）　犯罪後の法律による刑の変更 …………………………24
　　（4）　限　時　法 ………………………………………………25
　2　場所的適用範囲 ………………………………………………27
　　（1）　総　　説 …………………………………………………27

目　次

　　（2）　現行法の立場 …………………………………………27
　　（3）　外国判決の効力 ………………………………………29
　　（4）　刑法の場所的適用範囲と裁判権 ……………………30
　3　人的適用範囲 ……………………………………………………30
　　（1）　人的適用範囲 …………………………………………30
　　（2）　問題となる場合 ………………………………………31

第2編　犯　罪　論

第1章　序　　　論 ……………………………………………………35
　1　犯罪の意義と成立要件 …………………………………………35
　　（1）　犯罪の意義 ……………………………………………35
　　（2）　犯罪の一般的成立要件 ………………………………36
　　（3）　行為の意義 ……………………………………………37
　2　犯罪論の意義 ……………………………………………………40
第2章　構　成　要　件 ………………………………………………43
　1　構成要件の概念 …………………………………………………43
　　（1）　構成要件の意義 ………………………………………43
　　（2）　構成要件の機能 ………………………………………44
　　（3）　構成要件と違法性・有責性（責任）…………………45
　2　構成要件の要素 …………………………………………………47
　　（1）　概　　説 ………………………………………………47
　　（2）　規範的構成要件要素と記述的構成要件要素 ………47
　　（3）　客観的構成要件要素 …………………………………48
　　（4）　主観的構成要件要素 …………………………………54
　3　構成要件該当性 …………………………………………………69
　　（1）　概　　説 ………………………………………………69
　　（2）　不作為犯 ………………………………………………71
　　（3）　因果関係 ………………………………………………78
第3章　違　法　性 ……………………………………………………89

目　　次

- 1　違法性の意義 …………………………………………………… 89
  - （1）概　　説 ……………………………………………… 89
  - （2）実質的違法性 ………………………………………… 89
  - （3）客観的違法性論と主観的違法性論 ………………… 92
  - （4）可罰的違法性 ………………………………………… 93
  - （5）結果無価値論と行為無価値論 ……………………… 95
- 2　違法性阻却事由 ………………………………………………… 97
  - （1）違法性の判断 ………………………………………… 97
  - （2）違法性阻却の一般的原理 …………………………… 98
- 3　緊　急　行　為 ………………………………………………… 99
  - （1）正　当　防　衛 ……………………………………… 99
  - （2）緊　急　避　難（37条）…………………………… 106
  - （3）自　救　行　為 …………………………………… 111
  - （4）義務の衝突 ………………………………………… 114
- 4　一般的正当行為 ……………………………………………… 115
  - （1）総　　説 …………………………………………… 115
  - （2）法　令　行　為（35条）………………………… 116
  - （3）正当業務行為（35条後段）……………………… 117
  - （4）被害者の承諾 ……………………………………… 118
  - （5）推定的承諾（推定的承諾に基づく行為）……… 121
  - （6）安楽死・尊厳死 …………………………………… 122
  - （7）労働争議行為 ……………………………………… 127
  - （8）いわゆる超法規的違法性阻却事由（狭義）…… 128

第4章　責　　任 ……………………………………………… 131

- 1　責任論の基本問題 …………………………………………… 131
  - （1）責任の意義・責任主義 …………………………… 131
  - （2）責任の本質 ………………………………………… 132
  - （3）責任の基礎 ………………………………………… 134
  - （4）責任の要素――心理的責任論と規範的責任論 … 135
- 2　責　任　能　力 ……………………………………………… 137

目　　次

　　　（1）　意　　　義 ……………………………………………………137
　　　（2）　責任無能力・限定責任能力 ………………………………138
　　　（3）　原因において自由な行為（actio libera in causa）………140
　　3　責任要素としての故意 ………………………………………143
　　　（1）　総　　　説 ……………………………………………………143
　　　（2）　違法性の意識に関する学説 ……………………………143
　　　（3）　違法性の意識の内容 ………………………………………146
　　4　錯　　　誤 …………………………………………………………146
　　　（1）　総　　　説 ……………………………………………………146
　　　（2）　事実の錯誤 ……………………………………………………147
　　　（3）　法律の錯誤 ……………………………………………………155
　　　（4）　違法性阻却事由の錯誤 ……………………………………159
　　5　責任要素としての過失 ………………………………………160

第5章　未遂犯・中止犯 …………………………………………………163
　　1　未　遂　犯 …………………………………………………………163
　　　（1）　概　　　説 ……………………………………………………163
　　　（2）　未遂犯（障害未遂）の要件 ………………………………164
　　　（3）　未遂犯の成立・着手時期が問題となる犯罪 …………166
　　　（4）　未遂犯の処罰 ………………………………………………167
　　2　中　止　犯 …………………………………………………………168
　　　（1）　意　　　義 ……………………………………………………168
　　　（2）　中止犯の法的性格（刑の必要的減免の根拠）…………168
　　　（3）　要　　　件 ……………………………………………………169
　　　（4）　予備の中止 ……………………………………………………172
　　3　不　能　犯 …………………………………………………………173
　　　（1）　意　　　義 ……………………………………………………173
　　　（2）　学　　　説 ……………………………………………………173
　　　（3）　学説の検討 ……………………………………………………175

第6章　共　　　犯 …………………………………………………………177
　　1　共犯の基本観念 ……………………………………………………177

（1）共犯の意義 …………………………………………………………… 177
　　（2）共犯の本質 …………………………………………………………… 179
　2　共同正犯 ………………………………………………………………… 184
　　（1）主観的要件――共同実行の意思（意思の連絡） ………………… 185
　　（2）客観的要件――共同実行の事実 …………………………………… 187
　　（3）共謀共同正犯 ………………………………………………………… 187
　3　教　唆　犯 ……………………………………………………………… 190
　　（1）客観的要件――教唆行為 …………………………………………… 190
　　（2）主観的要件 …………………………………………………………… 191
　　（3）未遂の教唆と教唆の未遂 …………………………………………… 191
　　（4）実行従属性 …………………………………………………………… 192
　　（5）処　　　罰 …………………………………………………………… 193
　　（6）間接教唆・再間接教唆 ……………………………………………… 193
　　（7）独立教唆罪 …………………………………………………………… 193
　4　従　　犯（幇助犯） …………………………………………………… 194
　　（1）客観的要件――幇助行為の存在 …………………………………… 194
　　（2）主観的要件――幇助の意思（故意） ……………………………… 195
　　（3）従　属　性 …………………………………………………………… 195
　　（4）処　　　罰 …………………………………………………………… 195
　5　共犯の諸問題（身分・錯誤・中止など） …………………………… 196
　　（1）共犯と身分 …………………………………………………………… 196
　　（2）共犯と錯誤 …………………………………………………………… 202
　　（3）共犯と中止・共犯関係からの離脱 ………………………………… 204

第7章　罪　　　数 …………………………………………………………… 207
　　（1）罪数論の意義 ………………………………………………………… 207
　　（2）罪数を定める基準 …………………………………………………… 207
　　（3）本来的一罪 …………………………………………………………… 208
　　（4）科刑上の一罪 ………………………………………………………… 210
　　（5）併　合　罪 …………………………………………………………… 212

目　次

第3編　刑　罰　論

第1章　刑罰の本質 …………………………………………217
　（1）　応 報 刑 論 …………………………………………217
　（2）　教 育 刑 論 …………………………………………218
　（3）　刑罰の本質 …………………………………………219

第2章　刑罰の種類 …………………………………………221
　（1）　死　　　刑 …………………………………………221
　（2）　自 　由 　刑 …………………………………………222
　（3）　財 　産 　刑 …………………………………………223

第3章　刑 の 適 用 …………………………………………225
　（1）　刑 の 適 用 …………………………………………225
　（2）　法 　定 　刑 …………………………………………225
　（3）　刑の加重・減軽 ……………………………………226
　（4）　刑 の 量 定 …………………………………………227
　（5）　刑 の 免 除 …………………………………………228

第4章　刑 の 執 行 …………………………………………229
　（1）　刑 の 執 行 …………………………………………229
　（2）　刑の執行猶予 ………………………………………229
　（3）　仮 　釈 　放 …………………………………………230

第5章　刑 の 消 滅 …………………………………………233
　（1）　恩　　　赦 …………………………………………233
　（2）　時　　　効 …………………………………………233
　（3）　刑の消滅（34条の2） ………………………………233

事 項 索 引 …………………………………………………………235
判 例 索 引 …………………………………………………………241

〔参考文献〕

板倉　宏・刑法総論（平6　勁草書房）
植松　正・再訂刑法概論（昭49　勁草書房）
内田文昭・刑法Ⅰ（総論）（改訂版・昭61　青林書院）
大塚　仁・刑法概説（総論）（第3版・平9　有斐閣）
大谷　実・新版刑法総論講義（平12　成文堂）
小野清一郎・新訂刑法講義総論（増補版・昭25　有斐閣）
川端　博・刑法講義総論（平7　成文堂）
吉川経夫・刑法総論（3訂版・平1　法律文化社）
木村亀二＝阿部純二補訂・刑法総論（昭53　有斐閣）
佐伯千仭・刑法講義（総論）（改訂版・昭49　有斐閣）
荘子邦雄・刑法総論（新版・昭56　青林書院）
曽根威彦・刑法総論（第3版・平12　弘文堂）
滝川幸辰・犯罪論序説（改訂版・昭22　有斐閣）
団藤重光・刑法綱要総論（第3版・平2　創文社）
内藤　謙・刑法講義総論（上）（昭58）（中）（昭61）（下Ⅰ）（平3）（下Ⅱ）（平14
　　　　有斐閣）
中山研一・刑法総論（昭57　成文堂）
西原春夫・刑法総論（昭52　成文堂）
平野龍一・刑法総論Ⅰ（昭47）Ⅱ（昭50　有斐閣）
福田　平・全訂刑法総論（第3版・平8　有斐閣）
藤木英雄・刑法講義総論（昭50　弘文堂）
前田雅英・刑法総論講義（第3版・平10　東京大学出版会）
牧野英一・刑法総論（上）（昭33）（下）（昭34　有斐閣）
町野　朔・刑法総論講義案Ⅰ（第2版・平2　信山社）

第1編　刑法の基礎理論

第1章　刑法の意義

1　刑法および刑法学

(1)　刑法の意義

　刑法とは，犯罪と刑罰を定めた法である。すなわち，どのような行為が犯罪となり，その犯罪にはどのような刑罰が科せられるか，を定めた法律が刑法である。

(a)　**形式的意義の刑法と実質的意義の刑法**
　形式的意義の刑法（狭義の刑法）とは，同名の法律，すなわち，刑法（明40法45）をさす。刑法典と呼ばれることもある。明治40年に制定された法律であるが，平成7年にほとんど内容を変えずに現代語に表現が改められた[1]。
　実質的意義の刑法（広義の刑法）とは，犯罪と刑罰を定めたすべての法律をいう。刑罰法規と呼ぶこともある。犯罪と刑罰を定めた法律は刑法典に限らない。刑罰法規は刑法典以外にも多数存在する。軽犯罪法（昭22法39）や暴力行為等処罰に関する法律（大15法60）など一見して犯罪と刑罰にかかわる法律と分かるものから，法律としては行政法の領域に分類される道路交通法（昭22法5→第8章を見よ）や私法に属する商法（明32法48→第2編第7章を見よ）の中にも犯罪と刑罰を定めた法条が見られる。これらもすべて広義の刑法である。このように刑罰法規はあらゆる法領域に含まれているといっても過言ではない。

(b)　**普通刑法と特別刑法**
　刑法は普通刑法と特別刑法に分けられる。刑法典は，すべての刑罰法規の基本法としての性格を有するので普通刑法（一般刑法）と呼ばれる場合がある。これに対して，刑法典以外の刑罰法規は特別刑法と呼ばれる。特別刑法には，

暴力行為等処罰に関する法律，軽犯罪法（昭23法39），人の健康に係る公害犯罪の処罰に関する法律（昭45法142）などのように刑法典の補充的性格を有するもの（狭義の特別刑法）と，道路交通法（昭35法105），所得税法（昭40法33）などの行政目的のために違反行為を罰するもの（行政刑法）とがある。刑法典が刑罰法規の基本法であるという性格は，刑法第一編総則（1条〜72条）に定める犯罪と刑罰に関する基本事項は，刑罰法規を定めたそれぞれの法律に例外規定（排除規定）がない限りすべての刑罰法規に適用される（8条）ということからも窺い知られる[2]。

1) 平成7年の改正は，法的な内容を変えずに国民が理解しやすい言葉による表現にしたものである。たとえば，誣告罪（ぶこくざい）は虚偽告訴罪（刑172条）に，「偶然ノ輸贏（ゆえい）ニ関シ財物以テ博戯又ハ賭事ヲ為シタル者」は「賭博をした者」（刑185条）に改められ，とくに法律を学んでいない国民にも理解が可能になった。
2) 法文にある「特別の規定」にあたる例としては，たとえば，いわゆる両罰規定（公害4条）や独立教唆罪規定（爆取4条）などがある。

（2） 刑法の規範

　刑法は法規範の1つである。規範とは，判断・評価・行為などの拠りどころとなるべき基準を意味する。では，刑法の規範は，どのような性質・構造をもつものであろうか。刑法199条「人を殺した者は，死刑又は無期若しくは3年以上の懲役に処する。」を例としよう。前半の「人を殺した者」という部分は法律要件（犯罪）とよばれるものであり，後半の「死刑又は無期若しくは3年以上の懲役」という部分は法律効果（刑罰）とよばれるもので，これらを結びつけた法命題（法律要件と法律効果）が刑法の規範である。

　刑法には裁判規範および行為規範という2つの規範が含まれているとみることができる。

　まず，199条は，裁判官に対して，「人を殺した者」は死刑もしくは3年以上の懲役刑に処すべきことを命じている。つまり，裁判官が裁判を行う際の基準，すなわち裁判規範を定めているということができる。さらに，刑法は，裁判の基準とする前提として，国民に対し「人を殺してはならない」とか「要求を受

けたら，人の住居若しくは人の看守する邸宅，建造物若しくは艦船から退去せよ」(刑130条)といった禁止・命令という形で，国民が守るべき行為の基準，すなわち行為規範を定めているのである。国民に何をしてよいか，何をしてはいけないかを示し，それに従わない場合に犯罪として刑罰による制裁を科するのである。

(3) 刑法の目的 (機能)

(a) 刑法の三機能

刑法は犯罪と刑罰を規定する法であるが，その刑法は社会においてどのような機能・役割を担っているであろうか。これについては，通常，(i)規制機能，(ii)(法益)保護機能，(iii)保障機能の3つがあげられる。

(i) **規制機能**　規制機能とは，国民の行動を規制する働きである。刑法は犯罪となる行為とそれに対する刑罰を規定することによって，国民が自己の行動が法的に許されるものであるか否かを判断する基準を示し，それを通じて国民が犯罪となる行為に出ないように国民の行為を規制する機能を有するのである。

(ii) **法益保護機能**　法益とは法によって保護される利益である。たとえば，殺人罪の保護法益は人の生命である。刑法が人を殺す行為を殺人罪として規定し，また，実際に人を殺した場合にはこれを処罰することによって，人の生命という法益を保護するのである。すなわち，殺人罪の規定をおくことによって一般人を殺人行為から遠ざからせ(一般予防)，実際に殺人を犯した者に刑罰を科すことによって将来再び同様の犯罪を行わないようにする(特別予防)機能をもつのである。

> **刑法の謙抑性**(刑法の補充的性格ともいう)　刑法のもちいる制裁，すなわち，刑罰は国家権力を背景として物理的強制力によって人の自由・財産，ときには生命をも剥奪するものであるから，社会統制の手段としては最も強力である。しかし，最善の手段とはいえない。いわば，国家・社会を維持するための「必要悪」ともいうべきものである。それゆえ，他の法領域における法益保護の手段で対応できる場合は，なるべく刑罰の発動は控えるべきも

> のである。たとえば、詐欺的行為に関していえば、その相手方による①意思表示の取消（民96条）、②民事的損害賠償の請求（民415条・709条等）、③さらに、場合によっては景表法（不当景品類及び不当表示防止法）などによる行政手続による規制・制裁（排除命令、営業免許の取消等々）、といった対応が考えられるが、これらの対応では不十分な場合に刑法の詐欺罪（刑246条）を発動すべきなのである。こうした刑法の性格を「刑法の謙抑性」という。また、他の領域の法との関係で刑法の補充的性格ともいう。

(iii) **保障機能**　刑法には犯罪行為と刑罰を規定することによって、国家刑罰権の行使の根拠と限界を設定し、国民（犯人自身も含めて）の人権を保障する働きがある。これを保障機能という。刑法に規定された行為以外の行為によっては処罰されないという意味で国民の自由は保障され、また、犯罪を犯した者も刑法の規定を超えて処罰されないという意味で犯人の人権も保障されるのである。「刑法は犯人のマグナ・カルタである」（リスト）という言葉は、後者の機能を言い表したものとして有名である。

(b) **刑法の三機能の関係**

　刑法の機能についての理解には、法益保護機能を重視する立場と規制機能を重視する立場の違いがある。規制機能を重視する立場からは、国民がなすべきでない行為を国民に示し、それを守らせることによって人間社会のあるべき姿を実現する、言い換えれば、刑法は社会倫理を維持する機能を有することが強調される。しかし、この立場は次の理由から妥当でないというべきである。まず、今日の国家・社会は、戦前の天皇制国家のような国家を維持するための絶対的価値観があるわけではなく、さまざまな価値観の存在とそれにもとづく人々の活動をみとめ、多元的な価値の調整・調和のもとに営まれているのである。したがって、多元的な価値の存在を承認する国家にあっては刑罰により特定の価値（倫理）を強制することは避けるべきであり、真にやむを得ない場合にかぎって最小限度において認めるべきものであると考える。それはこの国家・社会の存立に不可欠な価値（倫理）に限られるべきである。それゆえ、刑法の機能は今日の法制度のもとで承認される価値・利益（法益）の保護にあることを強調すべきである。

(4) 刑　法　学

　犯罪と刑罰に関連する法律はさまざまな領域に分けられる。また，犯罪と刑罰に関する学問分野にもさまざまな領域があり，いくつかの分類がなされている。

(a) 刑事法の分類

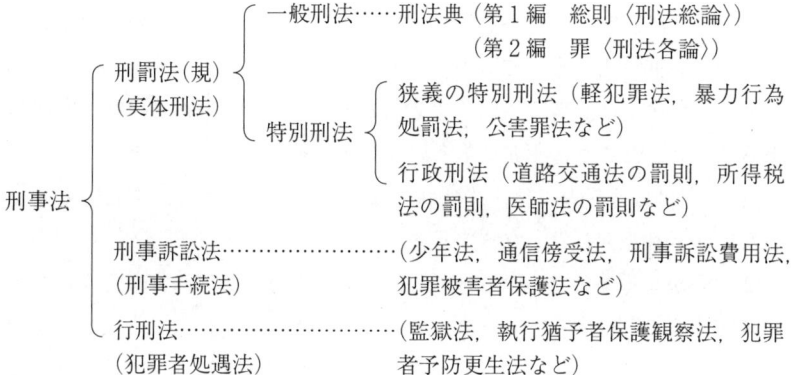

(b) 刑　法　学

(i)　**刑法学**　　刑法学は，狭義では実体刑法を対象として如何なる行為をどのような条件を具備したときどのように罰するか，について体系的認識をめざす学問である。通常は狭義の刑法についての解釈学をさす。刑法典の構成に応じて刑法総論と刑法各論に分かれる。広義においては刑法解釈学の基礎となる刑法哲学・刑法史・比較刑法などの分野も包含する。

(ii)　**刑事法学**　　刑法とその実現過程に関する法，すなわち刑法・刑事手続法・犯罪者処遇法を総称して刑事法という。そして，この諸領域の関連のもとに体系的認識を目的とする学問領域を刑事法学と呼ぶ。さらに，刑事法学の周辺領域の学問として，犯罪現象の分析と犯罪の原因を研究対象とする犯罪学，犯罪対策を研究する刑事政策学がある。また，他の学問領域において犯罪を研究対象とするものに犯罪社会学，犯罪心理学，法医学などがある。

2 社会と犯罪

(1) 「犯罪」という言葉はかなり多義にわたる意味内容をもっている。犯罪の字義は罪を犯すことであるからすべての社会規範に違反することを総称することもあるが，法律学においてはとくに次の3つを区別することが必要である。

第1は，「犯罪」が人を殺すとか他人の物を窃取するなどの罰せられる行為すなわち犯罪行為を意味する場合である。第2は，犯罪行為を行なった者（犯罪者）をも含めた意味で用いる場合であり，第3は，「最近犯罪が増加傾向にある」といったように犯罪現象という意味で使われる場合である。

「犯罪」という言葉は第1の意味で使われることが多く，本書でもとくに断らないかぎり犯罪行為を意味する。

(2) いかなる社会においても，その構成員が守らなければならない社会規範が存在することは広く認められていることである。しかも，人間がまったく自由を持たない社会でないかぎり，そのような社会規範に違反する行動が発生することも必然的な現象であるということができる。その違反行為の中にはほとんど社会に実害を及ぼさない軽微なものから，個人の生命・財産を侵害するとか，社会生活に大きな害悪をもたらすとか，国家の存立を危うくするといったものまで含まれる。そのような違反行為のうちで国民の多数が，刑罰を科してしかるべきであると考えるほど重大なものが，法律によって犯罪として規定されるのである。したがって，犯罪とは法律によって刑罰を科せられる行為として定められたもの，ということができる。

ところで社会は変化しているものであり，国によってまた時代によって罰すべきであるとされる内容も同じではない。殺人，強盗，放火など国や時代にかかわりなく犯罪とされる行為の他に，時代によって国によって，また人々の考えによって犯罪とされる行為に違いのあることに留意する必要がある。たとえば，わが国では姦通罪や不敬罪が戦後廃止されたことや尊属に対する殺人や傷害をとくに重く罰する規定を廃止したこと，あるいは，公害罪の新設などはその例である。

第 1 章　刑法の意義

〈More Study〉

平野龍一・刑法の基礎　1966　東京大学出版会
大塚　仁・刑法における新旧両派の理論　1957　日本評論新社
木村亀二「刑法の目的と機能」刑法講座 1　1963　有斐閣
西原春夫「刑法の意義と役割」現代刑法講座　第 1 巻　1977　成文堂
丸山　治「刑法の目的と機能」刑法基本講座　第 1 巻　1992　法学書院

第 2 章　罪刑法定主義・刑法の解釈・法源

1　罪刑法定主義

（1）意義と沿革

　近代刑法には罪刑法定主義とよばれる基本原則がある。罪刑法定主義とは，どのような行為が犯罪となり，かつ，それに対してどのような刑罰が科せられるかということが，あらかじめ，成文の法律によって定められていないかぎり，いかなる行為も犯罪として処罰されることはないという原則である。

　この原則は近代刑法の父といわれるドイツの刑法学者フォイエルバッハが初めて使った「法律なければ犯罪なし，法律なければ刑罰なし」（Nullum crimen sine lege, nulla poena sine lege.）という標語で表されている。罪刑法定主義は，中世において刑罰権が支配者に独占され，濫用がしばしば行われたのに対し，人民の権利を守ろうとするところから生まれたもので，その根底には自由主義的契機と民主主義的契機がある。成文の法律で処罰される行為を国民に示すことによって国民は自己の行為が処罰されるか否かの予測が可能となり，それが行為の自由をみちびくことになるのである。また，犯罪と刑罰を法律で決めるということは，何をどのように罰するかを国民の意思によって決めるということであり民主主義の要請にも応えるものといえるのである。

　罪刑法定主義の淵源は遠く13世紀のマグナ・カルタにまでさかのぼることができる[1]。その後，この思想はアメリカに渡り，フィラデルフィア植民地の宣言（1774年），ヴァージニア権利宣言（1776年），さらに合衆国憲法にも影響を与えた。そして，再びヨーロッパに逆輸入され，1789年のフランス人権宣言第8条に「法律は厳格かつ明白に必要な刑罰のみを定めなければならず，何人も

犯罪に先立って制定公布され、かつ適法に適用された法律によらなければ、処罰されない」(宮沢俊義編・人権宣言集132頁)となって結実し、以後、多数の法治国の刑法に盛り込まれる基本原則となったのである。

わが国においてもフランス刑法の影響を受けた旧刑法(明治13年)は「法律ニ正条ナキ者ハ、何等ノ所為ト雖モ之ヲ処罰スルコトヲ得ス」(2条)という規定を置いて、この原則の採用を明らかにした。現行刑法には旧刑法に相当する規定は存在しないが、これはこの原則を否定したからではなく自明のことと考えたので明文の規定を置かなかったにすぎないのである。また、現行憲法には、31条、39条前段、73条6号但書など罪刑法定主義の内容をなす規定がある。

 1) マグナ・カルタ第39条には、「自由人は、その同輩の合法的裁判によるか、または、国法によるのでなければ逮捕、監禁、差押、法外放置、もしくは追放を受けまたはその他の方法によって侵害されない。(略)」(宮沢俊義編・人権宣言集45頁以下)とあり、この条項は適正手続の原則と罪刑法定主義の原則との淵源であるといわれている。

(2) 派生的原理

罪刑法定主義の内容は、解釈論上、罪刑の法定、罪刑の適正、遡及処罰の禁止、および類推解釈の禁止の4つの派生的原理として理解することができる。以下、それぞれについて説明する。

(a) 罪刑の法定 (法律主義)

犯罪と刑罰は法律によって定められていなければならない。これを法律主義とよぶ。これには3つの内容がある。

(i) まず、ここにいう法律は狭義の法律でなければならない。すなわち、国会の制定する法律でなければならないということである。しかし、法律がとくに委任している場合には、政令以下の法形式によって犯罪と刑罰が定められることがある。なお、地方自治体の制定する条例に違反する行為の処罰は、地方自治法14条3項を根拠とするが、この規定は包括的一般的委任で違憲ではないかとする議論がある(最判昭37・5・30刑集16・5・557は、合憲とする。なお、後述3(3)条例と罰則、参照)。

(ii) 慣習法の排除　狭義の法律でなければならないから、慣習法を直接の

根拠として処罰することは許されない。しかし，構成要件の内容の確定や違法性の判断などにおいては慣習法によってその内容が確定されることもあり，慣習法がすべて排除されるというわけではない。たとえば，水利妨害罪（123条前段）における水利権は慣習法によって認められる場合が多く，それゆえ，本罪は慣習法を承認した規定ということができるからである。

(iii) **刑罰法規の明確性**　刑罰法規は国民に対して行為の基準を示すものであるから，その規定は出来る限り罪となる行為の輪郭を容易に知りうるように明確なものでなければならない。許されない行為を明確にすることによって，自由に行える行為の領域が明らかになるからである。罰せられる行為を合理的に把握することが困難な曖昧な規定は罪刑法定主義の要請に反し，また憲法31条違反として無効であるとすべきである。しかし，明確性の要請とはいっても立法技術上ある程度の包括的・抽象的概念を用いることは避けられないし，規範的構成要件要素を完全に排除することは難しいのである。最高裁の判決には規定が不明確で無効としたものはまだないが，徳島市条例事件【001】はこの点が争われたものである。最高裁は，この判決で明確性を判断する基準は「通常の判断能力を有する一般人の理解において具体的場合に当該行為がその適用を受けるものかどうかの判断を可能ならしめるような基準が読みとれるかどうか」である，と判示した。妥当な基準というべきであろう。

【001】　最判昭50・9・10刑集29・8・489（徳島市条例事件）
　【事実の概要】　被告人は，昭和43年12月，徳島市内で集団示威行進に参加した際，警察署長がその行進のための道路使用許可にあたって付した条件に違反して，蛇行進をしたり，集団行進者に蛇行進をさせるよう扇動したとして，徳島市条例（昭和27年3号「集団行進及び集団示威運動に関する条例」）3条3号に違反するとして起訴された。第一審・控訴審は，「条例3条3号の規定は刑罰法令の内容となるに足る明白性を欠き，罪刑法定主義の原則に背馳し憲法31条に違反する」との理由で無罪の判決をしたため，検察官が上告したものである。
　最高裁は，刑罰法規の定める構成要件が曖昧不明確で憲法31条に違反するかどうかの判断基準を次のように判示した。すなわち，その規定から「通常の判断能力を有する一般人の理解において具体的場合に当該行為がその適用

を受けるものかどうかの判断を可能ならしめるような基準が読みとれるかどうか」という基準である。この基準によれば，本件の「交通秩序を維持すること」という条例の規定は抽象的ではあるが不明確とはいえない，と判示した。

(b) 罪刑の適正

罪刑の適正とは，犯罪と刑罰は形式的に法律で規定してあればよいというのではなく，その内容が合理的なものでなければならないとする原則である。これは実体的デュー・プロセスの原則ともいわれるもので，憲法31条の規定は，刑事手続の適正のみならず刑罰法規の実体的な適正（犯罪と刑罰の内容の適正）をも要請しているという解釈から導かれるものである。

(i) まず，犯罪とされる行為は，刑罰をもって禁圧するに値するものでなければならない。また，とくに重く罰する場合には重く罰する合理的な理由がなければならない。最高裁も「刑罰規定が罪刑の均衡その他種々の観点からして著しく不合理なものであって，とうてい許容し難いものであるときは，違憲の判断を受けなければならない」（最判昭49・11・6刑集28・9・393）と判示し，この原則を承認している。

(ii) **罪刑の著しい不均衡**　犯罪として処罰する合理的な理由があるとしても，その行為の侵害性や反社会性からみて相当性を欠く程度の重い法定刑を定めることは憲法31条に違反して無効であるとすべきである（旧団体等規制令〔昭和24政令64〕13条3号は，法務総裁の調査のための出頭要求に応じない行為に対して10年以下の懲役・禁錮を規定していた。最判昭36・12・20刑集15・11・1940参照）。

(iii) **絶対的不定刑の禁止**　絶対的不定刑とは，刑種・刑量ともに規定しない場合あるいは刑種だけを規定する場合の法定刑をいう。たとえば，「……した者は刑に処する」，あるいは「……した者は懲役に処する」というような場合である。このような法定刑の規定のしかたは刑を抽象的に規定するにすぎないので罪刑法定主義の要請に応えているとはいえないから許されない。しかし，法定刑の段階で，「……した者は3年以上10年以下の懲役に処する」というような相対的不定期刑は罪刑法定主義に反しないと考えられる。具体的事件の情

況に応じた個別的処遇の前提となるからである。宣告刑の段階における相対的不定期刑は，罪刑法定主義の問題ではないが，短期および長期を定めるについて法に特別の規定があれば許されよう（少年法52条）。

(c) **事後法の禁止・遡及処罰の禁止**

(i) 犯罪と刑罰は「あらかじめ」成文の法規で規定されていなければならない。したがって，行為の時には罰する法律がなかった行為を，行為後に制定・施行された法律によって処罰することは出来ない。事後法による処罰を認めると，国民は自己の行為が処罰されるか否か予測が不可能になり，自由を享受できなくなるからである。憲法39条が「何人も，実行の時に適法であつた行為……については，刑事上の責任を問はれない」と規定するのはこの趣旨にでたものである。

(ii) なお，刑法6条「犯罪後の法律によって刑の変更があったときは，その軽いものによる」と定め，軽い刑罰法規については遡及適用を認めている。刑罰法規不遡及の原則を形式的に適用すれば刑の軽重に関わらず遡及適用を認めないことになるが，実質的に考察すれば軽い刑の遡及適用は不遡及の原則の趣旨に適合するものといえるのであろう。

(iii) **判例の不利益変更と遡及処罰** 判例が被告人に不利益に変更された場合にも，刑罰法規の場合と同様に遡及処罰禁止の原則が適用されるべきかが問題となる。すなわち，行為当時の最高裁判所の判例の示す法解釈に従えば無罪となるべき行為を，事後に判例変更によって示された新たな法解釈によって処罰する場合，変更された解釈（有罪とする解釈）を遡及適用することになり，遡及処罰を禁ずる憲法39条の精神に違反しないか，という問題である。判例【002】はこの点が争われた事件である。多数意見は，基本的には，判例は刑法の法源たりえないことを理由として，変更された解釈によって処罰しても遡及処罰禁止原則に違反しないとした。もちろん判例が直接的な法源ではないことはその通りであるが，判例は，「成文法の規定の範囲内でその規定の意味内容を確定するから，事実上，間接的法源性をもっている」（内藤・上31頁）みるべきであり，確立された判例は国民に処罰される行為とそうでない行為を区別する基準を与えているのであるから，自由保障の観点からもこの判決は疑問である。従前の法解釈によれば無罪であったものが，新たな解釈によれば有罪とな

るような判例変更は、自由保障の観点から将来に向かっての変更とすべきで、当該事件の結論は従来の解釈によって処理すべきであろう。

> 【002】 最判平8・11・18刑集50・10・745（岩手県教組事件）
> 「行為当時の最高裁判所の判例の示す法解釈に従えば無罪となるべき行為を処罰することが憲法39条に違反する旨をいう点は、そのような行為であっても、これを処罰することが憲法の右規定に違反しないことは、当裁判所の判例（省略）の趣旨に徴して明らかである。」

(d) **類推解釈の禁止**

類推解釈とは、Ａという事項について法の規定がある場合に、その規定には含まれないがＡと類似ないし共通の性質があるＢという事項に、その規定（Ａについての規定）を適用することができるという解釈である。類推解釈は、実質的に、解釈によって新たな刑罰法規を創造するに等しいので、権力分立主義の観点からも罪刑法定主義の要請する自由保障の観点からも許されない解釈というべきである。しかし、被告人に有利な方向での類推解釈は被告人の人権を侵害する虞れはないから許される（大判昭6・12・21刑集10・803　電話による処方について、緊急性と確実性を保障する手段がとられたことを理由に、これを処方箋と同一視することができるとした）（なお、次項「刑法の解釈」参照）。

2　刑法の解釈

刑法の領域にあっても、法を適用するに際して解釈が必要となる場合のあることは、他の法領域の場合と同様である。ただ、刑法は法律効果として刑罰という国民の利益・権利を強制的に剝奪する制度に関わるので、その解釈は厳格なものでなければならない。

刑法の解釈についてとくに留意しなければならないのは、類推解釈と拡張解釈である。類推解釈とは、法律に規定されている事実と同性質ではあるが法律に規定されていない事実に対して、性質の同じことを根拠に、その法律を適用することをいう。これと似て非なる解釈に拡張解釈がある。これも類推解釈と

第2章　罪刑法定主義・刑法の解釈・法源

同じく直接には法律に規定されていない事実に法律を適用する場合であるが，類推解釈は規定の文言を日常用語的意味の限界を超えて広く解釈するため許されないが，拡張解釈は日常用語的意味の範囲内において拡げて解釈する場合であるから許されるとされる。しかし，両者の違いは微妙でこれを明確に区別することは難しい場合が少なくない。日常用語的意味の範囲を超えるか否かは，「一般人の予測可能性を基準」として判断されるべきであろう。なぜなら，その解釈が予測可能性を超えたものであるときは，処罰されるべき行為を国民が知り得ないことになり罪刑法定主義の要請に反することになるからである。

　類推解釈か拡張解釈かが争われた事例は少なくないが，もっとも著名なのはガソリン・カー転覆事件であろう。事案は，被告人（某私鉄の運転士）がガソリン・カーを運転中過失によってこれを脱線転覆させ，乗客2名を死に致し，80余名に重軽傷を負わせたというものである。被告人は刑法129条の業務上過失往来危険罪に問擬された。ところが，同条2項は，業務上「過失に因り，……汽車若しくは電車を転覆させ，若しくは破壊させ……た者」に禁錮刑または罰金刑を科する旨規定しているが，「ガソリン・カー」という文言がないので，被告人の行為が本条に該当するかが問題となったのである。被告人はガソリン・カーは汽車にも電車にも含まれない旨主張したが，第一審・第二審ともに有罪の判断をしたので，被告人から上告された。大審院は上告を退け，刑法129条の汽車の中にはガソリン・カーも含まれるとして次のように判示した。（なお，判決の文章は現代文に改めた。）「刑法129条にはその犯罪の客体を汽車・電車または艦船と明記してある。汽車という用語は，蒸気機関が列車を牽引したものを指すのが通常であるが，同条にいう汽車とは，汽車は勿論本件のような汽車代用の『ガソリン・カー』をも含む趣旨と解するのが相当である。刑法124条ないし129条の規定を設けたのは，交通機関による交通往来の安全を維持するためこれを妨害する行為を禁じて危害の発生を防止する為であるから，汽車のみを該犯罪の客体とし，汽車代用の『ガソリン・カー』を除外する理由はない。さらに，右両者は単にその動力の種類を異にするだけの違いで，ともに鉄道線路上を運転し，多数の貨客を迅速安全かつ容易に運輸する点では全く同様でなんらの差異を設ける理由がない。」（大判昭15・8・22刑集19・540【004】）ガソリン・カーは129条にいう汽車に含まれるというこの解釈に対しても，拡

張解釈だから許されるとするものと，類推解釈だから許されない解釈であるとするものと刑法学者の間でも見解が分かれている。前にも述べたとおり実際の問題について両者を区別することはなかなか困難なのである。

　法律の文言を安易に拡げて解釈することは国民の権利を不当に侵害することになるから慎むべきことは当然である。しかし，科学技術の進歩あるいは経済構造の変化などによって法律制定当初は予想もしなかった法益侵害行為が発生しているのに，法文の形式的解釈を墨守して新たな侵害行為を放置することは権利擁護の観点からみて望ましくない場合もあろう。このような事態の最終的な解決は新たな立法によるべきであるが，なお既存の法律の解釈による対応が不可能でない場合もなくはないのである。解釈による対応の可否を分かつのが類推解釈と拡張解釈ということになるのである。

> **判例** 類推解釈か拡張解釈かという問題を含む判例に次のようなものがある。
>
> (1) **許される解釈であるとしたもの**
> 【003】　大判昭15・6・19刑集5・267
> 　わいせつな映画フイルムの映写は刑法175条（わいせつ物陳列罪）の「陳列」にあたる。
> 【004】　大判昭15・8・22刑集19・540
> 　刑法129条の「汽車」の中には，ガソリン・カーも含まれる。
> 【005】　最判昭37・3・8刑集16・3・267
> 　鳥獣保護法に違反して捕獲したカモシカの鞣し皮は，その生皮と類似の形態を保持する以上，同法20条にいう「鳥獣」に含まれる。
> 【006】　最決昭42・9・19刑集21・7・985
> 　いわゆる通い売春婦を毎夕旅館に集合待機させ，客があれば同旅館内で売春させる行為は，売春防止法12条の管理売春罪にいう「居住させ」にあたる。
> 【007】　最判平8・2・8刑集50・2・221
> 　クロスボウでマガモを狙って矢4本を発射したが1本も当たらなかったとしても，その行為は鳥獣保護法が禁止している弓矢を使用する方法による「捕獲」にあたる。
>
> (2) **許されない解釈であるとしたもの**

> 【008】**最判昭30・3・1刑集9・3・381**
> 　人事院規則14-7〈政治的行為〉に規定する「特定の候補者」とは，「立候補届出または推薦届出により，候補者としての地位を有するに至った特定人」を指すものと解すべきであって，「立候補しようとしている特定人」を含むものと解釈することはできない。
>
> 【009】**最判昭31・4・10刑集10・4・520**
> 　「所持禁止の刃物」に当たらない本件刃物（15センチメートル余りの船員ナイフ）を所持する行為に対して，「刃渡り15センチメートル未満のひ首又はこれに類似する刃物」の不法携帯を禁止する規定を適用することはできない。
>
> 【010】**最決昭和52・3・25刑集31・2・96**
> 　仮処分により立入禁止となった自己所有の山林から執行官の許可なく樹木を伐採搬出した行為について，森林法には刑法242条を準用する旨の明文の規定がないことを理由に，森林窃盗の成立を否定した。

3　刑法の法源

　法源とは，通常，法を適用するにあたって法として使用することができる法の存在形式をいう。刑法の法源とは犯罪を認定し刑罰を科するにあたって根拠とすることができる法形式を意味する。したがって，刑法の法源論の課題は刑罰法規はどのような法形式で存在するかを明らかにすることである。

（1）　狭義の法律（法律主義）

　刑法の法源は，原則として狭義の法律（国会で制定された法律）でなければならない。憲法31条が根拠である。この原則を法律主義という。
　この法形式で刑法の法源となるものはおびただしい数になるが，その中心となるのは「刑法（明治40年法律45号）」である。刑法典と呼ぶこともある。
　刑法典は，第1編「総則」と第2編「罪」とからなる。第1編総則は犯罪の成否についての基本原則，刑罰の内容や運用の原則などを定めており，これらの原則は刑法典以外の刑罰法規の定める罪にも適用されることとされているの

で（刑8条），刑法典は刑罰法規の基本法としての性格を有するものである。第2編は殺人・傷害・窃盗・強盗・放火等といったもっとも基本的な犯罪（行為）の内容と刑罰を定めている。

　刑法典以外にも狭義の法律で犯罪と刑罰を規定するものは多数ある。それらの中には軽犯罪法，暴力行為等処罰法など刑法典を補充する性格のものや道路交通法，公職選挙法，所得税法，食品衛生法等々各種の行政目的による取り締まりのために制定された刑罰法規もある。

　法律主義の帰結として慣習法は刑法の法源とはならない（民法や商法では慣習も法源となりうることを認めている，法例2条，商法1条など参照）。慣習法とは，人々の間で長年繰り返し行われてきたことにより，行為規範として認められるに至った行為の基準である。慣習法は法律主義の要請する制定手続を経ていないという点からも刑法の直接の法源とはなりえない。しかし，刑罰法規の解釈に際して慣習を考慮することまで排除しているわけではない。たとえば，水利妨害罪（123条前）における水利権は慣習によっても認められるように，間接的に刑法の適用に影響を持つことは否定されない（なお，12頁参照）。

（2）　委任命令と罰則

　委任命令とは，法律の委任によって制定される命令であり，政令や省令がこれにあたる。法律主義の原則からはこうした委任命令で罰則を定めることは許されないが，法律の委任がある場合に限り罰則を設けることが許される（政令については憲法73条6号但書，省令については国家行政組織法12条3項）。

　罰則を設けることの委任は，包括的委任は許されず，特定委任（具体的・個別的委任）でなければならない。

　罰則の委任に関連して，白地刑法の問題がある（空白刑法ともいう）。白地刑法とは，法律において犯罪行為のわくと法定刑だけを定め，犯罪構成要件の全部または一部を他の法律または命令に委任している場合である。刑法典の犯罪としては，局外中立命令違反罪（刑94条）がある。他の法律に委任する場合は，法律主義との関連は問題にならないが，下位の法規に委任する場合，特定委任といえない委任は憲法73条6号但書の趣旨に反することになり，憲法31条に違

反し無効とされる（なお，最判昭49・11・6刑集28・9・393参照）。

（3） 条例と罰則

地方自治法14条3項は，「普通地方公共団体は，法令に特別の定めがあるものを除くほか，その条例中に，条例に違反した者に対し，二年以下の懲役若しくは禁錮，百万円以下の罰金，拘留，科料若しくは没収の刑又は五万円以下の過料を科する旨の規定を設けることができる」と規定し，普通地方公共団体に対して，刑の上限は示しているもののかなり包括的な罰則制定の委任をしている。法律主義の原則からすればこのような包括的委任は憲法に違反するのではないかという疑いがないわけではない。しかし，条例は，行政府の制定する命令等とは異なり，公選の議員により構成される地方議会の制定するものであるから国会の制定する法律に準ずる性格をもち，罪刑法定主義の民主主義的要請に添うものというべきである。したがって，条例による罰則の制定は，「法律による授権が相当な程度に具体的であり，限定されておれば」法律主義に違反しないものということができるであろう（最判昭37・5・30刑集16・5・577は，地方自治法14条3項の罰則制定の授権は合憲と判断をしている）。

（4） 判　　例

判例とは，裁判所が具体的事件の解決において示した法律的見解である。法律主義の原則からすれば判例は法源とはなりえない。しかし，形式的には法源とはいえないが，刑法の意味内容を明らかにし具体的に確定していくという点では実質的に法源的性格を有するものといえる。さらに，確立した判例は一定の条件はあるものの，具体的な形において国民に罰せられる行為を示すことにより実質的に行為規範としての機能をもつものであるといえよう。なお，判例の法源性に関連して判例変更に刑罰法規不遡及の原則の適用があるかが問題となる（最判平8・11・18刑集50・10・745【002】参照）。

第1編 刑法の基礎理論

〈More Study〉

大野真義・罪刑法定主義 1980 世界思想社
植松　正「罪刑法定主義」刑法講座1　1963　有斐閣
金澤文雄「罪刑法定主義の現代的課題」現代刑法講座　第1巻　1977　成文堂
伊東研祐「刑法の解釈」刑法基本講座　第1巻　1992　法学書院
三井　誠「罪刑法定主義」判例刑法研究1　1980　有斐閣

第3章　刑法の適用範囲

　刑法の適用範囲とは，刑法が場所的・時間的・人的にどの範囲において適用できるか，という問題である。刑法の効力範囲ともいう。刑法の効力が及ぶ範囲は，時間的・場所的・人的な視点から論じられる。以下，時間的適用範囲，場所的適用範囲および人的適用範囲について説明する。

1　時間的適用範囲

　刑法の時間的適用範囲とは，刑法がどの時点からどの時点まで効力をもつか，すなわち，刑法の時に関する効力範囲のことである。法令一般と同様発効の時から失効の時までであるが，刑罰法令に特有の問題もある。

（1）　効力の始期

　刑法が効力を発するのは，施行の時点からである。施行時期は，①当該法令が施行期日を定めている場合にはその日の午前零時から効力を有し，②施行期日の定めがない場合には，「法例」（明31法10）の規定により「公布ノ日ヨリ起算シ満二十日」（法例1条）を経た時である。つまり，この場合は21日目の午前零時から効力を有することになる。
　・**刑罰法規不遡及の原則**……刑罰法規は施行によって効力をもった時点以降に行われた行為に適用されるものであって，遡って施行以前になされた行為を処罰することは許されないとする原則である。罪刑法定主義の一内容をなすもので，憲法39条にも「何人も，実行の時に適法であった行為……略……については，刑事上の責任を問われない」と規定して，事後立法による処罰を禁止し

ている（判例を変更する場合にも同様の問題を生ずる。すでに述べたように判例の不利益的変更もその効果を遡及させるべきではないと考える）。

(2) 効力の終期

　刑罰法規も法令一般と同様「廃止」によって効力を失う（廃止の日の午後24時）。ただし、廃止にあたって「罰則の適用については、なお、従前の例による」といった経過規定が置かれている場合には、「廃止」前になされた行為をその法律の「廃止」後にも処罰する。しかし、このような経過規定がない場合は問題を生ずる（後述、(4)限時法の項参照）。

(3) 犯罪後の法律による刑の変更

　刑法6条は、「犯罪後の法律によって刑の変更があったときは、その軽いものによる」と規定している。これは犯罪行為が終了した後に法律の改正があったため行為時法と裁判時法とに違いが生じ、裁判時法における刑が行為時法における刑よりも軽い場合、軽い裁判時法を適用するということである。これは刑罰法規の適用について行為後の法（改正法）を遡って適用することになるが、行為者の利益を計って刑罰法規不遡及の原則の例外を認めるものであるから、罪刑法定主義に反するものではない。

(a) 犯罪後

「犯罪後」とは、犯罪行為、すなわち、実行行為終了後の意であり、結果犯についても結果の発生後ではなく行為後という趣旨である。

　実行行為が法律変更の前後にまたがっている場合はどう扱われるか。

① 継続犯の場合、すなわち継続犯の実行中に法改正があった場合は実行行為終了時の法律（新法）を適用すればよい（最決昭27・9・25刑集6・8・1093）。

② 科刑上の一罪である牽連犯については、判例（大判明42・11・1刑録15・1498）は新法の適用があるとするが、科刑上の一罪は本来数罪であるから分割して処理すべきである（通説）。

(b) 「刑の変更」の意義

　刑の変更とは，刑を加重しまたは減軽する変更である。主刑および附加刑が変更された場合は当然本条の対象になるが，「刑」以外のものが変更された場合に本条の適用があるか，見解の分かれている事項がある。本条は被告人の利益を計るための規定であるから，実質的に処罰を変更する事項も含まれると解すべきである（反対説は，「刑」の変更に限定する。小野，佐伯等）。それゆえ，換刑処分である労役場留置期間の変更（大判大16・7・17刑集20・425）や執行猶予の条件の変更も刑の変更にあたると解すべきである（最判昭23・6・22刑集2・7・694【011】）。法令の改廃により構成要件に変更が生じている場合も実質的に処罰を変更する内容であれば本条によるべきである。たとえば，旧民法においては継親子間に親族関係を認めていたが，戦後民法の改正により親族関係は認められなくなった。そこで，民法改正前継母を殺害した継子は，民法改正後においても尊属殺人罪の規定で処断されるかが問われた事件で，尊属卑属の関係は事実の問題であるから行為時の法（旧民法）によって判断されるべきであるとした判例（最判昭27・12・25刑集6・12・1442）には疑問がある。民法改正後は継父母殺しは普通殺人罪となるのであるから，「刑の変更」があったと解すべきである（なお，刑法200条は平成7年の刑法改正で削除された）。

> **判例**
> 【011】　最判昭23・6・22刑集2・7・694（執行猶予の条件の変更）
> 　昭和22年の法改正で，刑法25条の執行猶予の要件が「2年以下の懲役」から「3年以下の懲役」に変更された。これについて「……刑の執行猶予の条件に関する規定の変更は，特定の犯罪を処罰する刑の種類又は量を変更するものではないから，刑法第6条の刑の変更にあたらない」と判示した。

(4) 限　時　法

　限時法とは，有効期間の定めのある法律をいう。最初から有効期間を定めて制定された法律であるか，法律制定後廃止に先立って予め有効期間を定めた場合であるかを問わない。（臨時的事情のために制定された法律も限時法に含まれる

とする見解もあるが妥当とは思われない)。

　限時法の問題点は，有効期間中に行われた行為を，その有効期間終了後に処罰できるか（追及効を認めるか）という点にある。法律に「有効期間中の行為については，失効後もなお従前の例による」といった追及効を認める趣旨の明文の規定がある場合は問題がないが，こうした規定がない場合にも追及効を認めるか見解が対立している。

　① 積極説　　明文の規定がない場合にも追及効を認めるべきであるという見解（小野）は，失効の時期が近くなると不処罰をみこして犯罪が増加するという不都合な事態になる，あるいは，裁判の遅速による処罰の不公平を招くということを理由とする。

　② 消極説　　これに対して，追及効を認めるべきでないという見解は，処罰の根拠となる刑罰法規が廃止されている以上これ（廃止された法条）によって処罰するのは罪刑法定主義に反すると主張する。また，その廃止が，処罰に関する法律的見解の変更にによるか，それともたんに事実関係の変化によるのかを区別し，前者の場合は追及効を認めないが，後者の場合は処罰されるとする見解（動機説）もあるが，両者の区別は相対的で法的安定性に欠けるというべきである。

　廃止後も処罰の必要がある場合には個々の法律に前述のような追及効を認める明文を置けば足りるのであって，明文の根拠なしに追及効を認める見解は罪刑法定主義の見地から支持しがたい。追及効を認める明文の規定がない場合には「刑の廃止」にあたり，免訴（刑訴337条2項）とすべきである。

> **判例**　最高裁判所の判例には，刑の廃止に当たるとして追及効を認めなかったものもあるが，一般的には動機説的な立場から追及効を認めるものといえよう。
> 【012】　最判昭32・10・9刑集11・10・2497
> 　外国とみなされていた土地（奄美大島）への密輸を図ったところ，後に法令の改正により外国とみなされなくなった場合，改正によってそのような行為は犯罪とならなくなったので「刑の廃止」にあたるとして免訴とした（追及効を否定）。

> 【013】　**最判昭25・10・11刑集4・10・1972**
> 　物価統制令違反事件について補充規定の改廃があった場合にも，刑の廃止があったものとはいえないとして追及効を認めている。
>
> 【014】　**最判昭37・4・4刑集16・4・345**
> 　県公安委員会規則の改正により，原動機付自転車の「二人乗り」禁止が解除された場合は刑の廃止にあたらず，改正前の「二人乗り」は可罰的であるとしている。理由ははっきりしないが，禁止解除の改正は事実関係の変更に基づくものとして追及効を認めたものであろう。

2　場所的適用範囲

（1）総　　説

　刑法の場所的適用範囲とは，刑法の効力が及ぶ場所的な範囲をいう。場所的適用範囲に関しては，立法上4つの原則のあることが指摘されている。すなわち，①属地主義，②属人主義，③保護主義および④世界主義の4つである。①属地主義とは，自国の領土内で犯された犯罪には犯人の国籍の如何を問わず自国の刑法を適用するという原則であり，②属人主義とは，自国民が外国で犯罪を犯した場合に自国の刑法を適用するという原則であり，③保護主義とは，自国または自国民の利益を侵害する犯罪が外国において行われた場合，犯人の国籍を問わず自国の刑法を適用するという原則であり，そして④世界主義とは，犯人，犯罪地の如何を問わず，世界各国に共通する一定の法益を侵害する行為に対して各国が自国の刑法を適用しうるという原則である。

　これら4つの原則のうちいずれか1つのみを採用するものはなく，いずれかを中心としつつ，他の原則で補充しているのが通例である。

（2）現行法の立場

　わが国の刑法は，属地主義を基本とし，属人主義・保護主義を補充的に採用

しているということができる。

(a) 属地主義

　刑法1条1項は「この法律は，日本国内において罪を犯したすべての者に適用する」と規定して，属地主義の採用を明示している。犯罪地が，日本国内であれば犯人の国籍を問わずすべての者にわが国の刑法の適用があるということである（日本国内で犯された犯罪という意味で「国内犯」という）。日本国内とは，日本国の領土・領海・領空内をいう。日本にある外国の大使・公使館の内部にも適用がある（大判大7・12・16刑録24・1529）。日本の船舶・航空機内で行われた犯罪も国内犯とされ，日本の刑法の適用がある（1条2項，旗国主義）。犯罪地とは，犯罪が行われた場所，すなわち，犯罪構成要件に該当する事実が存在する場所をいうが，構成要件該当の事実のすべてが日本国内である場合に限らない（大判明44・6・16刑録17・1202【015】は，ドイツ船籍の船舶が公海上で出火した事案につき，過失行為が日本の港で行われたので日本の刑法の適用を認めた）。共犯については，共同正犯の場合はその中の1人についての犯罪地が国内であれば，他のすべての者の犯罪地も国内となり，また，幇助犯の犯罪地は，幇助の場所のほかに正犯の犯罪地も含む（名古屋高判昭63・2・19判時1265・156）。

> **判例**
>
> 【015】　大判明44・6・16刑集17・1202（ゴーベン号失火事件）
> 　被告人は，自然発火の危険性のあることを知りながら油紙を重ねて入れた貨物を横浜港からドイツの汽船ゴーベン号に託送した。同汽船が香港付近の海上にある時この貨物から出火した。この事実について，「失火罪ノ1構成要件タル過失行為ニシテ日本国内ニ於テ行ハレタルハ以上ハ，仮令其ノ犯罪構成ノ他ノ要件タル結果ハ日本国ノ外ニ於テ発生シタリシトスルモ該罪ハ日本国内ニ於テ犯サレタルモノトシ日本国ノ法令ニ依リ処罰セラルヘキノモトス」と判示した。

(b) 属人主義

(i) 国民の国外犯　刑法3条に列挙する放火，強姦，殺人，傷害，逮捕・監禁，略取誘拐，窃盗・強盗・詐欺・恐喝・盗品運搬等の犯罪を日本国民が日本国外で犯したときは，日本の刑法を適用する。3条は積極的属人主義の規定

である。列挙の犯罪について属人主義をとる理由については，①外国においても日本の刑法を守るべしという国民の国家に対する忠誠義務に基づくとする見解，②犯罪を犯した国に代わって処罰すると解する見解，および，③わが国の社会秩序維持の必要から列挙の犯罪を外国で行った場合も罰すると解する見解があるが，②の立場では当該犯罪を行った国においても犯罪とされていることが前提となる筈であるが，現行法はそのような規定をおいていないところから，③の立場が妥当と思われる。

　(ii) **公務員の国外犯**　4条は職権濫用や収賄など公務員が主体となる一定の犯罪の国外における犯行に日本の刑法を適用するものであるが，わが国の公務の適正を計るという趣旨も含まれていると考えられるので属人主義と保護主義を併用した規定とみるべきであろう。

　(c)　**保 護 主 義**

　2条は，わが国の国益を守るという見地から，日本国外において内乱，外患，通貨偽造，公文書偽造，有価証券偽造等の犯罪が行われた場合，犯人の国籍を問わず日本の刑法を適用するもので，保護主義に立脚するものである。

　(d)　**世 界 主 義**

　4条の2は，昭和62年の「人質をとる行為に関する国際条約」（昭62条4）などの締結に伴い新設されたものである。刑法2条から4条の規定では刑法の規定する罪の国外犯が処罰できないとき，条約で定めた犯罪についてすべての者の国外犯に本法を適用するもので，世界主義に従う規定ということができる。また，人質による強要行為等処罰法および暴力行為等処罰法にも刑法4条の2に従って国外犯を処罰する規定が置かれている。

（3）　外国判決の効力

　刑法の場所的適用範囲に関する各国の対応の違いから，同一の行為が2以上の国の刑法の適用の対象となることがありうる。その際，外国の裁判の効力をどのようにみるか，が問題となる。ヨーロッパにみられるような緊密な国家関係が成立している国家間では外国の確定判決の自国における効力を承認する方向も検討されているようである。しかし，わが国では刑罰権は国家に固有のも

のであるから原則として外国の判決の効力を認めないとする立場をとっている。したがって,「外国において確定裁判を受けた者であっても,同一の行為について更に処罰することを妨げない」(5条本文)と規定し,これは裁判権が異なるものであるから二重処罰の禁止(憲法39条)に違反するものではないとしている(最判昭28・7・22刑集7・7・1621)。ただし,外国で言い渡された刑の全部または一部の執行をすでに受けている場合は,刑の執行を減軽または免除することにしている(5条但書)。「執行を減軽する」とは,執行の一部を免除することである。

(4) 刑法の場所的適用範囲と裁判権

刑法の場所的適用範囲と裁判権の及ぶ範囲とは異なる。刑法2条から4条の2の国外犯に該当する者を現実に処罰するにはその者がわが国の刑事裁判権の下に入ってこなければならない。犯人をその所在国から引き渡しを受ける必要がある。いわゆる国際司法共助の問題である。犯罪人の引き渡しは国家間の条約により犯罪の種類・手続などを定めて行われる。現在わが国が犯罪人引き渡し条約を締結しているのはアメリカ合衆国だけであり,犯罪の国際化の進展に対処するには国際的な捜査協力と併せて司法共助体制の整備が急がれる。

3 人的適用範囲

(1) 人的適用範囲

刑法がいかなる人に対して適用されるかという問題である。刑法は時間的適用範囲および場所的適用範囲の要件を充たす限りすべての者に適用されるのが原則であるが,人的属性によって現実的に刑法の適用が排除される場合がある。以下,問題となる場合について検討する。

(2) 問題となる場合

(a) 天皇・摂政

旧憲法下では「天皇ハ神聖ニシテ侵スヘカラス」(3条)という規定があり刑法の適用は排除されていた。しかし、現行憲法では天皇の地位は主権を有する国民の総意に基づく象徴としての地位になったため事情は変わったものと考えられる。刑法に直接の規定はないが、皇室典範に「摂政は、その在任中、訴追されない」(21条)との規定があり、これとの対比から、天皇も在任中は訴追されない。また、天皇には退位制度がないところから現実には天皇を訴追することはない。刑法の適用については、地位の変化に鑑み、天皇にもこれを認めるのが通説である。なお、摂政については、当然刑法の適用は認められ、在任中訴追条件が欠けるにすぎない。

(b) 国会議員・大臣

衆・参両議院の議員は、「議院で行つた演説、討論又は表決について、院外で責任を問はれない」(憲51条)とされている。これは、院における議員の言動について規定の範囲内で人的処罰阻却事由を認めたもので、退任後も刑事責任を問えない。また、国務大臣については、その在任中は、内閣総理大臣の同意のあることが訴追条件とされている(憲75条)。いずれの場合についても刑法の適用は認められるのである。

(c) 外国の元首、外交官、使節など

国際法上の関係からその在任中は訴訟障害が存するものと解されている。その身分を喪失したときは公訴時効が完成しない限り訴追しうるとされる(大判大10・3・25刑録27・187)。

〈More Study〉
山口　厚「越境犯罪に対する刑法の適用」松尾浩也先生古稀祝賀論文集(上)　1998　有斐閣
辰井聡子・犯罪地の決定について(1)(2)」上智法学論集41巻2, 4号
名和鉄郎「限時法」刑法基本講座　第1巻　1992　法学書院

第2編　犯　罪　論

第1章 序　　　論

1　犯罪の意義と成立要件

（1）　犯罪の意義

　犯罪とは，形式的にいえば，刑罰を科するに値する行為として刑法が定めたものである。しかし，ここからはなぜ刑罰に値するのかは明らかにならない。そこで，「社会的共同生活の秩序を侵害する」行為であるとか，「社会生活上の利益を侵害する……高度に有害な行為」であるといった犯罪の本質的な性質をとらえた定義がなされることになる。前者が形式的意義における犯罪であり，後者が実質的意義における犯罪である。
　ところで，われわれは刑法の分野において「犯罪」についての議論をするのである。とりわけ刑法総論の領域において犯罪を議論するのである。このことからつぎの点に留意しなければならない。犯罪（者）を対象とする学問は刑法学以外にも刑事学，刑事政策学，犯罪学，犯罪社会学，犯罪心理学などさまざまな領域があり，それぞれ異なる，固有の課題・問題意識・方法論のもとで研究対象—犯罪（者）をとりあげ研究が行なわれるということである。したがって，たとえば，犯罪の原因を分析しその対策を論ずる刑事政策学においては，年少者や精神障害者の殺傷行為も包含する意味で「犯罪」をとらえることも可能であろうが，犯罪を，刑罰を科する前提，条件としての人間の行為，として扱う刑法学では，広すぎることになる。
　では，刑法総論においては犯罪をどのようにとらえるべきか。刑法総論の中心をなす犯罪論は，刑法各論が殺人罪や窃盗罪等々の個別の犯罪についてそれぞれの成立要件を分析し成立範囲を明らかにすることを課題とするのに対して，

犯罪の一般的成立要件，各別の具体的犯罪に共通する，一般的成立要件を明らかにし，それを体系的に関連づけて理解することである。そこで，かような犯罪論の任務から，一般に，「犯罪とは構成要件に該当する，違法で有責な行為である」という犯罪の成立要件を睨んだ一般的形式的な定義で犯罪論の議論をスタートするのである。

（2） 犯罪の一般的成立要件

犯罪は人間の行為である。これは近代刑法の原則である。刑法は行為を罰するものであって，行為でない思想や意思を罰するものではない。では，「行為」が犯罪となるのはどのような性質を備えたときであろうか。換言すれば行為にどのような属性があれば犯罪とするのか。犯罪の成立要件といってもよい。通常，刑法上の犯罪は，行為がつぎの3つの要件——構成要件該当性，違法性，有責性を備えたときに成立するとされている。

(a) **構成要件該当性**

犯罪は，まず，刑罰法規の各本条に規定される（犯罪）構成要件に該当する行為でなければならない。構成要件とは刑罰法規の条文に示されている罰すべき行為の類型である。犯罪となる行為の「型」といってもよい。具体的に発生した個々の行為そのものではなく，それらを抽象化して作られた観念上の「類型」である。まず，それぞれの犯罪の「型」に当てはまる行為でなければ犯罪にならないということである。たとえば，窃盗罪であれば「他人の財物の窃取」という「型」に当てはまる行為，殺人罪であれば「人を殺した」という行為類型に当てはまる行為でなければ，その他の成立要件を検討するまでもなく窃盗罪，殺人罪にはならないのである。

(b) **違　法　性**

つぎに，犯罪は，構成要件に該当するだけでなく，実質的な違法性を備えた行為でなければならない。犯罪の構成要件は違法行為の類型と考えられるから，行為が構成要件に該当する場合，その行為は一応違法なものと推定される（構成要件の違法推定機能）。しかし，具体的状況のもとでなお実質的な観点から違法とみることのできない場合がある。たとえば，殺人罪の構成要件に該当する

行為であっても，正当防衛の事情のもとで行われたものであるときは，違法性ありとすることはできない。このように犯罪が成立するための違法性は形式的に法規に違反するだけでは足りず，実質的にも違法なものでなければならないのである。構成要件に該当する行為の違法性を排除する特殊な事情を違法性阻却事由という（正当化事由ということもある）。構成要件に該当し，違法性阻却事由がないということが，実質的にも違法であるということになるのである。

(c) 有責性（責任）

構成要件に該当する，違法な行為が犯罪とされるためには，さらに，行為者に責任が認められなければならない。責任とは，非難あるいは非難可能性である。その行為を行ったことについて行為者を非難できるものでなければならない。たとえば，幼児や高度の精神障害者など責任能力のないものに対しては非難を加えることができないので，構成要件に該当する違法な行為であったとしても犯罪とならないのである。犯罪はそれが認められると刑罰という法律効果を生むものであるから，犯罪の要件としての責任も倫理的な非難ではなく，法的な非難でなければならない。

（3） 行為の意義

犯罪は行為である。行為が，構成要件該当性，違法性，および有責性の要件を備えているとき，その行為は犯罪と認められる。

では，犯罪の中核をなす「行為」を刑法ではどのようなものとして理解しているのであろうか。

(a) 行為概念の機能

まず，犯罪は行為である，という命題には2つの意味が含まれていることが指摘されている。第1は，犯罪は行為である，という命題によって，そもそも行為でないものは犯罪ではないとして，初めから刑法的判断の対象外とすることを意味している。その意味で行為概念は処罰される対象の外延を画する機能を有しているのである。これを行為概念の限界設定の機能という。

第2は，構成要件に該当する行為，違法性な行為，有責性な行為というように犯罪の成立要件を結びつける対象，実体としての機能である。犯罪を体系的

に論ずる基礎概念としての役割を担っているのである。

(b) 行為とはどのようなものか

犯罪の中核をなす行為をどのような内容のものとして理解するか，行為概念についてはさまざまな主張がある。

(i) **有意的行為論（伝統的な行為概念）**　この立場は，「行為とは意思に基づく身体の動静である」と定義する（滝川，小野）。

この行為概念の特徴は，意思に基づくという有意性と身体の動静という外部的客観的要素である有体性の2つの要素から構成されていることである。有意性を要求することによって，意思によらない反射運動，睡眠中の動作や無意識的動作を行為概念から除外し，また，身体の動静とすることによって，意思や思想そのものは外部的要素（有体性）を欠くものとして行為に含まれないとするのである。判例・通説の立場といってよいであろう。

(ii) **目的的行為論**　目的的行為論者は，従来の行為概念は因果性のみを重視したもの（因果的行為論）であると批判し，行為を存在論的に考察することを主張し，行為の本質的要素として目的性をあげる。目的性とは，一定の目的を設定しその実現のために因果の流れを計画的に操縦・支配することであるという。この立場によれば，行為は目的性という主観的要素とそれに基づく身体の活動という客観的要素から理解され，「目的的行動力の範囲内の身体の動静」であると説明される。

目的性を強調する目的的行為論にとって過失の場合に目的性の存在を肯定できるか困難な問題がある。目的的行為論からは，過失は非（不）行為の犯罪であるとして「犯罪は行為である」という命題を放棄する見解，過失の場合には潜在的目的性があるとする見解などが出されたが，過失は構成要件的に重要でない結果を目指した目的的行為であるとする見解が一般的であろうか。

(iii) **人格的行為論**　この立場は行為は人格のあらわれであるという認識から出発して，刑法における行為は行為者人格の主体的現実化とみられる身体の動静であるとする。意思の背後にある人格にまで遡って行為を把握し，不作為も過失も人格が主体的現実化されたものとして行為に包摂されるとするが，「人格の主体的現実化」の意味が必ずしも明確でなく，また，この行為論によった場合責任の対象が不明確になるとの批判がある。

(iv)　**社会的行為論**　　この立場は、「社会性」という基準を行為の本質的要素として行為を把握しようとするものである。同じく社会性に止目するものであっても論者により有意性の要素を完全に排除するものと、社会性と結びつける形で緩和して認めるものと差異が見られる。「行為は何らかの社会的に意味のある人の態度」（佐伯）であるとする見解と、行為とは、「意思による支配の可能な、何らかの社会的意味を持つ運動または静止」（西原）をいうとする見解である。前者によれば、反射運動や物理的強制下の動作も行為に含まれることになると思われるし、後者によればこれらの場合は行為から排除されることになるであろう。

　この立場では「社会的に意味のある」ものであることが行為となるか否かの基準とされるのであるが、社会的意味の内容が明確でないといわざるをえない。

　(v)　**行為概念の検討**　　何れの行為概念によるべきであろうか。犯罪は行為であるから行為概念は犯罪となすべきものを過不足なく包摂しうるものでなければならない。さて、これまで犯罪として罰すべきものと考えられてきた行為の態様には、故意の作為・不作為、過失の作為・不作為の場合があげられる。

行為 ┬ 故意 ┬ 作為……相手の心臓を狙ってピストルを撃つ。
　　 │　　 └ 不作為…母親が殺意をもって乳児にミルクをやらないで餓死させる。
　　 └ 過失 ┬ 作為……脇見運転をして歩行者を跳ねて死なせる。
　　　　　　└ 不作為…転轍手が居眠りをして転轍を怠り、列車を脱線させた。

　行為概念はこれらの4つの態様をすべて包含するものでなければならない。

　本書は、有意的行為論に与するものであるが、この立場についても、(ア)過失の有意性、つまり、過失が「意思に基づくもの」といえるかという問題と(イ)不作為に有体性を認めうるか、という2つの問題がある。

　(ア)　**過失の有意性**　　故意は犯罪事実を認識している場合であり過失は事実を認識していない場合であるというように故意過失を全く心理的事象として構成するならば過失の場合は確かに意思的要素は欠如することになろう。しかし、過失は必要な意思の緊張を欠いたために結果（事実）を認識しなかった場合であると解すればなお意思に関連づけられた不認識として「意思に基づく身体の

動静」とみることができると考えられよう。

　(ｲ)　不作為の有体性　　有意的行為論では，作為は身体の「動」であり不作為は身体の「静」であると解するが，これに対しては，不作為は動の否定である静であるから自然的・物理的には「無」であるはずであり，不作為は無であり行為ではない，あるいは動と静，肯定と否定を1つの上位概念（行為）に統合することは論理として不可能であるという批判がある。しかし，不作為は意思に基づく身体の「静」であり，無ではない。法的に期待される一定の作為（行為）との関係でその作為にでないという消極的態度であり，これは外部的客観的に認識できる事実であって十分に有体性を具備するものと考えられる。

　かようにして本書は有意的行為論に従う。

> 【016】　大阪地判昭37・7・24下刑集4・7＝8・696（行為性を否定した事例）
> 　　下級審の判例であるが，意思に基づく行為がないとして無罪を言い渡した裁判例がある。事案は，かねてから妄想性曲解や妄想性被害念慮に捉われ心的混乱を招き，過度の心的緊張のため事態を正視することが困難な状態になっていた被告人が，ある夜自宅で妻とともに就寝したものの熟睡できず，浅眠状態にあったところ午前4時30分頃色の黒い男が3人ほど突如室内に侵入し被告人を殺そうとして後ろから首をしめつけてくる夢を見て極度の恐怖感に襲われるまま，殺されるのを防ぐため先制的攻撃を加えるつもりで，後ろに振り向くと同時に右の男の首を両手で強く締めつけたところ，被告人が右の男と思っていたのが実は側に寝ていた妻であったため同人を頸部扼圧による窒息のため死亡させた，というものである。裁判所は，「任意の意思を欠く行動は，…刑罰法規の対象たる行為そのものに該当しない」として無罪とした（第二審は，行為そのものを欠くのではなく，責任無能力で無罪とした）。

2　犯罪論の意義

　(1)　犯罪論の目的は，既に述べたように，犯罪の一般的要素を分析し，それらを体系的に関連づけながら，犯罪認識の思考過程を明らかにすることにある。犯罪を構成する要素，犯罪の認識方法を体系的に組み立て内容を明らかにする

第1章 序　　論

ことには，2つの意味があると思われる。1つは，犯罪を認識する際の思考経済に資するという点であり，いま1つは，犯罪の恣意的な認定を回避し法的安定性を高め人権の侵害を回避するのに役立つという点である。こうした点からすれば犯罪論は矛盾のない，論理の一貫した体系であること，そして判断の誤りを少なくする構成であることが望ましいのである。

(2)　これまであらわれた犯罪論の枠組みは大づかみにいえば，英米の学者に多く見られる犯罪の構成要素を客観的（外面的）要素（行為，結果等）〔actus reus〕と犯罪の主観的（内面的）要素（故意，過失など）〔mens rea〕とに区別して議論を展開するものと，ドイツや日本に多く見られる，構成要件の概念を中核として，構成要件・違法・責任という領域から組み立てる犯罪論である。

客観的要素と主観的要素の2領域から構成する体系にも長所があるが，本書は構成要件・違法性・有責性という構成をとる。その理由はわが国においては判例も含めてほとんどすべての犯罪論の基本的枠組みは構成要件の観念を中心としていること，さらに，構成要件・違法性・有責性という構成は，それぞれの性質・特性から外面的・形式的な問題から外面的・実質的な問題へ，さらに内面的・実質的な問題へと容易な問題からより難易度の高い問題へと判断を進めることになり慎重な，誤りのない問題処理を期するには合理的な構成であると考えられるからである。

〈More Study〉
内田文昭・犯罪概念と犯罪論の体系　1990　信山社
ヴェルツェル，福田平＝大塚仁訳・目的的行為論序説　1962　有斐閣
宮沢浩一「犯罪論体系の意義」現代刑法講座　第1巻　1977　成文堂

第2章 構成要件

1 構成要件の概念

(1) 構成要件の意義

　犯罪構成要件とは，刑罰法規に定められた罰すべき行為の類型である。社会には他人に害を与えたり，社会の秩序を乱したり，あるいは人々の平穏な生活を害したりする行為など，刑罰を科すべきであると考えられる行為が数多く存在する。これらの中から立法者が犯罪として罰すべきであるとするものを取り上げ，抽象化・類型化して，刑罰法規に犯罪類型として規定したものが犯罪構成要件である（通常は単に「構成要件」という）。たとえば，殺人罪（199条）の構成要件は，「人を殺した者」であり，窃盗罪（235条）の構成要件は「他人の財物を窃取した者」である。

　殺人罪の構成要件についていえば，「人」という言葉によって表されているのは殺人罪の客体である。殺されたのが甲であるか乙であるか，男か女か，日本人か外国人かといった具体的な点を捨象しそれらに共通する「ヒト」という性質に注目し抽象化して，「人」という概念を用いて殺人罪の客体を示しているのである。また，「殺した」という表現には，殺すこと（行為）とそれによって死亡したということ（因果関係）の要素が含まれている。殺人者が，ナイフで刺したとか，ピストルで撃ったとか，首を絞めたとか，毒を盛ったとか，そういう具体的な行為ではなく，それらに共通する生命を断絶するという要素を捉えて「殺す」という語を用いているのである。さらに，ここではその殺す行為によって客体が死亡したことを示すために「殺した」という表現をとっている。「……者」は，行為者，すなわち犯罪の主体を示すものであるが，ここ

でもAであるかBであるかといった具体的な要素は無視され，犯罪となる行為をした人間を意味している。構成要件とは，このような抽象的・一般的な観念を用いて作られた犯罪の類型（〈型〉といってもよい）であり，刑罰法規に定められている観念形象である。

* 構成要件という語はドイツ語のTatbestandの訳である。構成要件という観念は，中世イタリアの糾問手続に由来するといわれるが，今日用いられているような犯罪理論の中核をなす観念として成立したのはドイツ刑法学においてであった。とくに19世紀から20世紀にかけてベーリング，M・A・マイヤー，メツガーらの著作によるものであった。

（2） 構成要件の機能

構成要件がどのような働きをするかについて罪刑法定主義的機能，犯罪個別化機能，違法性推定機能，および故意規制機能の4つの機能が指摘されている。

① 罪刑法定主義的機能とは，処罰される行為と処罰されない行為とを明確に限界づけるという機能である。罰せられる行為が構成要件に示されているということによって国民の自由を保障するという機能を果たすことになる。いかに罰すべきであると思われる行為であっても刑罰法規の構成要件に示されていない限り犯罪として処罰されることはないという意味で国民に行為の基準を示し，その自由を保障しているのである（「罪刑法定主義」の項参照）。

② 犯罪個別化機能とは，個々の犯罪を区別する働きである。それぞれの構成要件に示された特性によって他の犯罪と区別されるのである。たとえば，殺人罪・傷害致死罪・遺棄致死罪・過失致死罪・業務上過失致死罪など人の死にかかわる犯罪はそれぞれの構成要件にその内容・成立要件が規定されており，それぞれ独立した犯罪として他と区別されているのである（それぞれがどのような特徴・要素によって区別されているかを明らかにするのは刑法各論のテーマである）。

③ 違法性推定機能とは，構成要件に該当する行為は原則として違法であることを推定させる機能である。構成要件は罰すべき行為を抽象化・類型化したものであるから，これに該当する行為は，一応，違法性を帯びていると考えることができるということである（次項で述べるように，構成要件の性質をどのよ

うに理解するかによって、この機能を積極的に認めない立場もある)。構成要件が違法性推定機能を有することから、構成要件に該当する行為は違法性の推定を破る事情、すなわち違法性阻却事由が存在しなければ、違法性ありと確定することになるのである。

④ 故意規制機能とは、犯罪の成立に必要な故意の内容を規制する働きである。故意が成立するためには犯罪となる事実の認識が必要であるが、その認識の対象となる客観的事実は構成要件によって示される。すなわち、当該犯罪の構成要件に示されている客観的要素に該当する事実を認識していなければ故意は立しないという意味で構成要件が故意の内容を規制する働きがあるのである。

(3) 構成要件と違法性・有責性(責任)

さて、犯罪は構成要件に該当する違法・有責な行為であると定義される。そして、理論上、ある行為が犯罪とされるためには、まず、構成要件該当性が確認され、ついで違法性、有責性を具備することが確認されて初めてその行為は犯罪と認定されるのである。では、構成要件と違法性、構成要件と責任とはいかなる関係にあるのであろうか。

これは構成要件の性格・内容をどのように理解するか、という問題である。構成要件の性格、構成要件と違法性、責任との関係をどのように把握するかをめぐって主張されている見解は3つに整理することができる。それぞれの見解が分かれるのは構成要件のどの機能を重視するかの違いに由来しているように思われる。

(a) 行為類型説

この立場は構成要件をたんに犯罪行為の類型を示すものと解する(内田、曽根)。すなわち、構成要件は「犯罪を輪郭づける観念的形象(型)」であるとし、「違法性からも責任からも截然と分離し、形式的、価値中立的にもっぱら行為の類型と解する立場」である。この立場は、「構成要件は違法な行為と違法でない行為を均等に内包している」と解し、構成要件によって犯罪となりうる行為の輪郭づけをし、ついで、違法論・責任論での検討を予定するのである。したがって構成要件は論理的に違法性推定機能を有するわけではなく、構成要件

該当行為は単に事実上違法性の推定を受けるにすぎないとする。構成要件を価値中立的なものとして構成し，違法性判断を構成要件該当性判断から切り離して，違法論に固有の領域を認めようとするもので，構成要件の罪刑法定主義的機能をとくに重視する立場といえよう。

(b) **違法行為類型説**

構成要件を違法行為の類型と解する立場である（平野，中山，内藤，福田など）。構成要件に違法性推定機能を認める。すなわち，ある行為が構成要件に該当すると判断された場合，構成要件は違法行為の類型であるからその行為は違法な行為であるとの推定が成立する。したがって，違法性阻却事由が存在しなければその行為の違法性は確定すると解する。構成要件該当性と違法性阻却事由を原則と例外という関係にあると解する。つまり，構成要件該当性が認められれば，原則としてその行為は違法であるが，例外的に違法性阻却事由が存在する場合は違法性が排除されるとするのである。

(c) **違法・責任行為類型説**

この立場は，構成要件は違法行為類型であるのみならず，責任の類型でもあると解する（小野，植松，団藤，大塚，大谷，前田など）。構成要件には，「適法行為の期待可能性などのように，本来，責任の要素であるもの」も含まれているのであるから違法行為の類型にとどまらず，責任の類型でもあると解さなければならないとするのである（大塚）。この立場では，構成要件に違法性推定機能のほかに責任推定機能をも認めることになる。構成要件が責任要素によっても各別に定立されているのであるから，構成要件を違法・責任行為類型とみる立場が基本的には妥当であると考えられる。しかし，構成要件に該当するということが違法性のみならず有責であるとの推定も成り立つとはどういうことであろうか。違法性については，違法阻却事由の存否は客観的・具体的な判断によるところから原則・例外の関係が認められるであろうが，責任の判断は主観的・個別的な要素に基づくものであるから構成要件該当性が責任推定機能を有するとしても，その有責性の推定は，違法性の推定とは異なり，「原則として有責」という強い推定とはいえないように思われる。責任の要素である責任能力や責任要素としての故意（後述）などについては単に責任阻却事由の不存在では足りず積極的にその存在が確かめられることが必要であるとすべきであ

る（大塚）。

　以上のところから，構成要件は違法・有責行為類型であるとする(c)説の立場が妥当であるが，構成要件該当性に原則として有責であるとする強い責任推定機能を認めるのは妥当でないと考える。

2　構成要件の要素

（1）概　　　説

　構成要件はさまざまな要素から作られており，それらの要素は種々の観点から分類することが可能であるが，ここでは規範的構成要件要素と記述的構成要件要素，および，客観的構成要件要素と主観的構成要件要素の分類に従って説明することにする。

（2）　規範的構成要件要素と記述的構成要件要素

　構成要件の要素は，構成要件の内容を確定するために価値的評価を必要とする要素とそれを必要としない，事実認識によって確定できる要素とに分けることができる。前者を規範的構成要件要素，後者を記述的構成要件要素という。
　規範的構成要件要素は，たとえば，わいせつ物頒布罪（175条）における「わいせつ」，侮辱罪（231条）における「侮辱」などのように文化的価値的評価によらなければその内容が確定しない要素である。これに対して，記述的構成要件要素は，殺人罪における「人」・「殺した」などのように価値判断を伴わない解釈および事実認識によって確定できる要素である。
　構成要件は，罪刑法定主義の要請からすれば，適用にあたって裁判官の恣意が入らないように記述的要素によって構成されることが望ましい。しかし，立法技術上の理由や複雑な社会現象に対応する必要などにより，構成要件から規範的要素を完全に排除することは不可能である。したがって，規範的構成要件要素を最小限にとどめるとともに，その確定にあたっては可能な限り類型化を

図り国民の予測可能性に応えるべきである。

（3） 客観的構成要件要素

構成要件の客観的要素としては，行為の主体，客体，行為および行為の状況などがある。

(a) 行為の主体

行為の主体とは，犯罪行為を行う者，行為者である。行為者については，自然人と法人を区別して論ずる必要がある。

(i) **自然人** 現行刑法は自然人の行為を予定しているが，犯罪の中にはすべての自然人ではなく行為者に一定の身分のあることを要求しているものがある。これを身分犯という。この場合の身分は判例によれば，男女の性別，日本人外国人の別，親族の関係，公務員の資格など一定の犯罪行為に関する犯人の人的関係である特殊の地位または状態をいうと定義される（最判昭29・9・19刑集6・8・1083）。身分犯には真正身分犯（構成的身分犯）と不真正身分犯（加減的身分犯）とがある。真正身分犯は，行為者が一定の身分（たとえば，収賄罪の公務員，偽証罪の証人など）を有する場合に限ってその犯罪の成立を認めるものである。この身分は犯罪の成否・構成にかかわるので構成的身分とよばれる。不真正身分犯は，業務上横領罪・業務上過失致死傷罪など身分の有無によって刑罰に軽重の差が設けられているものである。刑罰の軽重に係わるので加減的身分とよばれる。なお，身分については，とくに共犯との関係で問題となるのでその項（196頁以下）を参照されたい。

身分犯 ┌ 真正身分犯……構成的身分を必要とする犯罪〔偽証罪（169条）・収賄罪（刑197条以下）〕
　　　 └ 不真正身分犯…加減的身分を必要とする犯罪〔業務上横領（253条）↔単純横領（252条）〕

(ii) **法人** 法人については，そもそも法人に犯罪能力があるかという問題と特別法における法人処罰規定をどのように解するかという問題がある。

A．法人の犯罪能力

　従来からの通説・判例は，法人には犯罪を犯す能力がないと解してきたが，近年，公害や法人による違法行為の多発などの事情から法人の犯罪能力を肯定する見解が有力になってきている。

　(ア)　法人の犯罪能力を否定する見解は，①行為は自然人についてしか考えられない，②法人には感情がないから刑罰の感銘力を期待できない，すなわち，刑罰の効果が期待できない，③現行法の刑罰体系は自由刑が中心であり，罰金刑を科しても法人にとっては痛痒を感じないものである，などということを理由とする。法人にかかわる犯罪については法人の機関である自然人を罰すれば足りると主張する。判例【017】も同様である。

　(イ)　法人の犯罪能力を肯定する見解は，①法人には法人としての意思決定システムがあり，これに基づく法人の行為が考えられること，②法人の意思に基づく行為が考えられる以上法人に対する非難も可能であること，③法人に適した財産刑がありうること，などを理由に法人の犯罪能力を認めようとするものである（内藤，大谷，前田など）。

　現代社会の営みは法人の活動に大きく依存しており，それに伴って活動を規制する必要性も増大してきていることを背景として考えれば，肯定説が妥当であろう。ただし，現行法の解釈としては，刑法8条但書および特別法の法人処罰の規定の存在を考慮すれば，一般的に法人の犯罪能力を認めることには無理があり，立法を待たなければならないであろう。

判例

【017】　大判昭10・11・25刑集14・1217（法人の犯罪行為能力を否定）

　「法人に犯罪行為能力ありや否やに付いては，所論の如く見解の一致せざるところなりと雖も，我が現行法の解釈としては之を否定すべく，若し法人の機関たる自然人が法人の名義に於いて犯罪行為を為す場合に於ては，其の自然人を処罰するを以て正当と為すべきことつとに本院判例の宣明する所なり。蓋し我現行刑法が自然意思を有する責任能力者のみを以て刑罰を科せられるべき行為の主体なりと認むるは，同法38乃至41条の規定に徴するも疑いを容れ（ず）」

第2編　犯　罪　論

> **企業組織体責任論**　刑事制裁を法人組織の実体に即して，その違法活動を抑止するために行使するべきであるとする企業組織体責任論（藤木，板倉）も主張されている。この説の意図は，「違法行為をした個々の従業員が特定できないために，法人が責任を免れるという不合理を解消することに」ある。ただし，具体的な適用に際しては長年の慣行を変更するものであるため，立法が必要であるとする（板倉）。

B．現行法における法人処罰規定

現行法には種々の「事業主」を処罰する規定が存在する。事業主には人すなわち自然人の場合と法人の場合があり，これによって現行法においても特別刑法の領域において法人の処罰が行われているのである。

(ア)　事業主処罰の形式　①従業者の行為について事業主を罰する転嫁罰規定（かつては未成年者飲酒禁止法4条2項にその規定があったが，次の②両罰規定に改められた）と②違反行為者本人（従業者）とその事業主を共に罰する，いわゆる両罰規定（たとえば，公害罪法4条，所得税法244条，労働基準法121条1項など）がある。①の転嫁罰規定は他人の行為について法人を処罰するものであるから責任主義の見地から問題があり，ほとんどの事業主処罰は両罰規定の形式をとっている。

(イ)　事業主処罰の根拠　従業者の行為について事業主（自然人，法人）が処罰される根拠は何かについては，三説が対立している。①行政取締目的から従業者の責任が無過失的に転嫁されると解する立場（泉二，牧野），②事業主の過失を擬制するものと解する立場（植松），③従業者についての選任・監督上の過失が推定されていると解する立場（通説）である。責任主義の立場からすれば③の過失推定説が支持されるべきである。判例も同様である（最判昭32・11・27刑集11・12・3113〔自然人〕**【018】**，最判昭40・3・26刑集19・2・83〔法人〕）。

> **判例**
>
> **【018】　最判昭32・11・27刑集11・12・3113（事業主の処罰根拠：自然人）**
>
> 「入場税法17条の3は，事業主たる人の『代理人，使用人其の他の従業者』が入場税を逋脱しまたは逋脱せんとした行為に対し，事業主として右行為者

> らの選任,監督その他違反行為を防止するために必要な注意を尽くさなかっ
> た過失の存在を推定した規定と解すべく,したがって事業主において右に関
> する注意を尽くしたことの証明がなされない限り,事業主もまた刑責を免れ
> 得ないとする法意と解するを相当とす。」

(b) 行為（行為・結果・因果関係）

　構成要件の中心的要素は行為である。本書は,行為を「意思に基づく身体の動静である」とする立場をとり,客観的要素と主観的要素の統一体であると解する。構成要件の要素としての行為もその両面から考察する必要があるが,主観的要素は次の主観的構成要件要素の項で扱う。

(i) **行為の態様**　行為の態様としては,積極的な動作である作為の場合と消極的な態度（動作）である不作為の場合がある。構成要件が作為を内容としているものが作為犯（たとえば,108条・199条・235条など）といい,不作為を内容とするものを不作為犯（たとえば,107条・130条など）という。さらに,作為を内容としている構成要件を不作為によって実現する場合がある。たとえば,199条は「人を殺す」という作為を予定した犯罪であるが,これを母親が殺意を持って嬰児に授乳せず放置し死亡させるという不作為によっても犯すことができる。前者のように構成要件が不作為の行為を予定しているものを真正不作為犯,作為を予定している構成要件を不作為によって犯す場合を不真正不作為犯,あるいは,不作為による作為犯という（不作為犯については,後述）。

(ii) **挙動犯（単純行為犯）・結果犯・結果的加重犯**　行為は広義においては結果を含む意味で用いられる。身体の動静と結果との関係から挙動犯・結果犯・結果的加重犯の三種を区別する。

　挙動犯とは,行為者の身体の動静（行為）だけで犯罪が成立し,特別な結果の発生を必要としない犯罪をいう（単純行為犯ともいう）。偽証罪や公然わいせつ罪などがこれにあたる。

　結果犯とは,行為のほかに一定の結果の発生が必要とされている犯罪をいう。殺人罪（人の死）,窃盗罪（財物の移転）など大多数の犯罪がこれにあたる。結果犯では行為と結果の間に因果関係の存することが必要であり,これを欠くときは犯罪は未遂となる。

結果的加重犯とは，基本となる犯罪（故意犯）から行為者が意図しなかった重い結果が発生したことを理由に基本となる犯罪の法定刑より重い刑が科せられている犯罪をいう。たとえば，傷害罪を犯したところそれが原因で被害者が死亡したというような場合，傷害罪よりも重い傷害致死罪（205条）が成立するのである。結果的加重犯についてとくに問題になるのは，重い結果の発生について行為者に過失があったことを要するか，という点である。通説は行為者が重い結果の発生を予見することができた場合でなければ，責任主義の観点から，結果的加重犯として罰することはできないとする（なお，草案22条参照）。判例は，行為と重い結果との間に因果関係があれば足りるとの立場をとっている（大判昭3・4・6刑集7・291，最判昭25・3・31刑集4・3・469など）。

(iii) **実質犯・形式犯**　犯罪行為は法益侵害の発生あるいはその危険の発生という点からつぎのように分類される。

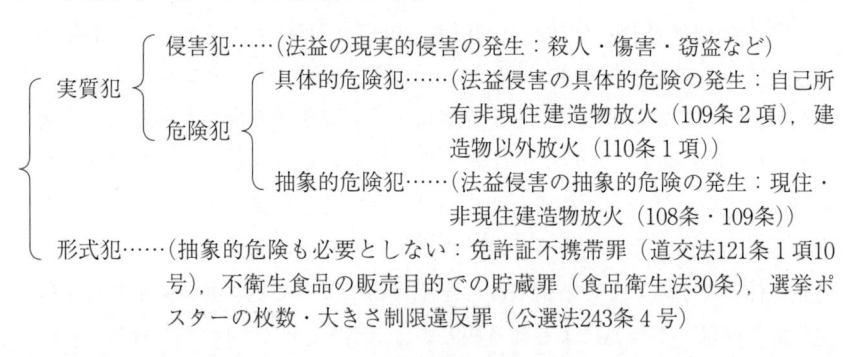

```
        ┌ 侵害犯……（法益の現実的侵害の発生：殺人・傷害・窃盗など）
   ┌実質犯┤      ┌ 具体的危険犯……（法益侵害の具体的危険の発生：自己所
   │    └ 危険犯┤                有非現住建造物放火（109条2項），建
  ┤         │                造物以外放火（110条1項））
   │         └ 抽象的危険犯……（法益侵害の抽象的危険の発生：現住・
   │                          非現住建造物放火（108条・109条））
   └ 形式犯……（抽象的危険も必要としない：免許証不携帯罪（道交法121条1項10
              号），不衛生食品の販売目的での貯蔵罪（食品衛生法30条），選挙ポ
              スターの枚数・大きさ制限違反罪（公選法243条4号）
```

構成要件が法益侵害あるいはその危険の発生を要件としている犯罪を「実質犯」という。これに対して，構成要件上，法益侵害の抽象的危険すらも必要としない犯罪を「形式犯」とよぶ。法律に定められた一定の行為があれば，それだけで犯罪が成立する。行政取締法の領域にその例が多い。

実質犯には侵害犯（法益の侵害，すなわち実害の発生を要件とする犯罪）と危険犯（法益侵害の危険で足りるとする犯罪）とがある。危険犯は危殆犯ともよばれる。危険犯は危険の程度により具体的危険犯と抽象的危険犯とに区別される。

具体的危険犯とは，具体的危険の発生が必要とされるもので，構成要件に危険の発生を要求することが明示されているものが多い。たとえば，具体的危険犯である自己所有物にかかる非現住建造物等放火罪（109条2項）は，「公共の

危険」の発生が明文で規定されている。また，抽象的危険犯は，危険の発生の要件が明示されておらず，所定の行為があれば直ちに危険が発生したものとして犯罪の成立が肯認されるものである。

　(iv) **即成犯（即時犯）・継続犯・状態犯**　　この区別は，保護法益の侵害と犯罪の完成・終了との関係による区別である。

　即成犯とは，法益の侵害またはその危険の発生があれば直ちに犯罪が成立・完成するものである。即時犯ともいう。たとえば，殺人罪のように被害者の死亡によって犯罪は完成し，終了する。

　継続犯とは，犯罪行為の性質上，行為そのものがある程度時間的に継続することを要し，その間は犯罪そのものが継続しており，終了しない犯罪である。監禁罪がその適例であるが，監禁状態が続いている間は，監禁罪が継続しており共犯が成立しうるし，また，公訴時効の進行もないのである。

　状態犯とは，法益侵害の発生をもって犯罪が完成・終了し，爾後は犯罪の結果（違法状態）だけが存続するもので，重婚罪や窃盗罪などがこれにあたる。

　(ｱ) 即成犯と状態犯との区別　　即成犯は，殺人のように保護法益（生命）の侵害があれば犯罪は成立・完成し保護法益は消滅する。これに対し状態犯は，法益の侵害があれば犯罪が成立，既遂に達するが，保護法益そのもの（重婚罪：性的風俗および家庭生活の保護，窃盗罪：財物に対する財産権の保護）は消滅するわけではない。法益侵害の違法状態は継続しているのである。

　(ｲ) 不可罰的事後行為　　状態犯は既遂に達した後も違法状態が続き，事後の行為が構成要件上評価されている限り，別罪を構成しない。これを不可罰的事後行為という。たとえば，窃盗犯人が盗品を費消・売却・破壊しても横領罪あるいは毀棄罪とはならない。ただし，窃取した預金通帳で銀行から預金を引き出せば，詐欺罪が成立する。この行為は新たな法益を侵害するからであるとされる（大判昭42・5・11刑録15・588）。

(c)　**行為の客体**

　行為の客体とは，行為が向けられる対象である。たとえば，殺人罪では（人）であり，窃盗罪では（財物）であり，公務執行妨害罪であれば（公務員）である。多くの犯罪には行為の客体があるが，なかには不退去罪，不解散罪などこれを欠く犯罪もある。行為の客体と区別しなければならないものに，保護

の客体がある。これは法がその規定（犯罪）によって保護しようとする利益・価値（保護法益）を指す。すべての犯罪には保護の客体（保護法益）が存在する。これがなければ犯罪として罰する必要がないからである。たとえば，殺人罪では（人の生命），窃盗罪では（財産権），不退去罪では（住居の平穏，あるいは住居権）などである。なかには，公務執行妨害罪のように行為（暴行または脅迫）の対象は「当該公務員」であるが保護の客体は「公務そのもの」というように行為の客体と保護の客体とが一致しない場合もある。

(d) 行為の状況

構成要件によっては行為が一定の状況の下で行われることを必要としているものがある。たとえば，消火妨害罪（114条）の「火災の際」や現場助勢罪（206条）の「……の犯罪が行われるに当たり」などであり，これも構成要件の客観的要素である。

(e) 客観的処罰条件

行為が構成要件該当・違法・有責である場合，犯罪が成立し，これに対して国家の刑罰権が発生するのが一般である。しかし，例外的に，犯罪が成立しても刑罰権の発生が他の事由に条件付けられている場合がある。たとえば，詐欺破産罪における破産宣告の確定（破産374条）や事前収賄罪において公務員・仲裁人となったこと（197条2項）などであり，客観的処罰条件とよばれる。これは犯罪の成立には関係がなく，条件が成就しなければ犯罪が成立しても処罰ができないということである。したがって客観的処罰条件にあたる事実を認識していたかどうかは故意の成立とは無関係である。

(4) 主観的構成要件要素

(a) 意 義

主観的構成要件要素とは，行為者の内心にかかわる事情が構成要件を構成する要素となっているものを指す。主観的構成要件要素を認めるべきかどうかについては，従来から争いがある。かつては「違法は客観的に責任は主観的に」というテーゼのもとに行為者の主観的な事情は責任の要素であるとして違法性から主観的なものを排除し主観的違法要素は認められなかった。これに対して，

違法性を客観的に解することと違法性判断の対象となるものに主観的要素が含まれることとを混同すべきでないという理論的反省から，いわゆる主観的違法要素を承認する見解が多くなってきている。違法性の存否・強弱にかかわる主観的要素を類型化して構成要件に取り込んだものが主観的構成要件要素である。

主観的構成要件要素として問題となるのは，目的犯における目的，傾向犯における行為者の主観的傾向，表現犯における行為者の心理過程，および故意・過失である。

主観的違法要素をめぐる学説の対応は，つぎの3つに大別することができるであろう。

①故意・過失をふくめ主観的要素が行為の違法性の有無・強弱に影響を与えるとして主観的違法要素を認める立場（今日の通説的見解・判例の立場である），②「主観的要素は，その存否の認定があやふやになる危険があるし，内心そのものに法が干渉するおそれもつきまとう」ので好ましいものではないとして，いわゆる主観的超過要素の場合に限定して主観的違法要素を認めるとする立場（平野），③主観的違法要素を認めない立場は，結果無価値論を基礎として，法益の侵害・その危険は客観的侵害・客観的危険を指すのであるから，その存否・強弱は客観的要素に基づいて判断されなければならず，行為者の内心的・心理的要素は責任の問題であるとする（内藤）。〔故意については，故意・過失の体系的地位（57項）参照〕

(b) **いわゆる主観的違法要素**

(i) **目的犯における目的**　目的犯とは，構成要件上，一定の目的を必要とする犯罪をいう。たとえば，内乱罪（77条）における「統治の基本秩序を壊乱する」目的，通貨偽造罪（148条）における「行使の目的」など一定の目的がなければ犯罪を構成しないもの（真正目的犯とよぶ）と，あへん煙所持罪（136条・140条）の「販売の目的」のように刑の加重事由とされているもの（不真正目的犯とよぶ）とがある。

目的犯における目的は，通常の故意犯において要求される「構成要件に該当する客観的事実の認識」である故意を超えた主観的要素である。たとえば，通貨偽造罪の成立には，偽貨の作成という行為（客観的事実）の存在とそれに対応する主観的要件として偽貨作成の事実についての認識（故意）が必要である

が，さらに，主観的要件として偽貨を行使するという目的が存在しなければならないのである。この場合，行使の目的は故意の内容（偽貨の作成の認識）を超えている。このような主観的要素を主観的超過要素または超過的内心傾向とよぶ。

　(ii)　**傾向犯における行為者の主観的傾向**　　傾向犯とは，行為者の主観的傾向の表出と見られる行為が犯罪とされるもので，そのような傾向があるときに限って犯罪が成立するとされるものである。強制わいせつ罪（176条）がこれにあたる。強制わいせつにあたる行為が行われても，行為者のわいせつの傾向が表れたものとみられなければ強制わいせつ罪を構成しない（【019】）。

　なお，傾向犯については，内心の傾向は無意識の世界にまで立ち入って判断せざるをえないため明確性を損なうおそれがあり，また，わいせつ行為の法益侵害性は主観的要素に左右されないとして，傾向犯の概念を不要とする見解もある（大谷，平野，内藤）。

> **判例**
>
> **【019】　最判昭和45・1・29刑集24・1・1（強制わいせつ罪の主観的要件）**
> 　「刑法176条のいわゆる強制わいせつ罪の成立するためには，その行為が犯人の性欲を刺激興奮させまたは満足させるという性的意図のもとに行なわれることを要し，婦女を脅迫し裸にして撮影する行為であっても，これが専らその婦女に報復し，または，これを侮辱し，虐待する目的に出たときは，強要罪その他の罪を構成するのは格別，強制わいせつ罪は成立しないものというべきである。」反対意見あり。
>
> **【020】　東京地判昭62・9・16判夕670・254（強制わいせつ罪の主観的要件）**
> 　女性下着販売業の従業員として稼動させるという目的のために，婦女の全裸写真を強制的に撮影しようとした行為について，被告人が男性として性的に刺激興奮させる性的意味をも有する行為であることを認識して行為に出たときは，強制わいせつ罪が成立するとした事例。

　(iii)　**表現犯における行為者の心理過程**　　表現犯とは，行為者の心理経過または状態の表現と見られる行為が犯罪とされるものをいう。たとえば，偽証罪（169条）の虚偽の陳述について主観説の立場に立てば，証人が記憶に反する陳述を行った場合に偽証となるが，「陳述の行為」は行為者の記憶という内面の

要素を考慮して構成要件該当性・違法性が判断されることになる。ただし，客観的事実に反する陳述が虚偽の陳述であるとする客観説に立てば行為者の内面の要素を考慮することなく偽証の行為が確定できるのであるから偽証罪を表現犯と解することは必要でなくなる（平野，内藤）。

(c) **構成要件的故意**

〔故意・過失の体系的地位〕　故意・過失の観念を犯罪論体系のどこに位置づけるかについてさまざまな議論がなされてきたが，つぎの3つに整理できるであろう。第1は，かつての通説的見解で，故意・過失は，故意責任・過失責任という責任の種類ないし形式であるとし，もっぱら責任論で扱うべきものとする。この立場での故意の内容は，㋐構成要件に該当する事実の認識，および㋑違法性の意識ないしその可能性とされてきた。この見解に対しては故意（過失）が構成要件の要素として犯罪の個別化に機能している点を捉えきれないという批判がある。第2は，おもに目的的行為論の立場から主張されるもので，故意の内容は構成要件に該当する事実の認識だけであり，故意は主観的違法要素であると同時に主観的構成要件要素として構成要件に属すると考える。第3は，道義的責任論の立場を基礎に故意・過失の本籍はやはり責任論の領域にあるという考え方を維持しつつ同時にそれは構成要件の要素でもあるとするもので，今日有力となっている見解である。この立場では構成要件要素としての故意を構成要件的故意あるいは事実的故意とよび，責任に属する故意を責任故意あるいは責任要素としての故意と呼ぶ。そして，構成要件的故意の内容として事実の認識，責任故意の内容として違法性の意識ないしその可能性をあげる。以下，第3の立場から構成要件的故意の成立にかかわる問題を検討する。なお，構成要件的故意の内容をなす事実の認識に関する錯誤は，構成要件的故意の成否にかかわる問題であるから理論的には本節で扱うべきであるが，法律の錯誤との関連性を考慮し，便宜上，責任論において扱うこととする。

(i) **意義**　刑法38条1項は「罪を犯す意思がない行為は，罰しない。ただし，法律に特別の規定がある場合は，この限りでない」と規定している。これは故意による行為の処罰を原則とし，過失による行為の処罰は例外的であって，「法律に特別の規定がある場合」だけであることを宣言したものである。法律

にいう「罪を犯す意思」とは故意のことである。

　さて、本書では前述のように故意・過失を構成要件要素であるとともに責任要素でもあるとする立場をとっている。構成要件的故意の内容は事実の認識すなわち構成要件に該当する客観的事実についての認識・認容である。これに対して、責任要素としての故意（責任故意）の内容は違法性の意識（その可能性で足りるとする立場もある）である。構成要件的故意は、一方において過失犯との区別を行い、他方において認識の内容に応じてそれぞれの犯罪を区別して扱う、すなわち犯罪の個別化の機能を担っている。さらに、責任故意の前提として非難の対象の範囲を示す働きを持っている。

　(ii) **要件——事実の認識**　構成要件的故意ありとするためには、行為者が犯罪事実を認識したことが必要である。犯罪事実とは、構成要件に該当する客観的事実のことである。

　認識すべき範囲は、原則として構成要件に該当する客観的な事実の全部である。すなわち、行為（主体、客体、行為の状況を含む）、結果およびその因果関係などである。殺人罪に例をとれば、行為者は、相手が生きている人であること（客体）、短刀で胸のあたりを刺すこと（行為）、刺したため相手が死ぬであろうこと（結果・因果関係）を認識・予見することが必要である。結果犯については行為と結果との間の因果関係も認識しなければならないとするのが通説であるが、その因果の経過を詳細に認識することは必要ではない。結果的加重犯においては基本となる犯罪事実についての認識は当然必要であるが、重い結果の発生は認識の対象とはならない。重い結果について認識がある場合には、その結果についての故意犯が成立することになるからである。身分犯における身分など行為主体にかかわる事実や「火災の際」などの行為の状況に関する事実も含まれる。

　これに反して、主観的構成要件要素である故意や目的犯における目的などは、行為者にそれが存在すれば足り、目的を持っていることを認識する必要はない。また、責任能力や処罰条件は構成要件要素ではないため認識の対象とはならない。

　ところで、構成要件に該当する事実は、文化的、社会的、法的な意味を持った事実である。したがって、事実の認識には単なる事実の外形的表面的な認識

では足りず，その事実のもつ意味も認識することが必要となる。これを意味の認識という。このことは，とくに，規範的構成要件要素について妥当する。ただし，行為者は法律の専門家であるとは限らないから，厳密な法的意味の認識である必要はなく，意味の認識は行為者の属する社会の一般人の判断において理解されている程度の認識で足りるとされる。たとえば，わいせつ文書頒布罪（175条）の故意があるというためには，単に客体となる文書の存在を認識するだけでは不十分である。もちろん，それが刑法にいうわいせつ性を備えた文書であるという専門的な認識は必要ではないが，一般人が性的好奇心を抱く露骨な性的描写のある文書であるという程度の認識があれば足りると解せられる。

つぎに，故意が成立するには，単に犯罪事実を認識・表象するだけでよいか，それとも事実の実現を意欲ないし希望することが必要であるかについて，表象説（認識説）と意思説（希望説）とが対立している。犯罪事実を単に認識したというだけでは故意犯の主観的要素として十分とはいえないと思われる。事実の実現を意欲ないし希望するという積極的心理態様までは必要ではないが，法益侵害の結果の発生を表象しながらそれに対応することなく当該行為にでるということが必要であろう。つまり，結果の発生を認容していることが重い故意責任の前提となる構成要件的故意には必要なのである。

(iii) **種類**

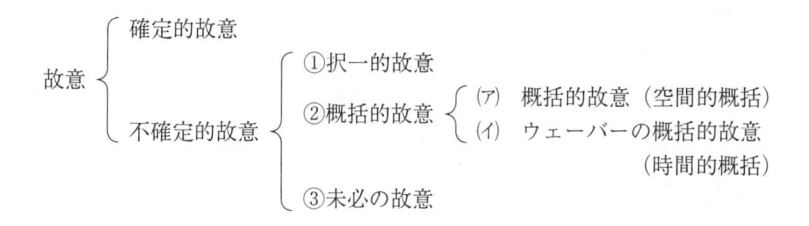

```
          ┌ 確定的故意
          │              ┌ ①択一的故意
故意 ─────┤              │                    ┌ (ア) 概括的故意（空間的概括）
          │              │ ②概括的故意 ──────┤
          └ 不確定的故意 ┤                    └ (イ) ウェーバーの概括的故意
                         │                                    （時間的概括）
                         └ ③未必の故意
```

構成要件的故意は，事実についての認識の性質（程度）から確定的故意と不確定的故意とに区別される。確定的故意は，たとえば，甲を殺そうと思って発砲し甲を殺した場合のように犯罪事実の発生を確定的なものとして認識している故意である。不確定的故意は，それを不確定なものとして認識している場合であり，つぎの3つに分かれる。

① 択一的故意は，たとえば，甲乙2人のうちのいずれかを殺す意思で発砲

する場合のように，客体が甲乙いずれかであることは確定しているが，そのいずれであるかが不確定な場合の故意である。

② 概括的故意は，たとえば，群衆の中の誰かを殺す意思で爆弾を投げ込む場合のように，一定の範囲内の客体に結果が発生することは確実だが，いずれの客体か，またその個数について不確定な場合の故意である。この場合は一定の範囲内にある客体を概括的に扱うものであるから，いわば空間的概括といえよう。これに対して，概括的故意が上に述べたところと異なった意味で用いられることがある。創唱者の名にちなんでウェーバーの概括的故意といわれるものである。これは，たとえば，甲が乙を殺すつもりでその首を絞めたところ，動かなくなったので死亡したものと思い，犯行の発覚を防ぐ目的でこれを河に投げ込んだので，被害者が溺死したという場合のように，第1の行為によって予見した結果が実現したものと誤信し，これに加えて第2の行為を行ったため，初めて当初の予見結果が実現したという場合である。これについて第1の行為（殺人未遂）と第2の行為（過失致死）に分断しないで当初の故意に概括して殺人既遂とするのが合理的であるとするのである。しかし，通常，この場合は因果関係の錯誤として扱われ，行為者の予見した因果の経過と実際の因果関係との齟齬（食い違い）が相当因果関係の範囲内にある場合には当初の故意犯の既遂，範囲外の場合には未遂が認められることになる（大判大12・4・30刑集2・378【082】）。

③ 未必の故意とは，犯罪事実，とくに結果の発生を不確定なものとして認識している場合である。たとえば，自動車の運転者が歩行者をはねて死傷させるかもしれないが，それも仕方がないと考えて狭い道を高速度で走行する場合のように，結果発生の可能性を認識（認容）しながら，行為を行い結果を発生させた場合である（認容説）。未必の故意は認識ある過失と境を接しており，両者の区別が問題となる。その区別に関して，認容説（団藤，大塚，西原），蓋然性説（牧野，前田），動機説（平野，内藤，大谷）が対立している（後述(d)⑤(ｱ)【027】～【030】参照）。

判例

【021】 大判大11・5・6判集1・255（結果発生を希望することは不要）

「凡ソ犯意ハ罪ト為ルヘキ事実ノ認識予見アルヲ以テ足ルモノニシテ其ノ事実ノ発生ヲ希望スルコトヲ必要トセサルノミナラス上叙ノ認識予見ハ必シモ確定的ノモノタルヲ要スルコトナク不確実ナモノタルヲ以テ足ルモノナルコトハ夙ニ本院判例ノ認ムル所ナリ」

【022】 最決平2・2・9判時1341・157（事実の認識）

〔事実の認識〕 被告人は本件物質を密輸して所持していた際，覚醒剤を含む身体に有害で違法な薬物であるとの認識があった〈原審の判断〉という事案について最高裁は，覚醒剤かもしれないしその他の有害で違法な薬物であるかもしれないという認識はあったことになり，覚せい剤輸入罪，同所持罪の故意に欠けるところはない，と判示した。

【023】 最判昭32・3・13刑集11・3・997（意味の認識・チャタレー事件）

〔わいせつ性の認識＝規範的構成要件要素の認識〕 刑法175条の罪における犯意の成立については問題となる記載の存在の認識とこれを頒布販売することの認識があれば足り，かかる記載のある文書が同条所定の猥褻性を具備するかどうかの認識まで必要としているものではない。

【024】 大判大6・11・9刑録23・1261（概括的故意：空間的概括）

殺意をもって「昇汞」を鉄瓶に入れ，Aおよびその家人が飲用すべき状態に置いたため，Aおよびその家人数名が死亡した。全員について殺人の故意を認めた。

【025】 最判昭59・3・6刑集38・5・1961（条件付き故意）

一定の条件にかからせて犯罪を遂行しようとする意思があるにすぎなかった場合，故意は認められるか。〈肯定〉

(d) **構成要件的過失**

(i) **意義** 構成要件的過失とは，一定の構成要件に該当する事実の発生を認識すべきであり，かつ，これを回避すべきであるのに，不注意により（すなわち，注意義務に違反して）その結果を発生させることである。

従来の通説は，既に述べたように過失も故意と同様責任条件ないし責任の種類・形式であると解していた（伝統的過失論）。そして，過失の本質は，行為者が相当の注意を払ったならば，結果の発生を予見し，これを回避することができたのに，不注意によって，その認識・予見を欠き，結果を発生させた点にあるとされた。こうした過失の理解は本質的には正しいものを含んでいる。過失

犯における行為者に対する責任非難は行為と結果との心理的連関を基礎に主観的に論ぜられるからである。しかし，発生した結果について責任非難を論ずるにしてもその前提として構成要件該当性，違法性が確定していなければならないはずである。最近では過失をもっぱら責任条件ないし種類として扱うのではなく，故意犯の犯罪論体系と同様過失行為として把握し，構成要件論（違法論），責任論のそれぞれの領域で論じられるようになっている（新過失論）。

　このように過失犯について犯罪論体系のそれぞれの領域で論ずべきであるとする考え方が生まれてきた背景には，現代文明のもたらした利益と危険の調和が計られなければならないという事情があったように思われる。現代社会が高度に発達した技術文明を持っていることにより，一方において高速度交通機関，化学工業製品の出現，大規模な建築工事，高度な医療などにより多大の便益がもたらされるが，他方において生命・身体・財産などが深刻な危険にさらされることになった。危険を回避するためにそれらの行為を禁止すれば今日の社会生活は麻痺してしまう。そこで，危険に対する一定の予防措置を条件に危険な活動を許容し，その条件に違反するものには刑罰をもって対処するのである。

　さて，構成要件の段階での過失，構成要件的過失は上に述べた危険行為を遂行する際に課せられる客観的注意義務に違反することである。この注意義務は，当該具体的事情のもとで客観的・一般的に要求されるもので，当該行為者自身の主観的能力とはかかわりなく過失行為の違法性を基礎づけるものである。行為者を標準とする主観的注意義務は，責任としての過失にかかわる問題である。

(ⅱ) **過失犯の処罰根拠**　(ア) 刑法は故意犯を処罰するのが原則である（38条1項）。例外的に「法律に特別の規定がある場合」も罰する（同条但書）。この但書が過失犯処罰の根拠である。すなわち，故意がない場合でも過失を罰する特別の規定があるときは過失を罰するのである。

　　＊　刑法典の過失犯（8カ条）……失火罪（116条），過失激発物破裂罪（117条2項），業務上・重過失失火罪，業務上・重過失激発物破裂罪（117条ノ2），過失浸害罪（122条），過失往来危険罪・業務上過失往来危険罪（129条），過失傷害罪（209条），過失致死罪（210条），業務上・重過失致死傷罪（211条）

　(イ) 明文規定の要否（行政法規の場合特に問題となる）　過失犯を処罰する「特別の規定」は，①「過失により」・「失火により」など明文のある場合に限

るか，②それとも明文はなくとも法律の目的・精神などからみて過失犯を処罰する趣旨と解釈される場合も含むか（判例），③明文が無くとも当該規定の構成要件の解釈上，過失犯処罰を含む場合もあるとする見解（団藤）が対立している。判例は②の見解に立っているが（最判昭28・3・5刑集7・3・506【026】，最決昭57・4・2刑集36・4・503），法律の目的などを理由に処罰の範囲を拡大することは罪刑法定主義の見地から疑問である。また，③の個々の構成要件の解釈から過失犯の処罰を含む趣旨である場合には明文を要しないとする見解も同様に疑問である。

> **判例**
>
> 【026】　最決昭28・3・5刑集7・3・506（過失による外国人登録証の不携帯）
> 「外国人登録令13条で処罰する同10条の規定に違反して登録証明書を携帯しない者とは，その取締る事柄の本質に鑑み故意に右証明書を携帯しない者ばかりでなく，過失によりこれを携帯しない者をも包含する法意と解するを相当とする…」
> 〔参考〕　外国人登録法（昭27，法125）には，次のような規定がある。
> 　13条1項「外国人は市町村の長が交付し，または返還する登録証明書を受領し，常にこれを携帯していなければならない。ただし，16歳に満たない外国人は登録証明書を携帯していることを要しない。」
> 　18条の2「1～3号略，4号　第13条第1項の規定に違反して証明書を携帯しなかった者」（20万円以下の罰金）

(iii)　**要件**　構成要件的過失が認められるには，まず故意がないこと，すなわち，行為者が犯罪事実の認識・認容を欠いていることが前提となる。しかし，そのことから直ちに構成要件的過失が認められるわけではなく，犯罪事実の認識・認容を欠いた行為が過失犯の構成要件に該当するためには，行為者に客観的な不注意のあることが必要である。つまり，構成要件的過失の中核は，客観的な不注意すなわち客観的注意義務違反にあるのである。

　構成要件的過失の判断にはその場合の注意義務の内容が確定されなければならない。客観的注意義務は，各種の法令の規定や経験則によって形成された各種の技術的規則などに明示的に包含されている場合も少なくない。しかし，明文の規定が今日の社会における多種多様な行為の場における注意義務のすべて

を網羅することは不可能であるから，そうした法令・規則を遵守したというだけでは注意義務を尽くしたとはいえないのである。客観的注意義務の内容は，結局のところ，一般人を基準として当該具体的事情のもとにおいて結果発生を防止するためになしうることから論定されなければならないであろう。客観的注意義務の違反が存在しない場合は，不可抗力であり，構成要件的過失があるとはいえない。

　近年，広く用いられるようになった「信頼の原則」という法原則も上のような注意義務の確定に関連するものといえる。信頼の原則とは，特別な事情のない限り，行為者は，他人（被害者・第三者）が法規を遵守し，あるいは，適切な行動に出ることを信頼して行為してもよく，その他人の不適切な行動によって構成要件的結果が発生しても行為者に過失は成立しないとするものである。この原則はドイツの交通事故判例の中で生成・発展したものであるが，わが国でも昭和41年最高裁判所がこの原則を採用して以来（最判昭41・12・20刑集20巻10・1212），とくに自動車事故に関する判例において急速に適用されるようになり，さらに，医療事故における医師の責任などを論ずる場合にも適用されるにいたっている（札幌高判昭51・3・18高刑集29・1・78）。信頼の原則が適用されるには，たとえば，交通事故の場合は，当該交通手段の必要性，交通安全教育の浸透，道路など交通環境の整備などの社会的条件が整っていることが必要であり，そのうえで，行為者のその信頼が相当と認められるものでなければならない。たとえば，被害者が幼児・老人・酩酊者などの場合には適切な危険回避の行動を期待することが相当でないのでこの原則を適用することはできないのである。

　信頼の原則によって過失が否定される理由としては，予見可能性が否定されることによるとする見解や結果回避義務が軽減されるからとする見解などがあるが，いずれの立場も，行為者の注意義務の成立する範囲を制限するものであると考えられる。

　(iv)　**注意義務の構造**　　(ア)　過失の中核をなす注意義務はどのようなものであろうか。それは構成要件が規定する結果についての注意義務である。その内容は結果の発生を予見する義務（結果予見義務）と予見した結果の発生を回避する義務（結果回避義務）である。

たとえば、車を運転中に脇見をして通行人をはねて死亡させた場合を例にとれば、運転者には、前方をよく注視し通行人を認識してそのまま走行すればはねるということを予見すべき義務があったのに予見しなかった、あるいは、予見はしたけれどもその結果の発生を回避する措置（たとえば、減速、警笛の吹鳴、一時停止など）をとるべき義務があったのに、それを怠ったために結果が発生したという場合、つまり注意義務に違反して結果を発生させた場合に過失が認められるのである。

(イ) 結果予見義務と結果回避義務のうち、結果予見義務を重視する見解が多い。たとえば、「不注意は、行為者がその意識を緊張させなかった内心的態度を意味するから、過失犯の注意義務は、むしろ結果予見義務を中心として理解すべきである」（大塚）などである。これに対して、結果回避義務を重視し、予見は悪結果発生の不安感あるいは危惧感の程度で足りるとする見解も主張されている（危惧感説あるいは新々過失論という）。

　　＊　**新々過失論**　　公害・薬害などの事件に見られる「未知の危険」の合理的な解釈のために主張されたもので、結果の具体的予見可能性を緩和し、過失は結果回避義務の懈怠としての「落度」にあるとし、被害の発生が全く無視出来ない程度の「危惧感」を伴うものであるときは、それを防止するための負担を回避義務として命ずることが相当であるとする（藤木・板倉）。しかし、危惧感の程度では回避を義務づける根拠としては充分とは言えないであろう。

(v) **種類**　(ア) 認識のない過失と認識のある過失　　認識のない過失は、構成要件に該当する事実の認識（予見）を欠いた場合であり、認識のある過失は、構成要件該当の事実の認識（予見）はあるが、その実現についての認容を欠くため、なお過失にとどまる場合である。ともに注意義務違反を中核とする点で両者の過失としての性質は変わらない。

　認識のある過失は、未必の故意と境を接する概念であり、どのような基準で両者を区別するかが問題となる。両者の区別に関しては、認容説と蓋然性説とが唱えられている。蓋然性説は表象説を基礎とし、行為者が認識した結果発生の可能性の程度によって故意と過失を区別しようとするものである。行為者が犯罪事実の実現を蓋然的である（相当程度に可能性が高い）と認識している場合が未必の故意であり、犯罪事実の発生を単なる可能性として認識しているにす

ぎない場合が認識ある過失であるとする。これに対して，認容説は，行為者が犯罪事実発生の可能性を認識し，かつ，発生してもかまわないと認容している場合が未必の故意で，認容のない場合が認識ある過失であるとする。蓋然性説は認識の内容によって故意と過失とを分かつが，故意の成立には結果発生に対する肯定的な態度が必要であるから，認容説が正当であろう。もっとも結果発生の蓋然性を認識しながら，なお行為にでる場合は通常結果発生を認容しているとみられるので実際の適用において両説は大きな違いはないとの指摘もある。判例には「或は贓物であるかも知れないと思いながらしかも敢てこれを買受ける意思」があれば贓物故買罪（有償譲り受け）の故意は認められると判示するものがあるが（最判昭23・3・16刑集2・3・227【028】），どの立場をとっているか必ずしも明かではない。しかし，下級審判例には認容説によっていることが明かなものがある（広島高判昭36・8・25高刑集14・5・333【029】）。

> **判例**
>
> **【027】 大判大12・2・16刑集2・97（未必の故意と殺人）**
>
> 「殺人罪に付，故意ありとするには殺人の手段たる行為に因りて死の結果を発生せしめ得べきことの認識あるを要すと雖，其の認識は確定的なることを必要とせず，不確定的なるも殺人罪に付未必の故意ありと謂うを妨げず」，「被告人Xは短刀を以て他人の身体中重要なる部分を刺傷すれば，其の結果人を殺害することあるべきを予想し，即ち確定的に非ざるも不確定的に殺人の結果を認識し，Aの身体中器要部に属する左側鎖骨中央上部を突き刺したること明確なればXに殺人の故意あり」とした原判決は相当なり。
>
> **【028】 最判昭23・3・16刑集2・3・227（未必の故意と贓物故買罪：有償譲り受け）**
>
> 「贓物故買罪の故意が成立するためには，必ずしも買受くべき物が贓物であることを確定的に知って居ることを必要としない。『或は贓物であるかも知れない』と思いながらしかも敢えてこれを買受ける意思（いわゆる未必の故意）があれば足りるものと解すべきである。故にたとえ買受人が売渡人から贓物であることを明に告げられた事実が無くても苟しくも買受物品の性質，数量，売渡人の属性，態度等諸般の事情から『或は贓物ではないか』との疑いを持ちながらこれを買受けた事実が認められれば贓物故買罪が成立する。」
>
> **【029】 広島高判昭36・8・25高刑集14・5・333（未必の故意：認容説）**

> 　　酩酊して貨物自動車を運転し盆踊り帰りの人の列に突っ込み3名を死亡させ，7名に重軽傷を与えた。裁判所は，被告人は，「(歩行者らを) 転倒させたり跳ね飛ばしたりする危険のあることを十分認識しながら，……そのような結果の発生を何等意に介することなく，敢て……運転」したもので，暴行の未必の故意があるとして傷害致死罪の成立を認めた。

　(イ)　通常の過失，業務上の過失，重大な過失　　通常の過失とは，構成要件上特別の限定のない一般の過失をいう。

　業務上の過失とは，行為者が「業務上必要な注意を怠」ることによって構成要件的結果を発生させた場合の過失をいう（刑法211条前段など）。業務とは，「人が社会生活上の地位に基づき反復継続して行う行為」である（最判昭33・4・18刑集12・6・1090）。社会生活において反復継続する行為であれば，職業か否か，報酬・利益があるか否か，主たるものか従たるものかを問わない。業務の内容は，犯罪の性質によって規定される。たとえば，業務上過失致死傷罪であれば生命・身体に対する危険を含むものでなければならず，業務上失火罪では，火災の原因となる火気を扱う仕事のほかに，火気の安全に配慮すべき職務も含まれる。業務上の過失は通常の過失に比して法定刑が加重されているが，加重の理由については，①業務者にはとくに高度な注意義務が科せられており，その違反にも重い責任が帰せられるとする見解（通説，最判昭26・6・7刑集5・7・1236頁など），②業務者は注意能力が一般人より高度であるから，責任の程度がより重くなるとする見解，③業務者の注意義務違反は一般人より違法性・責任が重いからであるとする見解などが対立している。②の見解は，業務者であれば常に注意能力が高いとする点で疑問があり，③の見解は，通常の過失と業務上の過失の刑の下限が等しい場合では軽微な業務上過失の理解が困難なるので①の見解が妥当であろう。この見解では，危険な事務に反復継続して従事する者は法益侵害の結果を惹起しやすいところから，とくに高度な注意義務が科せられていると解することになる。

　重大な過失（重過失）とは，注意義務違反の程度が著しい場合の過失である。すなわち，行為者がごくわずかの注意を払うことによって結果の発生を予見しそれを回避することができた場合である。

㈬ 過失の競合—監督過失について　過失の競合とは，1つの構成要件的結果の発生について複数の者の過失が競合している場合である。①行為者，被害者あるいは第三者など複数人が関与する場合は各人について注意義務が考えられ，その違反の有無が問題となるが，行為者の過失が認められるかどうかを論ずるについては，他の者の過失は直接的な影響を及ぼすものではない。刑法上，過失相殺は認められず，当該結果がその者の注意義務の範囲に含まれる限り過失は成立する。他の事情は情状資料として考慮されうるにすぎない。②複数の対等な行為者の過失の場合には，共同の注意義務が認められるときは過失の共同正犯，その他の場合には各人の注意義務違反が論じられることになる。③過失の競合の中で特に問題とされているものの1つは，監督過失といわれる場合である。

　監督過失とは，複数の過失行為者の間に監督者・被監督者という上下の関係がみられ，直接結果を発生させる過失行為をした者（被監督者）に対して，これを指揮・監督すべき地位にある者が，その過失を防止すべき義務を怠ったことについて問われる過失をいう。たとえば，化学工場の工場長ら（上位の監督者）が，現場の作業員（下位の被監督者）に対する適切な指揮・監督を怠ったため，現場作業員が機械の操作を誤り爆発事故を起こしたような場合である。こうした場合，現場の作業員の具体的な操作ミスの過失のほかに，具体的な事情によっては彼らを指揮・監督する立場にある監督者には，被監督者の過失による事故についての注意義務が認められ過失が成立する場合があるのである（最判昭63・10・27刑集4・8・1109【030】）。

> **判例**
>
> 【030】　最判昭63・10・27刑集42・8・1109（日本アエロジル塩素ガス流出事故）
> 　事案は，原料の液体塩素を工場の貯蔵タンクに受け入れる際，その作業をしていた未熟練技術員Aがタンクのバルブ操作を誤り，大量の塩素ガスを大気中に放出させて付近住民等に傷害を負わせたというものである。起訴されたのは，A，現場の指導監督していた熟練技術員B，作業班の責任者C，これらの総括責任者で人員配置や安全教育の責任者でもあった製造課長Dの4名。いずれについても業務上過失傷害罪の成立を認めた。製造課長Dと班の責任者Cについては，「事前に双方（AとB）の技術員に対し，未熟練技術員

> が単独でバルブ操作をしないよう留意すべき旨の安全教育を行い，少なくとも配置の際にその旨の指示を行うべき注意義務を怠って，未熟練技術員Aを配置した過失があ」ると判示した。

3 構成要件該当性

(1) 概　　説

(a)　構成要件該当性とは，人の行為についてそれが刑罰法規の定める構成要件にあてはまるということである。犯罪成立の第1の要件である。ある行為を犯罪と認めるためには，まずもって構成要件に該当しなければならない。行為が構成要件に該当しなければ違法性，有責性を検討するまでもなく犯罪とはならないのである。個々の犯罪について構成要件の意味内容を明らかにし該当性を論ずるのは刑法各論の課題である。ここでは，構成要件の一般的要素に関連して該当性の問題をとりあげることにする。

(b)　実 行 行 為

構成要件該当性を論ずるについては，「実行行為」という概念を用いるのが便利である。実行行為とは，構成要件に該当する行為をいう。ある行為が構成要件に該当するかどうかということは，言い換えれば，実行行為といえるかどうかということである。実行行為は，客観的側面と主観的側面の両面から考察することを要する。

まず，実行行為の客観的側面からみることにしよう。行為者自身の身体の積極的動作（作為）が構成要件に該当するかどうか，すなわち実行行為といえるかどうかは比較的判断しやすい。しかし，犯罪は作為によって行われる場合だけとは限らない。犯罪は，一定の作為をしないこと（不作為）によって，他人を道具として利用することによって，あるいは，責任無能力状態における自己の動作によって実行される場合がある。不作為犯，間接正犯，および原因において自由な行為とよばれる場合で，それぞれの実行行為性については種々の論議がなされている。

つぎに，主観的側面からみると，実行行為は故意の場合と過失の場合を区別することができる。故意犯の実行行為は比較的具体的な概念で規定されている（たとえば，「人を殺した」(199条),「他人の財物を窃取した」(235条) など）が，過失犯の場合は，たとえば，「過失により人を死亡させた」(210条) とか「業務上必要な注意を怠り，よって人を死傷させた」(211条) などと規定されており，構成要件的結果は明確であるが，それを惹起する行為の内容は具体的ではない。

これは過失犯の行為は，過失すなわち注意義務懈怠の行為であり，その注意義務の内容は個々の場合によってさまざまであり，定型化することが困難であるという性質に由来する。したがって，過失犯の構成要件は，個々の場合に具体的事情に即して注意義務の内容を補充することを予定しているのである（開かれた構成要件，あるいは補充を必要とする構成要件と呼ばれる）。そこで，過失犯の実行行為は，そのような注意義務に違反して構成要件的結果（「人の死」210条など）を惹起した行為と解されるのである。

(c) **因果関係・結果**

犯罪は，行為と結果との関係から挙動犯と結果犯との区別があることは既に述べた。挙動犯では実行行為は行為者の一定の身体の動静のみを内容としており，実行行為が存在すれば，その構成要件該当性は認められるが，結果犯では，実行行為に基づいて一定の結果が惹起されたことが必要とされる。構成要件該当といえるためには，実行行為とその結果の間に，原因・結果の関係（因果関係）が存在することが必要とされるのである。行為と結果との間に因果関係がない場合には犯罪は未遂にとどまるのである（構成要件該当性に関連して，「該当」のほかに「充足」の観念を用いる立場もある。後者は，基本的構成要件を完全に満たす場合であり，前者は，未遂の場合のように基本的構成要件の一部に該当するにすぎないときであるとする。しかし，未遂犯の構成要件を修正された構成要件と解する立場では，この区別は重要ではない）。

さて，構成要件該当性の判断をめぐる問題のうち，間接正犯は教唆犯との関連があり，原因において自由な行為は責任能力との関連があるため，説明の便宜上，それぞれ共犯論，責任論の箇所で扱うこととし，ここでは不作為犯と因果関係について述べることとする。また，不能犯の問題も当該行為が構成要件

の予定する実行行為といえるかという問題であるので，構成要件該当性に属する問題であるが，結果不発生という共通性から未遂の箇所で扱うこととする。

(2) 不 作 為 犯

(a) 不作為犯の意義

　犯罪には，積極的動作すなわち作為によって行われる作為犯と，消極的な態度すなわち法の命ずる一定の作為をしないという不作為によって行われる不作為犯とがある。不作為犯には真正不作為犯と不真正不作為犯の二種類がある。真正不作為犯とは，犯罪構成要件自体が不作為の形で規定されているもので，たとえば，刑法典では不解散罪（107条），不退去罪（130条），保護責任者遺棄罪（218条）などであるが，不届出罪・不申告罪など行政刑法にはその例は多い。これに対して，不真正不作為犯は，作為の形式で規定されている犯罪構成要件を不作為によって実現する場合である。たとえば，母親が殺意をもって乳児にミルクを与えないことによって餓死させた場合（殺人罪）とか自己の失策から火災の危険を発生させ，消火が可能であるにもかかわらず失策の発覚を恐れてそのまま逃亡し，家屋などを消失させた場合（放火罪）などである。

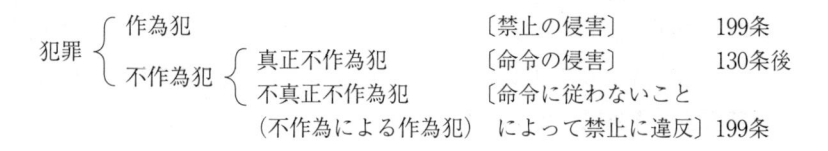

```
         ┌ 作為犯                          〔禁止の侵害〕        199条
   犯罪 ┤          ┌ 真正不作為犯          〔命令の侵害〕        130条後
         └ 不作為犯┤ 不真正不作為犯        〔命令に従わないこと
                    （不作為による作為犯）    によって禁止に違反〕199条
```

　不作為は，何もしないことではなく法の期待する（命ずる）一定の作為をしないことである。真正不作為犯の場合には，「解散しなかった」・「退去しなかった」など構成要件が不作為の形式をとっているので，法がなすべく期待する行為（「解散すること」・「退去すること」）は，当該構成要件から明らかになる。したがって，その行為をしないという態度が不作為を構成し，これを実行行為と認めることは比較的容易である。これに対して，不真正不作為犯の場合は，作為の形式で規定されている構成要件を不作為によって実現する場合である（「不作為による作為犯」ともよばれる）。すなわち，構成要件には「人を殺すこ

と」・「放火すること」などしてはならない行為（禁止行為）は示されているが，何をなすべきかは示されていない場合に，禁止の内容を法の期待する作為（たとえば，「授乳」・「消火」など）をしないこと—不作為—によって実現する場合である。なすべき作為が構成要件上明かでないため，この場合の不作為に実行行為性（構成要件該当性）が認められるかをめぐって議論がなされてきた。不作為犯の中心問題は，この不真正不作為犯に関するものであるといっても過言ではない。以下，不真正不作為犯に関する問題を中心にとりあげる。

(b) **不真正不作為犯の問題性**

不真正不作為犯は，直接的な処罰規定がないことからこれを処罰するのは罪刑法定主義に反するのではないかという疑問が出されている。真正不作為犯は刑罰法規の命令規範に違反する不作為を処罰するものであるが，不真正不作為犯は命令規範に従わないことによって禁止規範に違反するものであり，この命令規範は刑罰法規には含まれていないと考えられるからこれを処罰するのは罪刑法定主義に反する，という主張である。しかし，禁止も命令もともに法益保護に向けられた規範であるから，たとえば，「人を殺した」という殺人罪の規定は「人を殺してはならない」という禁止規範を内包していることは確かであるが，さらに，「（特別の場合には，人を殺すという結果にならないように）救助せよ」という命令規範も含むと解することができると思われる。したがって，作為犯の構成要件によって不作為を処罰することが直ちに類推適用で罪刑法定主義違反になると解する必要はないと考える。なお，改正刑法草案12条参照。

(c) **不真正不作為犯の成立要件**

(i) **因果関係**　不作為犯の場合にあっても当該不作為と結果との間に因果関係が存在しなければならないことに変わりはない。かつては「無から有は生じない」のではないかということで不作為の因果関係をめぐってさまざまな議論がなされたが，今日の通説は，不作為は単なる無ではなくて期待された作為をしないことであると解し，その不作為がなかったならば（すなわち，期待された作為が行われていたならば），その結果は生じなかったであろうという関係がある場合には因果関係が認められるとしている。そして，作為が行われた場合の結果防止の確実性は，100%である必要はなく「十中八九」という程度の確実性があれば，その不作為と発生した結果との間に因果関係があるという

のが判例である（最決平1・12・15刑集43・13・879【031】）。

　しかし，因果関係が認められたからといって不作為が直ちに犯罪となるわけではない。なぜなら，そのような因果関係は通常かなり多くの人の不作為に認められるからである。たとえば，河川敷のゴルフ場でプレーをしていたゴルファーたちが，川で溺れている子供に気づき，助けようとすれば容易に救助が可能であったにもかかわらず，傍観して誰も助けなかったため子供が死亡したという場合，助けがあれば死ななかったであろうという意味では因果関係があるといえるが，救助が可能であったゴルファー全員の不救助（不作為）が殺人罪に該当するといえるであろうか。確かに，この場合，道徳的にはゴルファーたちに救助の義務があったといえようが，このような場合にまで殺人罪の成立を認めるとすれば，不真正不作為犯の成立する範囲は無制限に広がることになろう。そこで，不真正不作為犯の焦点は，いかなる者の不作為が犯罪となるかという視点から作為義務の問題に移るのである。

> **判例**
>
> 【031】　最決平1・12・15刑集43・13・879（不作為の因果関係）
> 　被害者が被告人に注射された覚せい剤により錯乱状態に陥った午前零時半ころの時点で，直ちに被告人が救急医療を要請していれば，13才で生命力旺盛な被害者は，十中八九救助されていたと考えられるのである…，そうだとすると，被告人がこのような措置をとることなく，漫然と同女をホテルに放置した行為と，午前2時15分ころから午前4時ころまでの間に同女が死亡した結果との間には，刑法上の因果関係があると認めるのが相当である（保護責任者遺棄致死罪成立）。

　(ⅱ) **作為義務**　　(ア) 作為義務の法的性質ないし体系上の地位をめぐって2つの考え方がある。従来の通説では作為義務は不真正不作為犯の違法性を基礎づける要素と解していた。つまり，真正不作為犯の場合には法の命ずる作為にでないという不作為が犯罪行為となり，また，作為犯の場合には法の禁ずる作為が犯罪行為となるのに対し，不真正不作為犯の場合は何をなすべきかが明示されていない場合の不作為を問題とするのであるから，その不作為は積極的に違法性が認められる性質のものでなければならない。すなわち，作為義務に違

反する不作為でなければならないとするのである。しかし，この見解では，不真正不作為犯の場合構成要件は違法性推定機能を持たず，違法類型としての構成要件の機能が失われることになる。

　これに対して作為義務を構成要件の要素と解するのが保証人説（Garantenlehre）といわれる見解である。この説によれば，犯罪的結果が発生しないように法的に保証する義務のある者を保証人とし，その者の保証義務に反する不作為についてのみ構成要件該当性を認めるのである。したがって，作為義務（保証義務）は構成要件の要素として位置づけられることになる。この見解はドイツのナーグラーによって提唱され，その後修正を受けているが，今日のドイツにおいて通説的地位を占めており，わが国でも多くの支持を得ているものである。保証人説は，従来，違法性の段階で論じられてきた作為義務を構成要件の領域に移したことにより構成要件の段階において保証義務の存否・違反の有無をめぐって一般的・類型的判断にとどまらず実質的・個別的な判断をせざるをえなくなるのではないかという批判も出されているが，不真正不作為犯についても作為犯と同様に構成要件該当性，違法性，有責性という体系で犯罪の成立を論ずることを可能にしたという意味で妥当な方向を示していると思われる。

　(ｲ)　作為義務の根拠　　では，どのような場合に作為義務が認められるであろうか。通説的見解ではおおむね次のような場合に作為義務を認めている。

　①　法律の規定から認められる場合　　たとえば，親権者の子に対する監護義務（民820条）や医師の診療義務（医師法19条）などである。

　②　契約・事務管理（民697条以下）によって生ずる場合　　たとえば，契約によって乳児の養育を引き受けたときには養育義務が発生するので殺意をもって食事を与えず死亡させたときは殺人罪に当たる（大判大4・2・20刑録21・90）。

　③　慣習上・条理上認められる場合　　この場合は信義誠実の原則・公序良俗によって発生する義務とされているが，抽象的なためなるべく類型化しようという試みがなされている。つぎのような場合が指摘されている。

　　a）先行行為の場合　　自己の行為によって結果発生の危険を生じさせた者は，その結果の発生を防止する義務がある。たとえば，自己の運転行為によって通行人に重傷を負わせた者はこれを救助する義務がある（〔保護責任者遺棄罪〕なお，判例は法律の規定に基づく保護責任とする。最判昭34・7・

24刑集13・8・1163は，ひき逃げ事案について道交法上の救護義務を根拠に保護責任を認めている）。

 b) **財産上の取引の場合**　たとえば，買い主が目的物の要素について錯誤に陥っているときは，売り主には信義誠実の原則からその事実を告知する義務がある（大判大6・11・29刑録23・1449〔詐欺罪〕）。

 c) **監護者・管理者の場合**　たとえば，雇い主は同居の雇い人が病気にかかったときはこれを保護する義務があり（大判大8・8・30刑録25・963〔保護責任者遺棄罪〕），家屋の占有者または所有者はその家屋から出火したときは消し止める義務がある（大判大7・12・18刑録24・1558〔放火罪〕**【032】**）。

　不真正不作為犯の成立を基礎づける作為義務は，特定の構成要件との関係でその結果の発生を防止する作為を法的に義務づけるものでなければらない。したがって，たとえば，火災の際に公務員から援助を求められた者がこれに応じなかったことも原因で家屋が全焼した場合でも，その不作為は軽犯罪法1条8号にあたることはともかく，それだけで放火罪となるわけではない。また，作為義務は法的な義務でなければならない。道徳上の義務のみについての違背に刑罰を科すべきではないからである。いわゆる緊急救助義務は作為義務と認めるべきではない（緊急救助義務とは，生命その他の重大な法益が危機にある場合に，自己に何らの危険なくして容易に救助できる者は救助の義務を負うとするものである。たとえば，前述のゴルファーの事例）。

　法的な作為義務はそれを履行することが事実上可能でなければ認められない。不可能な行為を刑罰をもって強制することは許されないからである。

 (iii) **同価値性**　作為義務に違反する不作為が構成要件に該当するというためには，その不作為が，当該構成要件に該当する作為と同価値のものと評価されるものでなければならない。これを作為と不作為の同価値性（あるいは等置性）という。不真正不作為犯が認められるためには，その不作為が，当該構成要件に該当する作為と同じように結果を発生させる現実的危険性を有するものでなければならないということである。たとえば，不作為が「火ヲ放テ」という作為と同視しうる現実的危険性をもつ場合にはじめて放火罪の構成要件該当性を有することになるのである。

(d) 判　　例

不真正不作為犯の成立が問題となった判例は，犯罪の種類，数ともに多いとはいえない。放火罪，殺人罪，詐欺罪，死体遺棄罪などにその例がある。

(i) **放火罪の判例**　　不作為による放火罪が認められた判例に重要なものが3件ある。第1は，被告人は養父を殺害した後，争っている間に養父が投げた燃えさしの薪で内庭にあった藁に火がつき火災になる状況であったが，火災になれば犯跡をかくすことができると考え，そのまま立ち去ったという事案（大判大7・12・18刑録24・1558【032】）である。第2は，家屋の所有者が神棚にあげた灯明のローソクが器具の不具合から傾斜して焔が他に届きそうになったのを見て，このまま放置すれば，火災となり，自己の所有家屋に付けてある火災保険の保険金が取れるであろうと思い，既発の火力を利用する意思で外出し，家屋を焼燬（焼損）したという事案（大判昭13・3・11刑集17・237【033】）である。第3は，会社の事務室で1人で残業中の被告人が，大量の炭火がおこっている火鉢を木机の近くにおいたままにして別室で仮眠し，しばらくして事務室に戻ってみると，火が机に燃え移って燃え出しているのを発見したが，容易に消火しうる状態であったのに，自己の失策の発覚をおそれてそのまま立ち去ったため会社の建物や隣接の住宅等を焼燬したという事案（最判昭33・9・9刑集12・13・2889【034】）である。いずれの場合も先行行為に基づいて作為義務（消火義務）を認めたものと解されるが，不作為犯の成立を認めるにはいずれも，発火の場所が行為者の支配管理するところであったこと，容易に火を消すことができたことが認定されている。さらに第1と第2の事例では既発の火力・危険を「利用する意思」の存在を強調している点に注意する必要がある。こうした意思は放火の故意を超えた主観的な要素であり，判例は作為の放火罪には要求されない成立要件を不作為犯の場合には追加しているものと解される。学説にはこれを支持し，こうした意思によって示される結果発生に向けられた積極的な人格態度があってはじめて不作為が作為と同様に構成要件該当性を備えると主張するものもある。しかし，このような主観的要素を不作為犯の成立要件に加えることは妥当でないであろう。これを認める立場に対しては利用の意思などの悪しき意思がある場合には作為義務を容易に肯定してしまう余地を残すものであるといった批判がなされている。

(ⅱ) **殺人罪の判例**　不作為による殺人については，戦前に，いわゆる貰い子をして契約により養育義務を負う者が殺害の意思をもって嬰児に授乳等をせず餓死させた場合に認められた事例（大判大4・2・10刑録21・90【035】）がある程度であったが，近年は轢き逃げに関連して不作為による殺人罪の成否が問題になっている。人身事故を起こした運転者には道路交通法72条の定める救護義務がある。しかし，この義務に違反して被害者を放置して逃走した場合，直ちに殺人罪が問題になるわけではない。判例では，歩行者を跳ねて重傷を負わせた被告人が，被害者を病院に運ぶため自分の車に乗せたが，事故の発覚をおそれて直ちに病院に運べば十分助かる容態の被害者をどこかに捨てようと考え，適当な場所を求めて車を走らせているうち被害者が死亡したという事案（東京地判昭40・9・30下刑集7・8＝12・1828【036】），重傷を負わせた被害者を病院に搬送する途中，発覚をおそれて人に発見されにくい場所に放置すれば死亡する高度の蓋然性を認識しながら放置した事案（浦和地判昭45・10・22下刑集2・10・1107【037】）などで殺人罪を認めている（後者は未遂）。これらの事例では被害者を自己の支配下に移し救助を引き受けていたという点も殺人罪の作為義務の認定に考慮されていると思われる。

(ⅲ) **その他の場合（死体遺棄罪――否定）**　被告人は自己の炭焼きかまどに少年が誤って落ち込み焼死した事実を知りながらこれを搬出せず，炭焼きかまどの中に放置したままにしておいたという事案について不作為による死体遺棄罪の成否が問題となったが，被告人には本件の「死体を埋葬し若は監護すべき法令又は慣習上の責務」がないとして死体遺棄罪の成立を否定した事例がある（大判大13・3・14刑集3・285【038】）。

判例

(1) 放火罪の判例
【032】　大判大7・12・18刑録24・1558（被害者の投げた燃えさしからの出火を放置した事例）
【033】　大判昭13・3・11刑集17・237（神棚のローソクから出火の事例）
【034】　最判昭33・9・9刑集12・13・2889（残業中の火鉢の不始末から出火の事例）

(2) 殺人罪の判例
【035】 大判大 4・2・10 刑録 21・90（貰い子餓死事件）
【036】 東京地判昭 40・9・30 下刑集 7・8＝12・1828（交通事故による被害者を乗せて走行中に死亡させた事例）
【037】 浦和地判昭 45・10・22 下刑集 2・10・1107（交通事故の被害者を病院に搬送途中で路上に放置した事例〔殺人未遂〕）
(3) その他の場合（死体遺棄罪－否定）
【038】 大判大 13・3・14 刑集 3・285（焼死体の放置が死体遺棄罪に当たらないとした事例）

(3) 因 果 関 係

(a) 意　　義

　因果関係とは，原因とそれによって生ずる結果との関係であるが，刑法における因果関係は，実行行為と構成要件的結果との間に必要とされる原因・結果の関係をいう。挙動犯においては，一定の行為（実行行為）があれば直ちに構成要件該当性が認められるが，結果犯においては，実行行為を原因として構成要件的結果が発生した場合，すなわち因果関係がある場合でなければ構成要件該当性は認められない。因果関係が認められない場合には，たとえ結果が発生していても犯罪は未遂にとどまるのである。刑法における因果関係は，発生した事実を行為に「帰属」させうるか，という問題である。自然的因果の連鎖は，いわば無限にたどりうるともいえるが，その自然的因果関係を刑法的観点から，どこで断ち切るか，という問題でもある。

> **因果関係論不要説**　行為と結果の間の事実関係が確定すればあとは行為者の責任はどこまでかという問題になるから因果関係を独立に論ずる必要はないとする見解（滝川）もあるが，刑法における因果関係は，具体的・個別的に違法・責任を論ずる前提としての類型的な問題であり，構成要件該当性の一要素とみるべきである。

(b) **因果関係の理論**

因果関係に関する学説は大別すれば，つぎの３つになる。

第１は条件説である。これは，行為（前者）と結果（後者）との間に，「前者がなかったならば，後者もなかったであろう」という条件関係（conditio sine qua non）が認められるかぎり，刑法上の因果関係があるとする立場である。ある結果が発生するには種々の条件が共働的に作用するのが通常であるが，この立場ではすべての条件を結果に対して同価値とみる（すなわち，どの条件も等しくその結果を引き起こした原因であるとする）ところから，同等説または等価説ともよばれる。わが国の判例は基本的にはこの立場をとっているといえる。

第２は原因説である。この説は，結果に対する諸条件の中から何らかの標準によって原因となるものを選別し（原因と条件との区別），その原因と結果との間にのみ因果関係を認めようとする立場で個別化説ともよばれる。何を標準として条件の中から原因となるものを選ぶかによって，最終条件説，最有力条件説，優越条件説などが主張されたが，原因と条件を区別する標準の妥当性や１個の条件だけをとりあげてこれを原因とすることはきわめて困難なため，今日では支持されていないといってよい。

第３は相当因果関係説である。この説は，(ｱ)行為と結果との間に「条件関係」があることを前提として，(ｲ)その行為からその結果が発生することが経験則上通常であり，相当であるとみられる場合にかぎり刑法上の因果関係を認める立場である。つまり，条件関係が認められる範囲の出来事を「相当性」という基準によってさらに限定するということである。

この相当因果関係説は，相当性の判断をどの範囲の事情を基礎にして行うのかにより，つぎの３説に分かれる。

① 主観的相当因果関係説は，行為者が行為当時認識していた事情および予見しえた事情を基礎として，その行為からその結果の発生することが相当か否かを判断する。

② 客観的相当因果関係説は，裁判官の立場にたって，行為当時存在したすべての事情および行為後に生じた事情のうち一般人にとって予見可能であった事情を基礎として相当性を判断する。

③ 折衷的相当因果関係説は，行為の時点で一般人が認識または予見可能で

あった事情および行為者が認識または予見していた事情を基礎とする。

〔諸説の検討〕

(i) そもそも条件関係のみとめられないところでは因果関係を論ずる意味がないから，条件説が，条件関係をとりあげたのは正当である。しかし，この説は条件関係が認められれば直ちに刑法上も因果関係が認められるとするところから因果関係の認められる範囲が広すぎる点に問題がある。たとえば，甲が乙を殴打して軽傷を負わせたが，乙は診断書を発行して貰おうとして病院へ向かう途中交通事故に遭って死亡したという場合にも，甲の行為がなければ，乙は病院に行く必要もなく交通事故で死亡することもなかったと考えられるので条件関係がみとめられ，甲の殴打と乙の交通事故死との間には因果関係があるということになるが，これは妥当な結論とはいえないであろう。そこで条件説の不当な結論を回避しようとして，かつて因果関係中断論が主張された。

因果関係中断論とは，行為後の因果関係の進行中に第三者の行為あるいは自然力が介在した場合，たとえば，甲が乙を殺そうとして重傷を負わせたところ乙が入院した病院の火災で死亡したなどの場合には，甲の行為に基づく因果関係は直接乙の死をもたらした火災によって中断され，甲は殺人未遂罪になるという考え方である。しかし，中断論に対しては，因果関係は存在するかしないかのどちらかであり「中断」はありえないという批判があり，因果関係の中断論は今日では支持者を失っている。条件説を主流とする判例には因果関係が中断されたため未遂であるとの判断を示したものは見あたらないが，なお中断論を前提としているかのような表現をしているものもある（なお，因果関係の中断と紛らわしいものに「因果関係の断絶」という観念が使われることがある。これは，たとえば，甲が乙に致死量の毒薬を飲ませたが，薬が効く前に落雷で死亡したという場合のように，先行条件たる行為とは無関係な後行条件によって結果が発生した場合で，条件関係も認められない場合で，中断とは区別される）。

原因説も条件関係だけで因果関係をみとめる条件説の広すぎる結果に絞りをかけようとする点で中断論と志向を同じくするものと考えられるが成功しなかった。

これに対して相当因果関係説は，条件関係が認められるものについて，さらに，相当性という基準によって刑法上の因果関係の範囲を限定しようというも

のである。その行為からその結果が発生したとするのが経験則上相当であると判断される場合に刑法上の因果関係をみとめるというものである。相当因果関係説は社会生活における経験則に基づく一般的・類型的な判断によって刑罰を科す限界を画するものといえる。学説上は相当因果関係説が一般に支持されているといえよう。

 (ⅱ) つぎに，いかなる範囲の事情を考慮に入れて相当性を判断すべきかをめぐる主観説，客観説，折衷説について検討しよう。主観説には，行為者が認識・予見しえなかった事情については，一般人が認識しえたものであってもすべて除外することになり狭きに失するという批判があり，客観説に対しては，行為時に存在したすべての事情を基礎にすることは，行為者にも一般人にも知りえない特殊の事実をも含めて相当性を判断することになり広きに失するという批判がある。これに対して折衷説は一般人の認識・予見の能力を基準として判断資料の範囲を画すもので主観説および客観説のそれぞれの短所を補うものとして多数の支持を得ている。折衷説に対しては客観説を支持する立場から，因果関係の存否は客観的であるべきであるから相当性判断の基礎に主観的なものを含めるのは妥当ではないという批判がなげかけられている。しかし，実行行為は客観と主観の総合として理解すべきであり，構成要件もまた主観的要素を包含しているのであるから，行為者の認識・予見という主観的事情が行為の範囲の確定に影響を及ぼすことも首肯されるであろう。

(c) **因果関係の判断**

 因果関係の判断は，折衷的相当因果関係説の立場からすれば，まず，実行行為と結果との間に条件関係があることを確認し，さらに，行為の時点において一般人が認識または予見可能であった事情および行為者が認識または予見していた事情を考慮して相当性があるといえる場合に認められることになる。

 (ⅰ) **条件関係** 条件関係は，すでに述べたように前者（行為）がなかったならば，後者（結果）もなかったであろうという場合であるが条件関係の有無の判断についていくつかの困難な事例が指摘されている。

 (ア) 重畳的因果関係 これは単独では結果を発生しえない2つ以上の行為が同時に行われたために結果が発生したという場合，たとえば，甲，乙が殺意をもってそれぞれ独立に致死量の半分の毒薬を丙の飲物に混入し，丙がそれを

飲んで死亡した場合である。それぞれの行為と丙の死亡の結果との間に条件関係は認められる（甲の行為がなければ，すなわち，乙の行為だけでは，致死量の半分なので死亡しなかったと考えられる）が，相当因果関係は認められないため甲，乙いずれも殺人未遂にとどまるであろう（大塚，大谷）。

(イ) 仮定的因果経過　これはある行為から結果が発生している場合において，仮にその行為がなかったとしても別の事情から同一の結果が発生したであろう場合，たとえば，甲が自動車を運転中路上に寝ていた泥酔者丙を轢死させたという場合で，もし甲が轢かなければ，後続車の乙が轢いたであろうという場合である。この場合，甲が轢かなくても丙の轢死は発生した，と考えられるから条件関係の公式は当てはまらず，条件関係はないとする見解もあるが（町野・現代刑法講座1巻328頁），甲の轢過と丙の死亡との条件関係を問題にしているのであるから乙の行為を仮定して考えるのは妥当でないというべきである。現に甲が轢いている以上条件関係を認めるべきである（平野，大塚，大谷）。

(ウ) 択一的競合　択一的競合とは，単独でも結果を発生させることができる複数の行為が独立して同時に行われて結果が発生した場合にいずれの行為から結果が発生したか不明の場合である。たとえば，甲，乙が殺意をもってそれぞれ独立に致死量の毒薬を丙の飲物に混入し，丙がそれを飲んで死亡した場合である。甲の行為がなくとも丙の死が発生した場合であるから，甲，乙ともに条件関係が認められないとして殺人未遂とする見解（町野，内藤，曽根）もあるが，単独でも結果を生じさせ得る行為が複数になったため発生した結果との条件関係が否定されるのは常識に反するうえ，重畳的因果関係の場合との均衡（この場合は致死量であるから，より危険な行為である）からいっても甲，乙に条件関係を認め殺人既遂とすべきであろう（平野，大塚，前田）。

> **疫学的因果関係**　公害犯罪に関連して問題とされるようになったものである。先行事実と後行事実との条件関係の存否を疫学において用いられる方法によって，すなわち，因果の経過が自然科学的に証明できない場合でも大量観察による統計的方法によって高度の蓋然性が認められるときは因果関係（条件関係）を肯定してもよいとするものである（大塚，大谷，参照。熊本地判昭54・3・22刑月11・3・168）。

(ⅱ) 相当性の有無の判断は，判断の基礎をどの範囲まで認めるかにより異なるが折衷的相当因果関係説の立場から行為の時点で一般人が認識または予見可能であった事情，および行為者が認識または予見していた事情を基礎として，経験則上その行為からその結果が生ずることが相当かどうかを判断すべきである。

(d) 判　　例

　わが国の判例の主流は条件説をとっていると解される。それゆえ，被害者に特殊事情が伏在している場合（【039】【040】），被害者の行為が介在した場合（【041】【042】【043】）あるいは第三者の行為が介在した場合（【044】【045】）などにも因果関係を肯定している。他方，判例の中には相当因果関係説によったのではないかとみられるものも若干ある。戦前の下級審の判例ではあるが有名なものとして浜口首相暗殺事件がある（【046】）。これは一審が殺人既遂としたものを破棄し，相当因果関係説によって因果関係がないとして殺人未遂に変更したものである。最高裁の判例では，自動車運転中，過失で自転車に乗っていた被害者をはね飛ばし，被害者が自動車の屋根の上で気を失っていたところ助手席の同乗者がこれに気づき走行中被害者を屋根から引きずり下ろして路上に転落させて死亡させたという事案について，被告人の過失行為から被害者の死亡の結果が発生することが「われわれの経験則上当然予想しえられるところであるとは到底いえない」として，因果関係を否定したものがある（【047】）。しかし，これによって最高裁が相当因果関係説に変わったとみることはできない。その後間もなく最高裁は，被告人の加えた暴行はそれだけでは致死の結果を生ずるものではなかったが，被害者に主治医も知らなかった重篤な心臓疾患という特殊事情があったため死亡したという事案について，「被告人が行為当時その特殊事情のあることを知らず，また，致死の結果を予見することもできなかったとしても，その暴行がその特殊事情とあいまって致死の結果を生ぜしめたものと認められる以上，その暴行と致死の結果との間に因果関係を認める余地があるといわなければならない」と判示して条件説の立場を明らかにしているのである（【040】）。

> 判例

(1) 行為当時被害者に特殊の事情が伏在した場合

【039】 最判昭25・3・31刑集4・3・469（脳梅毒事件）

顔面を蹴った暴行行為は，致命的なものではなかった（全治10日位の創傷）が，偶々被害者が高度の脳梅毒に罹っていたため脳組織の破壊により死亡したという事案。

「……被告人の行為が，被害者の脳梅毒による脳の高度の病的変化という特殊の事情さえなかったならば，致死の結果を生じなかったであろうと認められる場合で，被告人が行為当時その特殊事情のあることを知らず，また予測もできなかったとしてもその行為がその特殊事情と相まって致死の結果を生じせしめたときは，その行為と結果との間に因果関係を認めることができる……」

【040】 最判昭46・6・17刑集25・4・567（老女ふとん蒸し事件）

【事実の概要】 高齢の被害者に被告人も医師も知らない高度の心臓病変が伏在していた事案。

(1)被害者（63歳）に対し胸ぐらを摑んで仰向けに倒し，左手で頸部を締め付け，右手で口部を押さえ，さらに，その顔面を夏布団で覆い，鼻孔部を圧迫するなどして同女の反抗を抑圧した。しかし，暴行は，それだけで「必ずしも通常死の結果を見るべきほどに強度でな（かった）……。」(2)被害者の特殊事情……心臓および循環器系統に高度の病変があり，極めて軽微な外因によって突然心臓機能の障害を起こして心臓死に至るような事情があった。しかし，この病変は，被告人も夫も近親者も高血圧の治療に当たっていた医師でさえ気づかないものであった。

【判旨】 最高裁は，致死の結果について罪責を認めなかった原判決を破棄し，次のように判示して差し戻した。「致死の原因たる暴行は，必ずしもそれが死亡の唯一の原因または直接の原因であることを要するものではなく，たまたま被害者の身体に高度の病変があったため，これとあいまって死亡の結果を生じた場合であっても右暴行による致死の罪の成立を妨げない。」

(2) 行為後の因果の経過過程に他の事情が介入した場合

【041】 大判大12・7・14刑集2・658（神水塗布事件：被害者の行為の介入）

被告人がAに加えた傷害は，適当な治療を加えれば2週間程度で全治すべきものであったが，Aはある宗教の信者であったので，医師の治療を受けず

神水を塗布したため，丹毒症にかかり，約4週間の治療を要するに至ったため，全治4週間の傷害となった。

「被告は混棒を以てAの頭部を殴打し其の左耳朶に断裂傷を負はしめ因て同人をして丹毒症に罹らしめたるものにして被害者の丹毒症に罹りたるは被告の所為に因るものなること明なりとす而して……仮りに被害者に於て治療の方法の誤りたる事実ありとするも苟も被告の所為に因りて生じたる創口より病菌の侵入したる為丹毒症を起したる以上は其の所為亦同症の一因を為したること明白なれば両者の間に因果関係の存在を認むべきは当然にして之が中断を認むるは正当に非ず」

【042】 最判昭25・11・9刑集4・11・2239（被害者が逃走中に転倒し受傷）

「被害者が打撲傷を負うた直接の原因が誤って鉄棒に躓いて転倒したことであり，この転倒したことは被告人が大声で『何をボヤボヤしているのだ』等と悪口を浴びせ，矢庭に拳大の瓦の破片を同人の方に投げつけ，尚も『殺すぞ』等と怒鳴りながら側にあった鍬を振りあげて追いかける気勢を示したので，同人は之に驚いて難を避けようとして夢中で逃げ出し走り続ける中におこったことであることは判文に示すとおりであるから，所論のように被告人の追い掛けた行為と被害者の負傷との間には何等因果関係がないと解すべきではなく，被告人の判示暴行によって被害者の傷害を生じたものと解するのが相当である。」

【043】 大判昭2・9・9刑集6・343（火傷を負わされた被害者が川に飛び込み死亡）

高度な火傷を負わされた被害者が，苦痛とさらなる暴行を避けるため川に飛び込み，心臓麻痺で死亡。傷害（火傷）の行為と被害者の死亡との因果関係を肯定し，傷害致死罪を認めた。

【044】 大判大12・5・26刑集2・458（第三者の行為の介入：医師の不適切な行為）

暴行の他に医師の不適切な治療が死の原因となった場合において，暴行と死の因果関係を認め，傷害致死罪の成立を認めた事例。「苟も他人に対し加えたる暴行が傷害致死の結果に対する一の原因となれる以上は，縦令被害者の身体に対する医師の診療上其の當を得ざりしことが他の一因を成したりとするも，暴行と傷害致死の結果との間に因果関係の存在を認むることを得べきを以て傷害致死罪の成立要件に欠ける所なし。」

【045】 大判昭5・10・25刑集9・761（第三者の行為の介入） 被告人の殴打の後第三者によって川へ投げ込まれた事例。

被告人は，Aの頭部に打撲傷を与えたにすぎなかったが，Aは間もなくその付近で出会ったBのために川の中に投ぜられた。そこは水深わずか24センチ位の場所であったが，Aは被告人から与えられた傷のため重傷の脳震盪を起こし，反射神経を喪失して水中から首を上げる力を失い，泥水を飲んで溺死した。「（被告人の暴行による）脳震盪が未だ死の直接の原因とはなっていないとしても，更に事後において第三者がその被害者に与えた暴行による致死の結果の発生を助成する関係がある以上被告人は当然傷害致死の罪責を負わなければならない。」

(3) 相当説によったと思われるもの

【046】 東京控判昭8・2・28新聞3545・5（浜口首相暗殺事件）
　一審が殺人既遂としたものを破棄し，相当因果関係説によって狙撃と死亡の間に因果関係が認められないとして殺人未遂に変更した。

【047】 最決昭42・10・24刑集21・8・1116（米兵ひき逃げ事件）
　「しかし，右のように同乗者が進行中の自動車の屋根の上から被害者をさかさまにひきずり降ろし，アスファルト舗装道路上に転落させるというがごときことは，経験上，普通，予想しえられるところではなく，ことに，本件においては，被害者の死因となった頭部の傷害が最初の被告人の自動車との衝突の際に生じたものか，同乗者が被害者を自動車の屋根からひきずり降ろし路上に転落させた際に生じたものか確定しがたいというのであって，このような場合に被告人の前記過失行為から被害者の前記死の結果の発生することが，われわれの経験則上当然予想しえられるところであるとは到底いえない。したがって，原判決が右のような判断のもとに被告人の業務上過失致死の罪責を肯定したのは，刑法上の因果関係の判断をあやまった結果，法令の適用をあやまったものというべきである。」

〈More Study〉
小野清一郎・犯罪構成要件の理論　1953　有斐閣
平場安治「構成要件の機能」刑法講座2　1963　有斐閣
仲地哲哉「構成要件論」現代刑法講座　第1巻　1977　成文堂
山火正則「構成要件の意義と機能」刑法基本講座　第1巻　1992　法学書院
山中敬一・刑法における因果関係と帰属　1984　成文堂
中山研一「因果関係」刑法講座2　1963　有斐閣

町野　朔「因果関係論」現代刑法講座1巻　1977　成文堂
大塚　仁「行為論」刑法講座2　1963　有斐閣
中森喜彦「作為と不作為の区別」平場安治博士還暦祝賀（上）1977　有斐閣
堀内捷三・不作為犯論　1978　青林書院

第3章 違 法 性

1 違法性の意義

(1) 概　　説

　違法性とは，行為が実質的に法に違反すること，すなわち，行為が法的に許されないことである。
　犯罪は構成要件に該当する違法，有責な行為と定義されるが，違法性は構成要件該当性について第2番目の犯罪成立要件である。ある行為が刑罰法規のかかげる犯罪構成要件に該当しても，違法と認められないものは，責任の有無を判断するまでもなく，犯罪の成立を否定される。
　犯罪構成要件は刑罰に値するさまざまな行為を抽象化・類型化したもの（違法類型または違法・有責類型）と考えられるから，行為が構成要件に該当する場合，その行為は一応違法なものであるとみてよい（構成要件の違法性推定機能）。しかし，具体的状況のもとでなお実質的な観点から違法とみることのできない場合がある。たとえば，殺人罪の構成要件（199条）に該当する行為であっても，正当防衛の事情のもとで行われたものであるときは，違法性ありとすることはできない。このように犯罪が成立するための違法性は形式的に法規に違反する（構成要件に該当する）だけでは足りず，実質的にも違法なものでなければならないのである。

(2) 実質的違法性

　では，実質的違法とは何か。刑法は違法性の実質を正面から積極的に明らか

にする規定をおいていない。そこで，実質的違法性の内容をめぐってさまざまな議論がなされているが，大別すれば法益侵害説と規範違反説とに分かれる。これらの見解は，刑法の機能・役割をどのように考えるかの違いを反映したものということができる。

(a) **法益侵害説**

これは違法性の実質を法益の侵害または脅威（危険）に求める立場で，啓蒙期の刑法学者フォイエルバッハらの主張した権利侵害説から発展したものである。権利侵害説は，犯罪の本質は権利の侵害にあるとするものであるが，この主張は，中世において拡張され過ぎた犯罪概念に限定を加え，刑罰権の発動を権利の侵害の場合に制限すべきことを主張したものとして意味のあるものであった。しかし，犯罪の本質を権利の侵害に限定するのは明らかに狭すぎると考えられた。

そこで，19世紀に入ると，実証主義的な見地から犯罪の本質は権利の侵害ではなく，法によって保護される生活利益，すなわち法益の侵害にあるとする主張が現われ（ビルンバウム），さらに19世紀後半になって，犯罪概念の理論的分析が進み，違法性が犯罪論上独立の地位を占めるに及んで，法益の侵害を違法性の実質であるとする法益侵害説が形成されたのである。この見解は内容にさまざまの変遷があるものの，今日においてもなお多くの支持をえている（佐伯，平野，中山，内藤，前田）。

(b) **規範違反説**

この見解は，違法性の実質を法秩序ないし法規範の違反に求めようとするものであり，19世紀後半以降有力になってきたものである。

まず，メルケルが犯罪は主観的な法としての権利の侵害ではなく，客観的な法そのものに違反するものであると主張し（法秩序違反説），さらにビンディングはこの方向を推し進め，犯罪は刑罰法規ではなく，刑罰法規の前提となっている規範に違反するものであるとした。しかし，法秩序の違反，あるいは規範の違反であるといっても，そこでは違法性の実質はなんら明らかにされていない。そこで，違法の基準となる「規範」とは何かが問われ，法益侵害説を基礎として実質的違法性とは共同生活を規律する法秩序の目的に違反する法益の侵害または危険であるとする見解（リスト），あるいは規範的側面を重視して，

違法とは国家的に承認された文化規範に違反することであるとする見解（M. E. マイヤー）などが唱えられることになった。

　わが国においては，違法とは国家的法秩序の精神，目的に反することであり，その具体的な規範的要求に背くことである（小野）とか，違法性とは法秩序の基底となっている社会倫理的な規範に違反することである（団藤）と説かれるのは，いずれも規範違反説の立場にたったものである。

　また，目的的行為論を基礎として違法性の実質を社会的相当性を逸脱した法益侵害に求める見解もこの系列に属するであろう。

　違法性の実質をめぐる法益侵害説と規範違反説の対立は，両説の背後にある刑法の機能についての理解の違いに由来するといえよう。すなわち，法益侵害説は刑法の役割が社会生活上の利益，法益の保護にあるとするのに対し，規範違反説は刑法の機能について社会倫理の維持を強調する立場を基礎としているのである。

　ところで，近年こうした法益侵害説と規範違反説の対立の止揚を意図して，すべての法益侵害が違法なのではなく社会倫理規範に違反する法益侵害が違法であるとする二元的な見解も主張されている（福田，大塚，大谷）。

(c) 検　　討

　さて，いずれの立場が支持されるべきであろうか。

　法益侵害説に対しては，行為の違法性は行為者の目的・意図・義務なども考慮して判断されるもので，違法は行為者から切り離された結果惹起（法益侵害）だけに尽きるものではない，あるいは，殺人罪と過失致死罪とは法益侵害は同一であっても違法の程度も同一とすることはできないであろう，といった批判がある。また，法益侵害とい結果無価値を欠く未遂罪の違法性を説明できないとの疑問も投げかけられている。

　これに対して，規範違反説に対しては，如何なる規範に違反したときに違法となるのか，今日のように多様な価値観が存在する社会にあって何が「社会倫理規範」なのか，その内容が不明確であり倫理を持ち出すのは適当ではないのではないか。また，この考え方では違法であるか違法でないかのどちらかであって，違法性の程度，違法の相対性という考えはとりえないのではないか，

という疑問も出されている。

　両説の対立の根底にあるのは，刑法観の違い，われわれの住む国家において刑法はどのような役割を担っているかについての考え方の違いにあるように思われる。そして，個人の尊厳，基本的人権の尊重を支柱とする日本国憲法の下では，個人の生活利益の保護（法益侵害説）を優先して考えるべきであろうと思われる。

（3）　客観的違法性論と主観的違法性論

　法規範の本質・機能をどのように理解するかに関連して違法性の理解について主観的違法性論と客観的違法性論との対立がある。

　①　主観的違法性論は，法規範の本質を行為者の意思に対する命令・禁止であると解し，この命令・禁止に違反することが違法であるとする。そして，命令・禁止としての法規範は，それを理解し，それに従って意思決定をなしうる者に対してだけ意味をもつものであるから，結局，違法かどうかの判断の対象になりうるのは責任能力者の故意・過失による行為だけであるとする。したがって，この立場によれば，違法判断の前提として責任能力者を予定することになり違法と責任との区別が困難になってしまうのである。

　②　これに対して，客観的違法性論は，法規範には評価規範としての機能と意思決定規範としての機能とがあるという分析を前提として，違法とは評価規範に違反することであり，責任は意思決定規範に違反することであるとする。

刑法規範 ┣ 評価規範（行為が許されるか否かを評価する働き）→違法性を基礎づける
　　　　 ┗ （意思）決定規範（その行為に出ないように意思決定すべしとする働き）→責任を基礎づける

　法規範がある行為を命令・禁止する場合，それに先立ってその行為が許されるものであるか，許されないものであるかの評価があるはずである。この評価は，行為を行為者人格から一応切り離して責任や責任能力とは関係なく，客観的になされるものである。行為の違法性が確定した後に，行為を行為者の人格

に結びつけて，その行為を行おうとした意思決定について非難できるかどうかという判断がなされるのであり，これが責任であると説くのである。

③　両説は違法と責任との関係，責任無能力者の行為に対する正当防衛の可否など重要な点で差異を生ずるが，いずれの説によるかは犯罪論体系をどのように構想するかとも深くかかわる問題である。わが国ではほとんどの学者が客観的違法性論をとっており，これが通説である。

（4）　可罰的違法性

可罰的違法性とは，犯罪が成立するためには，刑罰を加えるに適しており，かつ，刑罰を加えるに足りる程度の違法性（可罰的違法性）が必要であるとする理論であり，可罰的違法性を欠くことを理由として構成要件該当性ないし違法性が否定され，犯罪が成立しない場合のあることを認めるものである。この理論は，刑法上の違法性がすべての法規違反に一律に認められるものではなく違法性には程度と質に差異のあることを前提としており，実質的違法性論に連なるものである。

(a)　**量の問題——被害法益の軽微性**

まず，可罰的違法性は量の問題として考えられる。それぞれの犯罪は一定の程度以上の重さの違法性を予定していると考えられるから，行為が所定の構成要件に該当するようにみえる場合でも，その違法性が軽微で法の予定する程度に達しないときは，犯罪は成立しないとする。たとえば，たばこ専売法に違反して価格約一厘相当の葉たばこを納入しないという行為は極めて零細な反法行為として可罰的違法性が認められない（大判明43・10・11刑録16・1620【048】）。

(b)　**質の問題——違法の相対性，刑罰による干渉に適さない場合**

また，可罰的違法性は，質の問題でもある。違法性は刑法に特有なものではないが，刑法においては刑罰の制裁に適する性質のものでなければならない。たとえば，姦通行為のように，民法上は明らかに違法であるが（民770条1項），性質上刑法ではその可罰性が否定されているなどである（公労法上違法な争議行為について刑法上の違法性を否定した事例——最判昭41・10・26刑集20・8・901〔東京中郵事件〕。なお，この考え方は，最判昭52・5・4刑集31・3・182〔名古屋中

第2編　犯　罪　論

郵事件〕で否定された)。

(c)　検　　　討

　可罰的違法性を犯罪論上どこに位置づけるかについては見解が分かれている。可罰的違法性は構成要件該当性の問題であり，その基準は法益侵害の軽微性（微罪性）および被害惹起行為の社会的相当性からの逸脱の軽微性にあり，それらを総合して可罰的違法性を欠くと認められるときは構成要件該当性が否定されるとする見解（藤木），および可罰的違法性を欠くことによって構成要件該当性が否定される場合もあるし，構成要件該当性はあるが，可罰的違法性阻却となる場合もあり，そのいずれであるかは構成要件を定めている刑罰法規の解釈の問題であるとする見解（佐伯）がある。

　可罰的違法性を規準に構成要件を縮小解釈して該当性を判断するという立場は，本来，抽象的・形式的な構成要件の該当性判断に具体的・実質的要素を持ち込むことになって判断の明確性を損なう可能性が高くなり，構成要件の罪刑法定主義機能を害することになろう（大塚）。それゆえ，可罰的違法性の議論は違法論に属する問題であって，可罰的違法性のない行為は実質的違法性を欠くものとして刑法上処罰に値しないとすべきである。

> **判例**
>
> **【048】　大判明43・10・11刑録16・1620（一厘事件）**
>
> 　事案は，煙草耕作者が旧煙草専売法48条1項に違反して，政府に納入すべき葉煙草七分（約3g），価格にして一厘のものを手きざみにして自ら消費したというものである。原審は有罪としたが，大審院はつぎのように述べて無罪とした。
>
> 　「共同生活上の観念に於て刑罰の制裁の下に法律の保護を要求すべき法益の侵害と認めざる以上は之に臨むに刑罰法を以てし刑罰の制裁を加ふるの必要なく……共同生活に危害を及ぼさざる零細なる不法行為を不問に付するは……解釈法の原理に合するものとす」
>
> **【049】　最決昭和61・6・24刑集40・4・292（軽微な被害―マジックホン事件）**
>
> 　事案は，通話の際電話料金の計算を不能にするマジックホンを自社の電話に取り付けた被告人が社員に公衆電話から通話させたところ投入した10円硬貨が通話後戻ってきたとの報告を受け，不安を覚えて取り外したというものである。

> 　一審は，偽計業務妨害罪・有線電気通信妨害罪の構成要件に該当するとしても，可罰的違法性なしとして無罪としたが，二審は両罪の成立を認めた。最高裁は「たとえ被告人がただ一回通話を試みただけで同機器を取り外した等の事情があったにせよ，それ故に，行為の違法性が否定されるものではない」として原判決を支持したが，疑問である。

（5） 結果無価値論と行為無価値論

　近年，違法性に関する議論は結果無価値・行為無価値という観念を用いて展開されることが多くなった。結果無価値論とは，違法性の本質を行為が惹き起こす法益侵害という結果に求める見解である。これに対して，行為無価値論とは，行為の規範違反性に違法の本質を求める見解である。行為無価値とは，行為態様・社会的相当性からの逸脱・規範違反性等によって行為が否認される，否定的評価を受けるということである。行為が「無価値」であるということがその行為を違法たらしめている実質であると解するのである。

　行為無価値論には，違法の本質を行為無価値のみに求め，結果無価値（法益侵害）は客観的処罰条件と解して違法論から排除するという徹底した行為無価値論（ドイツの少数説）と結果無価値も行為無価値とともに考慮すべきであるとする二元的な行為無価値論とがある。わが国の行為無価値を認める論者はほとんど後者の立場である。

　これに対して，わが国の結果無価値論は，違法性の実質を法益の侵害・危険に求めるが，行為態様も，法益の侵害・危険から独立して問題とするのではなく，それがもつ法益侵害の一般的な危険性を考慮に入れていると考えられる。その意味で法益の侵害・危険に還元できるとするのである。なお，主観的違法要素については例外的に認めるが，その程度は立場によりさまざまである。ただし，故意除外は一致しているといえる。

　思うに，わが国では結果無価値（法益侵害）を客観的処罰条件と解する徹底した行為無価値論や目的犯における主観的要素も認めない徹底した結果無価値論による議論の対立はないように思われる。二元的な行為無価値論の場合もいわゆる結果無価値論といわれる立場の多くも程度の差はあるが行為無価値も結

果無価値もともに考慮して違法性を論じている。そこで，刑法の任務として社会倫理規範の維持を指摘する立場からは行為無価値を重視することになり，刑法の任務として法益の保護をあげる立場からは結果無価値を重視した違法論が展開されることになるのである。法益侵害説の立場からは結果無価値を重視する立場が支持されるべきである。

＊ 人的違法観

行為の違法性は，行為者の目的・心情・義務に関連した「人的違法」でなければならないとする考え方である。

その主唱者ヴェルツェルは言う——「不法は，行為者から内容的にきりはなされた結果惹起（法益侵害）につきるものではなく，行為は，一定の行為者のしわざ（Werk）としてのみ違法なのである。行為者がいかなる目的設定を目的活動的にその客観的行為にあたえたか，行為者がいかなる気持からその行為をなしたか，その場合，いかなる義務が行為者に存していたか，これらすべてが，生ずるかも知れない法益侵害とともに，行為の不法を決定するのである。違法とは，つねに，一定の行為者に関係づけられた行為の非認である。不法は，行為者関係的な〈人的〉行為不法である。……法益の侵害ないし脅威は，大部分の犯罪にとって，本質的なものであるが，しかし，それは，ただ，人的に違法な行為の部分的要素としてであって，決して，法益侵害だけで行為の不法を十分に特徴づけるという意味においてではない。法益侵害（結果無価値）は，人的に違法な行為のうち（行為無価値のうち）においてのみ刑法上意味をもつものである。例えば，不能犯の場合，事態の無価値（法益の侵害・危険）には欠けるが，行為無価値が消滅することはない。」（Welzel, Das neue Bild des Strafrechtssystems, 福田＝大塚訳・目的的行為論序説43頁）

[設問]

論争事例……結果無価値論と行為無価値論のそれぞれの立場から検討せよ。

甲は，宴会の帰り際，外套掛けにあった自分のコートとよく似た他人のコートを窃盗の目的で持ち帰ったところ，実際には，やはり自分のコートであった。甲の罪責はどうか？

2 違法性阻却事由

(1) 違法性の判断

　犯罪が成立するためには構成要件該当の行為が処罰に値する実質的違法性を備えていなければならない。この違法性は構成要件の違法性推定機能を前提に，構成要件該当の判断を受けた行為について違法性阻却事由の存否を検討するという方法で確認される。

　構成要件は違法行為の類型であるから，構成要件に該当する行為は，一応違法であるとの推定をうける（構成要件の違法性推定機能）。しかし，これはあくまで一応の推定であるから，行為の具体的事情によって，たとえば，正当防衛などの事情が存在すれば，構成要件該当＝違法，との推定は破られ，行為の違法性は阻却（排除）され，初めから適法なものであったとして扱われ犯罪は成立しない。構成要件に該当すれば違法性ありと扱われるのが原則型であるとすれば，違法性阻却事由が存在すれば違法性は排除されるのがその例外型といえよう。犯罪成立要件としての違法性は，積極的にその存在を論証する方法によらず，原則―例外という判断の枠組みのもとで例外事由の存否を判断すれば足りるとされている。そこで，違法性阻却事由の種類・要件が違法論の主要な課題となるのである（なお，違法性阻却事由に代えて正当化事由の語を用いる論者もいるが同義である）。

【違法性阻却事由の分類】

　違法性阻却事由は，法律に規定があるか否か，あるいは緊急的な事態において認められるものか通常の事態において認められるものか，などさまざまな視点から分類されるが，本書では次の分類による。

A．緊急行為
- 1）正当防衛（36条）
- 2）緊急避難　（37条）
- 3）自救行為
- 4）義務の衝突

第2編　犯　罪　論

　　　　　　　　　　　1）法令行為　（35条前段）
　　　　　　　　　　　2）正当業務行為　（35条後段）
　　B．一般的正当行為　3）被害者の承諾
　　　　　　　　　　　4）推定的承諾
　　　　　　　　　　　5）安楽死・尊厳死
　　　　　　　　　　　6）労働争議行為
　　C．いわゆる超法規的違法性阻却事由（狭義の超法規的違法性阻却事由）

（2）　違法性阻却の一般的原理

　刑法典は，犯罪の成立を妨げる事由として，法令または正当業務による行為（35条），正当防衛（36条），緊急避難（37条）の3つをあげているが，これらは違法性阻却事由であると理解されている（緊急避難については異説もある）。違法性阻却事由があればなぜ実質的に違法でなくなるのか。構成要件に該当し他人の法益を侵害しているにもかかわらず，何故違法性が排除され正当な行為として扱われるのであろうか。形式的に構成要件に該当するが実質的に違法性がないということになるが，さまざまの違法性阻却事由に共通する正当化の根拠・基準は何か，これに答えるのが違法性阻却の一般的原理である。違法性阻却の一般的原理は何かを論ずるのは，法定の違法性阻却事由の解釈を統一的に行う上でもまた法定の違法性阻却事由以外の違法性阻却事由を考える上でも有益であるからである。

　この点について違法性の実質についての考え方と関連して学説は分かれている。大別すれば規範違反説に立脚するもの（目的説，社会的相当性説）と法益侵害説に立脚するもの（法益衡量説・優越的利益説）とに分けられる。

(a)　目　的　説

　違法性の実質について規範違反の面を強調する立場から，国家的に規律された共同生活の目的達成に適当な手段であることが違法性阻却の一般原理であるとする見解である（木村）。「正当な目的にのための相当な手段」は正当化されると説く。

　目的説については，「目的の正当性」や「手段の相当性」を判断する基準が明確でないとの批判がある。

(b) **社会的相当性説**

　行為が社会的に相当であること，すなわち，行為が社会生活の中で歴史的に形成されてきた社会生活秩序の枠内にあり相当と判断されることが違法性阻却の一般原理であるとする見解である（福田，藤木，大谷）。

　社会的相当性説については，社会的相当性の概念の包括的・多義的な内容，およびその判断基準の不明確さについて目的説と同じような批判がなされている。

(c) **法益衡量説（優越的利益説）**

　法益衡量説は違法性の実質を法益の侵害・危険に求める立場を基礎にして，価値の低い（小さい）法益を犠牲にして価値の高い（大きい）法益を救うことが違法性阻却の一般原理であるとする見解である。法益衡量説については，法益侵害という結果の側面（結果無価値）のみを違法性の判断基準とすることは妥当でなく，また，法益の価値の大小が明確でないので法益の衡量ができない場合があるとの批判がある。

　これに対して優越的利益説は，法益衡量説を基礎として法益の抽象的比較衡量だけではなく個々の場合における客観的事情をも考慮して衝突する法益の要保護性（保護の必要性）の大きい法益を保全したことを違法阻却（正当化）の根拠とする見解である（佐伯，平野，内藤，中山，前田）。実質的・具体的に衡量すべき事情としては，衝突する法益の衡量の他に保全した法益に対する危険の程度，侵害手段をとる必要性の程度，その手段のもつ法益侵害の一般的危険性の程度などが挙げられる（内藤）。法益侵害説にたつ本書は優越的利益説を支持する。

3　緊 急 行 為

(1)　正 当 防 衛

(a)　**概　　説**

(i)　**意義**　　切迫した不正の侵害に対して，自己または他人の権利を防衛す

るために，やむをえずにした行為が正当防衛である（36条1項）。防衛行為が，外形的に暴行罪・傷害罪等々の犯罪構成要件に該当するものであっても実質的に違法でないとされ，犯罪の成立が否定される。「罰しない」とは違法性がないから処罰しないという意味である。

(ii) **正当防衛を違法阻却事由として認める理由**　正当防衛行為が処罰されない理由は，つぎの点に求められる。国家機関の保護を求める余裕のない緊急の事態において私人が実力によって法益を守ろうとすることは人間の自己保存の本能に根ざすものであり，また，こうした場合の防衛行為を犯罪として処罰するのは，かえってその原因となった不正な侵害を法が容認する結果となり，法の目的に反することになるから，緊急の事態において私人が不正な侵害行為を撃退するのは法の目的を実現することになるのである（法の確証）。現在はこのように自己保存の原理と法確証の原理によって正当化されると考えられている。

(iii) **正当防衛と緊急避難の構造**　刑法は緊急状況における法益保全の行為として正当防衛と緊急避難（37条1項）を規定している。前者は，不正の侵害を行う者に対する反撃行為であり，後者は，法益侵害の危難が切迫している場合に危難の原因とは無関係な第三者の法益を犠牲にして難を逃れる行為である。通説によれば，正当防衛は不正の侵害に対する正当な反撃という意味で「不正対正」の関係であるのに対し，緊急避難は危難を避けようとする者も「正」であり，危難を避けるために法益を侵害された者も「正」であるという意味で「正対正」の関係であるといわれる。正当防衛と緊急避難とは，緊急行為という点で共通性を有するが，その構造・性質の相違から後者のほうが成立範囲・要件についてより厳格に解されるべきである。

(b) **要　　件**

正当防衛が認められるためには，「急迫不正の侵害」があること，「自己又は他人の権利を防衛するため」の行為であること，および「やむを得ずにした行為」であることが必要である。以下要件を分説する。

(i) **侵害の「急迫」性**　急迫とは，自己または他人の法益に対する侵害行為が，現に行われているか，または，その危険が目前に迫っていることである。したがって，①過去の侵害，すなわち，侵害行為がすでに終わっている場合は法律の定める手続に従って救済を求めるべきであり，正当防衛は認められない。

この場合は自救行為（後述）の成否が問題となるだけである。また，②将来，予想される侵害に対して（すなわち，法的措置をとる余裕があるのに）機先を制して攻撃を行うことも許されない。「急迫」した侵害に対するものとはいえないからである。ただし，将来の侵害に対する防衛措置を講ずる場合でもその侵害がまさに現実化する時点で防衛の効果を生ずるようなものであれば許される（たとえば，忍び返しの設置）。

(ii) **「不正」な侵害**　違法な侵害という意味である。「適法な」侵害に対して防衛行為を行うことは許されない。責任無能力者（たとえば，重度の精神障害者・児童等）による侵害も，「不正」の侵害となりうる〈客観的違法性論〉。もっともこうした者に対する防衛については「やむをえない」行為であったかどうかが厳しく判断されることになり，不正な攻撃であるということだけで防衛行為が許されるわけではない。

(iii) **急迫不正の「侵害」があること**　侵害とは，法益に対する実害あるいはその危険ある攻撃である。侵害行為は，作為・不作為，故意・過失を問わない。積極的な行為ばかりでなく，不作為による場合もある。たとえば，授乳せずに乳児を餓死させようとする母親に授乳させるため，脅かしたような場合は不作為の侵害に対する正当防衛の例であろう。

最判昭57・5・26刑集36・5・609は，団体交渉の拒否を急迫不正の侵害に当たらないとして，不作為による侵害を否定した。

(iv) **自己または他人の権利を防衛するための行為であること**

(ア)　**権　利**　「権利」とは，法の保護する利益，すなわち法益のことである（改正刑法草案14条は，法益としている）。自己の法益を保全するためばかりでなく，他人の法益が侵害の危険にさらされている場合にも正当防衛は許される。（他人の法益の中に，国家的法益・社会的法益が含まれるかについては，国家正当防衛参照。）

(イ)　**防衛の意思**　つぎに，反撃行為は「防衛するため」になされることが必要であるが，この意味をめぐって防衛の意思が必要か否か見解が対立している。たとえば，Aが仇敵Bを殺そうと思ってピストルを発射したところ，たまたま，BはCを殺すためまさにピストルを発射しようとしていたというような場合（偶然防衛），必要説に立てば，Aに防衛の意思はなく正当防衛は認めら

れないが，不要説では，Aの行為は結果的にCの生命を急迫不正の侵害から救ったことになり正当防衛が認められることになる。

　不要説は違法・適法は客観的に判断すべきで主観的要素（意思の有無）は考慮すべきでないとする。これに対して，必要説は不要説によれば積極的加害意図をもって行為した者に正当防衛を認めるという不都合な結果になると主張する。

　必要説が判例・通説であり，妥当と考えるが，防衛の意思の内容はとっさの場合に反射的に反撃する場合や反撃の際に憤激・憎悪などの感情が伴う場合でも防衛の意思がないとはいえないので，その意思内容は「急迫不正の侵害を意識しつつ，これを避けようとする単純な心理状態」（大塚）で足りるとすべきである（【051】・【052】）。

　(v)　**「やむを得ずに」した行為であること**　「やむを得ない」とは，具体的事情のもとで，法益を守るためにそのような反撃に出ることが必要であり，かつ，その手段としても相当と認められることである。

　(ア)　必要性　逃げようとすれば逃げられるときに反撃に出た場合はどうかが問題となる。正当防衛は緊急避難と異なり，不正な侵害に対するものであるから，反撃することが唯一の方法である必要はなく，逃げられる場合に反撃に出ても他の要件をみたしている限り正当防衛たりうると解すべきである。

　(イ)　相当性　防衛行為はその法益を守るために相当なものでなければならない。緊急避難におけるような厳格な法益の権衡は要求されないが，守ろうとする法益と反撃によって損なわれる法益とが著しく均衡を失するときは相当な防衛行為とはいえず，正当防衛は認められない（【054】・【055】）。

　(vi)　**対物防衛**　これは急迫な侵害が人の行為ではなく，それ以外の原因による場合，とくに，動物による侵害に対して防衛行為に出る場合である。正当防衛の要件としての「不正」な侵害は，人間の行為にかぎられるとするか，それとも動物の襲撃や自然現象も法益侵害の原因となる場合は「違法状態」として正当防衛を認めるか，見解が対立している（動物が無主物であるときはこれを打ち殺しても，正当防衛を論ずるまでもなく犯罪とはならない）。

　(ア)　否定説　この立場では，違法という評価を受けるのは人間の行為に限られるから，この場合は緊急避難が認められるにすぎないと解する。もっとも，飼主が飼犬をけしかけて他人に噛みつかせようとした場合など，動物の飼主・

第3章 違 法 性

管理者の故意・過失による犯行の道具と認められるときには正当防衛が可能である（団藤、なお、大判昭12・11・6裁判例(11)刑68は、対物防衛に当たる事案について緊急避難として処理している）。

(ｲ) 肯定説　他人の物による侵害に対しても正当防衛を認めるべきであるとする（平野）、あるいは、正当防衛ではないが正当防衛に準ずるとする（大谷）見解である。いずれも対物防衛に当たる場合は民法上違法でないとされるのに（民法720条2項は法益権衡を要求しておらず正当防衛と同じ扱いをしている）、刑法上物に対する反撃行為を違法とする否定説は妥当でないとする。

否定説に従えば、動物による侵害に対しては成立要件の厳しい緊急避難でしか対抗できないことになるが、他方、人であれば責任無能力者の侵害に対しても正当防衛権の行使が可能であるということになり、これは妥当な結論とはいえないと思う。肯定説を支持すべきであると考える。

(vii) **国家正当防衛**　他人の法益には国家的法益・社会的法益も含まれるかどうかが問題になる。通説は、国家機関の有効な公的活動を期待しえない極めて緊迫した場合に例外的に許されるとしている。しかし、これに対しては、国家的法益や社会的法益を防衛することは国家機関の任務であって個人の任務ではないという理由から強力な反対説（平野、内藤、前田など）も唱えられている。国家的法益や社会的法益の保全は、本来、国家の任務であり、これを個人あるいは私的団体に例外的にせよ認めることは妥当ではないと考える。

(viii) **喧嘩と正当防衛**　喧嘩闘争の場合に正当防衛が認められるかについて、かつて大審院判例は、喧嘩両成敗の考え方により正当防衛の観念を容れる余地はないとしていた（大判昭7・1・25刑集11・1【056】）。しかし、学説では、たとえば、当初は双方が素手で殴り合っていたのに、突如、一方が刃物を用いるに至ったような場合などは、不正の程度を考慮することにより正当防衛を認める余地がでてくるとする見解が有力である。最高裁の判例にも間接的にではあるがこの趣旨を認めるものがある（最判昭32・1・22刑集11・1・31【057】）。

(ix) **過剰防衛**　防衛の程度を超えた場合を過剰防衛という（36条2項）。急迫不正の侵害に対する防衛行為について相当性が認められない場合である。換言すれば、正当防衛の条件が揃っており、防衛行為が程度を超えさえしなければ正当防衛が認められた場合である。防衛行為といえないものは過剰にもなら

103

いのである。たとえば，酩酊して組みついてきた者に対し，陶器や燭台でその顔面を殴打して負傷させた場合，下駄で打ちかかられたので匕首で切りつけ死に至らしめた場合（大判昭8・6・21刑集12・834）などである。過剰防衛は正当防衛ではなく違法性は阻却されないが，情状により刑が減軽または免除されることがある。これは，急迫不正の侵害に対し，とっさの反撃に出る場合，反撃を相当な範囲内にとどめることが困難なことが少なくないことを考慮したものといえよう（責任減少）。

(x) **誤想防衛・誤想過剰防衛**　誤想防衛とは，急迫不正の侵害が存在しないにもかかわらず防衛行為に出た場合である。たとえば，暴行傷害等の前科を有する者が，深夜自宅に押しかけてきて，「はじき上げてやろうか（注：撃ち殺すぞの意）」と言いながら右手をオーバーのポケットに突っ込んだので，被告人は凶器で襲撃してくるものと誤想し防衛のため有り合わせの木刀でその者の手首等を殴打し負傷させたという場合である（しかし，右ポケットには何も入っていなかった）（広島高判昭35・6・9高刑集13・5・399）。

誤想過剰防衛とは，誤想防衛行為が防衛の程度を超えたため過剰になった場合である（最決昭41・7・7刑集20・6・554）。

誤想防衛と誤想過剰防衛とは，いずれも錯誤にかかわるもので錯誤につきどのような立場をとるかで結論を異にするので該当個所で扱うこととする（後述）。

判例

【050】　最判昭24・8・18刑集3・9・1465（国家正当防衛）

「本来国家的，公共的法益を保全防衛することは，国家又は公共団体の公的機関の本来の任務に属する事柄であって，これをた易く自由に私人又は私的団体の行動に委すことは却って秩序を乱し事態を悪化せしむる危険を伴う虞がある。それ故，かかる公益のための正当防衛等は，国家公共の機関の有効な公的活動を期待し得ない極めて緊迫した場合においてのみ例外的に許容さるべきものと解するを相当とする。」

・判例は，防衛に意思について必要説にたち，当初はもっぱら防衛するためであることが必要である（**【051】**）としたが，やがて，憤激・逆上して反撃す

る場合にも防衛に意思がありうる（【052】）とし，さらに，防衛の意思と攻撃の意思とが併存する場合（【053】）にも防衛の意思ありと認めている。

【051】 大判昭11・12・7刑集15・1561

防衛に意思必要説 「急迫不正の侵害ある場合と雖も之に対する行為が防衛を為す意思に出でたるものに非ざる限り之を正当防衛又は其の程度超越を以て目すべきものに非ず。」

【052】 最判昭46・11・16刑集25・8・996

「相手の加害行為に対し憤激または逆上して反撃を加えたからといって，ただちに防衛の意思を欠くものと解すべきではない。」

【053】 最判昭50・11・28刑集29・10・983（防衛の意思と攻撃の意思の併存）

「急迫不正の侵害に対し自己又は他人の権利を防衛するためにした行為と認められる限り，その行為は，同時に侵害者に対する攻撃的な意思に出たものであっても，正当防衛のためにした行為にあたると判断するのが，相当である。（中略）防衛の意思と攻撃の意思とが併存している場合の行為は，防衛の意思を欠くものではないので，これを正当防衛のための行為と評価することができる……」

【054】 大判昭3・3・19新聞2891・14（過剰防衛）

「わずか豆腐数丁の財産的利益を防衛するため，人命を害するがごときは，仮に急迫不正の侵害に対する防衛行為であるとしても，その程度を超えたものである。」

【055】 最判昭44・12・4刑集23・12・1573

正当防衛のやむを得ずにした行為とは，「急迫不正の侵害に対する反撃行為が，自己または他人の権利を防衛する手段として必要最小限度のものであること，すなわち反撃行為が侵害に対する防衛手段として相当性を有するものであることを意味するのであって，反撃行為が右の限度を超えず，したがって侵害に対する防衛手段として相当性を有する以上，その反撃行為により生じた結果がたまたま侵害されようとした法益より大であっても，その反撃行為が正当防衛行為でなくなるものではないと解すべきである。」（過剰防衛を認めた下級審判決を破棄差戻）

【056】 大判昭7・1・25刑集11・1（喧嘩と正当防衛）

喧嘩・闘争においては一方のみを防衛行為とみることはできないとして，喧嘩両成敗の考え方により正当防衛の観念を容れる余地はないとた。

【057】 最判昭32・1・22刑集11・1・31

全般的考察の必要を説く。

> 喧嘩闘争について,「法律判断として,喧嘩闘争はこれを全般的に観察することを要し,闘争行為中の瞬間的な部分の攻防の態様によって事を判断してはならない……喧嘩闘争においてもなお正当防衛が成立する場合があり得る……」

(2) 緊急避難 (37条)

(a) 概　　説

(i) **意　義**　　自己または他人の生命・身体・自由・財産の法益に対する差し迫った危難を避けるために,やむを得ず他人(危難の原因とは無関係の第三者)の法益を侵害する行為をいう。保全しようとした法益が害された法益より小さくない場合,避難のためにした侵害行為は罰せられない。

緊急避難は,法益に対する危険が差し迫っており法的な救済を求める余裕のない点で正当防衛と同じく緊急行為の一であるが,正当防衛が不正の攻撃に対する正当な反撃,つまり,「不正対正」の関係にあるのに対し,緊急避難は,危難の原因とは無関係な第三者の法益を犠牲にして(侵害して)難をのがれる行為で,「正対正」の関係にあるのである。

(ii) **法的性質**　　法が緊急避難を「罰しない」としている理由は何か,その法的性質の理解をめぐって学説が対立している。①危険が目前に迫っている緊急事態においては行為者に他の行為を期待できないという点で責任が阻却される(第三者の法益を犠牲にする行為そのものは違法である)とする責任阻却事由説(滝川,植松),②現行法が「他人の」法益を守るための緊急避難を認めており,また,法益権衡を要求しているのは違法性阻却の趣旨であるとする違法性阻却事由説(通説),③違法性阻却の場合と責任阻却の場合とがあるとする二分説である(木村,森下)。

現行法が他人の法益を守るための緊急避難を認めていることは期待可能性の思想と調和しがたいというべきであり,また,責任阻却とする立場では,避難行為は違法な侵害行為であるから避難行為によって法益を侵害される者にとっては「急迫不正の侵害」になり,これに対する正当防衛が可能となる不都合を生じることになる(団藤)。違法性阻却事由説が支持されるべきである。

第3章 違 法 性

(b) 要　　　件
(i) 自己または他人の生命，身体，自由または財産に対する現在の危難があること
　(ア) 現在の危難　「危難」とは，法益に対する実害またはその危険のある状態をいう。危難の原因は人の行為・自然現象・動物のいずれによるとを問わない。
　危難が「現在」するとは，法益に対する侵害が現に行われているか，あるいはその危険が目前に迫っていることである。正当防衛における侵害の「急迫」に相当する。
　(イ) 守ろうとする法益（保全法益）　生命，身体，自由または財産と規定されているが，法文列挙の法益に限るとする見解（制限的列挙説）もあるが，例示的列挙とみて名誉・貞操などの法益も含むと解するのが通説である（なお，改正刑法草案15条は，正当防衛と同様に法益とする）。
　他人の法益に国家・社会の法益が含まれるかについて，正当防衛と全く同様の問題がある。国家緊急避難は認めるべきでないと解する。
　(ウ) 自招危難　自ら招いた危難に対しても緊急避難をなしうるかについては争いがある。これを否定する見解は，自己の責任で緊急状態を作り出したのであるからその危険から逃れるためであってもたやすく他人を犠牲にすることを認めるべきでないという考えに立っている。しかし，自招であるとの理由で緊急避難をすべて否定するのは妥当ではない。緊急避難は他に危難を免れ得る方法のない場合であるから，この場合緊急避難を認めないとすれば，避難行為をして犯罪者となるか，危難を甘受するかの選択しか残されないことになる。自招危難の場合にも自招の態様（故意か過失か等），危難の性質，法益衡量などの諸事情から避難の相当性を判断して緊急避難を認める余地があろう（なお，大判大13・12・12刑集3・867は，自招危難について緊急避難を認めなかった）。
(ii) 危難を避けるためにやむを得ずにした行為であること
　(ア) 「避けるため」（避難の意思）　他人の法益を害する避難行為は，避難の意思をもって行うことを要するか，必要説と不要説が対立している。正当防衛における防衛の意思と同様に必要説（通説）が妥当である。
　(イ) 補充の原則　「やむを得ずにした行為」とは，その危難を避けるための唯一の方法であり，他にとるべき方法がないということである。これを補充

107

の原則という。正当防衛が不正な侵害者に対する反撃であるのと違い，緊急避難は危難を無関係な第三者に転嫁するものであるためかように厳しい制約を伴うのである。やむを得ない行為であったとはいえないとした判例に，最判昭35・2・4刑集14・1・61（【061】，【062】）がある。

 (iii) **法益権衡の原則**　避難行為から生じた害（犠牲にされた法益）が，避けようとした害（保全法益）の程度を超えないこと，これを法益権衡の原則という。大きい法益を救うために小さい法益を犠牲にする場合，または，同等の法益の一方を犠牲にする場合でなければ緊急避難は許されないという趣旨である。しかし，現実に法益の大小を比較することは困難な場合が多い。個人的法益相互の比較については，一応，生命・身体・自由・財産という序列が可能であるが，これも生命が他の法益より優位にあるということを別とすれば，利益の量の問題が介入する場合，あるいは公益という異質の法益が介在する場合にはその判断は極めて困難になる。結局は，法定刑，法益の質，事後的な救済により満足を得られる程度などさまざまな事情を考慮して合理的な判断を期することになろう。

　判例では，数十段の田畑の種苗を救うために40円相当の板堰を損壊した場合（【058】），600円相当の猟犬を救うために150円相当の番犬を傷つけた場合（【059】），トンネルを通過するに当たり，牽引車両の減車を行わなければ，トンネル内での熱気の上昇・有毒ガスの発生等により乗務員の生命身体に対する危険が常時存在するとき，トンネル通過前に3割の減車を行うこと（【060】）などは，いずれも法益権衡の原則をみたすと判断されている。

> **判例**
>
> 【058】　大判昭8・11・30刑集12・2160
> 　現在の危難・法益権衡の要件：豪雨のため，田植え後10〜12日の水田稲作（9町歩余）が冠水による著しい侵害を受けつつあったので，時価40円相当の他人の板堰を損壊した行為について緊急避難を認めた。
> 【059】　大判昭12・11・6裁判例11刑86
> 　法益権衡の原則：600円相当の猟犬が150円相当の番犬に咬み伏せられたので，これを救うため所携の猟銃で番犬を傷害（射殺）した。緊急避難成立。
> 【060】　最判昭28・12・25刑集7・13・2671

貨物列車がトンネルを通過するに当たり，牽引車両の減車を行わなければ，トンネル内での熱気の上昇・有毒ガスの発生等により乗務員の生命身体に対する危険が常時存在するとき，トンネル通過前に3割の減車を行うことは緊急避難に当たる。

【061】 最判昭35・2・4刑集14・1・61（吊橋爆破事件）

吊橋の腐朽が甚だしく，落下による通行者の生命・身体に対する危険が切迫した状態にあっても，危険防止のためには，通行制限の強化その他適当な手段・方法を講ずる余地が残されているとき，ダイナマイトでこれを爆破する行為は，危難を避けるためのやむをえない行為とはいえない。

【062】 東京高判昭57・11・9刑月14・11＝12・804（過剰避難）

補充の原則を破ったものとして，酒気帯び運転が過剰避難に当たるとされた事例がある。事実の概要は，粗暴癖のあるXが鎌をもって自宅に暴れ込んできたので，被告人は車の中に隠れたが，これを発見したXが被告人を自らの車で追跡しようとしたため，被告人は飲酒していたにもかかわらず発車し市街地にある警察署に駆け込んで助けを求めた，というものである。

これに対して，裁判所は，「市街地に入った後は，X車の追跡の有無を確かめることは困難ではあるが，不可能ではなく，適当な場所で運転をやめ，電話連絡等の方法で警察の助けを求めることが不可能ではなかった……。……被告人の行為を全体として見ると，自己の生命，身体に対する現在の危難を避けるためやむを得ず行ったものではあるが，その程度を超えたものと認めるのが相当である」と判示した。

(c) 特別義務者と緊急避難（37条2項）

緊急避難の規定は，業務上特別の義務のある者には適用されない（37条2項）。警察官，自衛官，消防職員，船長など業務上一定の危難に身をさらす義務を負う者は，その義務の範囲内では，一般人と同様に緊急避難をすることを許さないのである。しかし，これらの者に対しても絶対に緊急避難が許されないという趣旨ではなく，他人の法益を救うための緊急避難は勿論，自己の法益を救うための緊急避難もその本来の義務と調和する限り許される。

(d) 過剰避難（37条1項但書）

避難行為が，その程度を超えた場合を過剰避難といい，情状によって刑を減軽または免除することができる（37条1項但書）。過剰避難には，補充の原則を破った場合（ほかに危難を避ける手段が存在した場合【062】）と法益権衡の原則

を破った場合とがあるが，いずれの場合も緊急避難とは認められず違法性は阻却されないが，緊急状態においてとられた法益保全の行為として責任非難が減少する場合があることを考慮して刑の減軽または免除を認めたものである。

(e) 誤想避難

誤想避難とは，緊急避難の要件に当たる事実が存在しないのに存在すると誤信して避難行為に出た場合である。誤想防衛と同様の理由で後述する。

(f) 正当防衛と緊急避難の相違点

(i) 性質　　正当防衛と緊急避難はともに緊急事態における行為であるが，正当防衛は，切迫した違法な侵害に対する反撃行為を違法でないとするものであって，侵害者と防衛行為者は不正対正の関係にある。これに対して，緊急避難は，差し迫った危難を避けるために危難の原因とは無関係な第三者を犠牲にして難を免れる行為であり，法益を侵害される者（犠牲になる者）も避難行為をする者（他人を犠牲にする者）も違法を行う者ではなく，正対正の関係にある。

(ii) 要件　　正当防衛の要件と緊急避難の要件とは類似しているように見えるものもあるが，総じていえば上に述べた性質の違いから緊急避難は無関係の第三者を犠牲にするものであるためその要件は，不正に対する正当防衛に比べて厳格に定められている。

まず，「急迫な侵害」と「現在の危難」とは法益に対する侵害が現に行われているかあるいはその危険が目前に迫っているという点では同じである。これに対して，「やむを得ずにした行為」は同一の文言ではあるが，両者の性質の違いから異なった内容を意味する。すなわち，正当防衛の「やむを得ない」は防衛行為にでる必要性および行為の相当性を意味すると解されるが，緊急避難のそれはほかに方法がないという補充の原則を意味するのである。また，法益の権衡については正当防衛では防衛行為の相当性を判断する一資料であるが，緊急避難の場合は独立した厳格な要件とされている。

(iii) 民事上の効果　　正当防衛行為から生じた損害については防衛者に賠償責任はない（民720条1項）。不正な侵害に対する正当な反撃であるから賠償責任がないのは当然である。緊急避難行為によって生じた損害は避難行為者に不法行為責任がある。犠牲となった無関係の第三者は損害を甘受すべき理由がな

第3章　違　法　性

いからである．ただし，物より生じた危難を避けるためにその原因となった物を損壊したとき（いわゆる対物防衛の場合）には賠償責任はない（民720条2項）．

(3)　自　救　行　為

(a)　意　　　義

　自救行為とは，不法に権利を侵害された者が裁判などの法的救済手段によらず，自ら実力を行使して権利を回復・実現する行為をいう．自救行為は不正な侵害行為がが既に終わっているという点で，すなわち，急迫性の要件を欠くため正当防衛とはならない場合である．

　近代国家においては，不法に侵害された権利の救済は，法の定める手続（訴訟制度や諸種の法的救済手続）によるべきであって，被害者が自ら実力を行使してこれを行うことを認めないのが原則である．しかし，現実には，法的手続をとる余裕のない緊急の事態も起こりうるのである．こうした場合にも，実力による救済を一切認めないとするならば，法的救済手続が常に迅速かつ効果的に行われるとは限らないのであるから，法が不法な侵害を放任するかのごとき観を呈するおそれがあり，また，自力救済は認められず法的救済も効果的でないとすれば，事実上，被害者に犠牲を強いる結果ともなりかねない．そこで，現行法には，自救行為に関する規定はないが，ほとんどの学説は，被害者の実力による救済行為が犯罪の構成要件に該当する場合にも，厳格な要件のもとに自救行為として違法性が阻却されるとするのである．もちろん自救行為を違法性阻却事由として認めるとしても，それが広範囲にわたってたやすく認められるならば，国家機関による権利救済制度を軽視し暴力主義的風潮を生ずるおそれがあり，また，実力の強弱によって権利救済に不公平をきたすこととなり，社会秩序の維持に著しい障害が生まれることとなる．そこで，近時学説の中心課題は，どのような要件が備われば自救行為として違法性が阻却されるかという点にあるといえる．

　　《参考》　前述のように現行刑法には自救行為に関する規定はないが，かつて自救行為を認める条文案が検討されたことがある．昭和2年，刑法改正委員会が公表した「改正刑法予備草案」の第20条である．同条は自救行為を次のよう

に規定している。「不法ニ侵害セラレタル自己又ハ他ノ権利ヲ救済スルニ付急速ヲ要シ法律上ノ手続ニ依ル為猶予スルトキハ回復スヘカラサル損害ヲ被ルノ虞アル場合ニ於テ其ノ救済ノ為為シタル行為ハ罪ト為ラス」

(b) 要　件

　自ら実力を行使して侵害された権利を回復する行為が，自救行為として違法性がないとされるためには，その行為が以下にあげる要件をみたしている場合であるとするのが一般である。

　(i) **自己の権利が不法に侵害された場合であること**　自救行為が認められるのは，過去の違法な侵害に対してのみである。侵害行為がすでに終了しているという点で，侵害がまさに行われようとしているか，あるいは現に行われている場合に反撃として認められる正当防衛と異なる。また，自救行為は，「自己の」権利（法益）を救済する場合に限るというのが通説であるが，例外的に，被害者の依頼を受けた者が犯人を追跡して，実力により盗品を取還したりする場合も自救行為に準じて違法性が阻却されるというべきである（大阪地判昭40・4・23下刑集7・4・628）。

　(ii) **自力による救済を必要とする緊急性があること**　自救行為が認められるのは，侵害された権利の回復・実現が，①法的手続によるいとまがないこと，および，②直ちに自力による救済に出なければ，その回復が不可能もしくは著しく困難になる場合でなければならない。学説には，①の緊急性が認められれば足りるとする見解，自救行為を一般的自救行為と占有に基づく自救行為に分け，前者については①，②の要件が必要であるが，後者については，ただ，自救行為が占有侵奪後，即座にもしくは直ちに行われれば足りるとする見解などがある。これらの見解は，判例が自救行為を認めるのに厳格すぎる態度をとり続けている点を意識しているものと思われるが，自救行為の要件をこのように緩めることは妥当ではあるまい。

　(iii) **手段の相当性**　自救のために行われた行為が，緊急状況のもとにおいて権利の回復・実現の方法として相当なものでなければならない。相当性の判断については，補充の原則および法益権衡の原則との関連が問題となる。補充の原則とは，自救行為に出るよりほかにとるべき方法がないということであるが，自救行為が過去の侵害に対する救済である点からこれを充足する必要があ

る。しかし，法益権衡の原則（守ろうとする法益よりも大きな法益を犠牲にしてはならないという原則）については，自救行為が「正対不正」の関係にあるところから緊急避難の場合のように厳格に適用するのは妥当ではないであろう。

　法律に規定はないが自救行為を違法性を欠く場合として承認するのが学説の大勢である。しかし，法が私人の実力行使を許容するのは，あくまで緊急事態における行為として，例外的取扱いをするものであるから，それは時宜を失すれば眼前の犯人が逃亡して何人が犯人かわからなくなるとか現状回復が著しく困難あるいは不可能になるといった限られた範囲になるであろう。

(c) 判　　例

　自救行為という違法性阻却事由を認めることについて，戦前の裁判所はきわめて厳しい態度をとっていた。すなわち，自己の法益を守るために自ら実力を用いていいのは，正当防衛，緊急避難など法律に明文の規定のある場合に限られ，自救行為のごとく規定のない場合はとうてい認めることはできないというものである（大判昭16・5・12刑集20・246）。しかし，戦後になってこうした態度に変化が現れてきている。

　まず，最高裁は事案の具体的内容いかんによっては自救行為として罪にならない場合がありうることを認めた（最決昭46・7・30刑集25・5・756）。もっとも，最高裁が自救行為として無罪を認めたケースはまだない。

　しかし，下級審では昭和は30年代に入って，実質的には自救行為によって違法性阻却を認めるべきであったと思われる事案について，正当防衛として無罪を言い渡すものが現れた（梅田駅前事件・大阪高判昭31・12・11高刑集9・12・1263【063】）。

　ついで，40年代に入り自救行為であることを明示的に認めて無罪を言い渡す判決が現われた。身元不明の器物損壊犯人が逃走するのを損害賠償請求権者の依頼により追跡し犯人を逮捕した事案（大阪地判昭40・4・23下刑集7・4・628），建築工事を請け負った被告人が境界線を越えて敷地内にはみ出している隣家の庇を切り取った事件（岐阜地判昭44・11・26刑月1・11・156），建物賃借人が所有者によって奪われた建物の占有を奪回した事案（福岡高判昭45・2・14高刑集23・1・156【064】）について，いずれも被告人の行為は自救行為として違法性

がないと判断した。

> **判例**
>
> 【063】 大阪高判昭31・12・11高刑集9・12・1263（梅田駅前事件）
> 「自己になんら権利のない他人の土地に，故意にかつ隠秘的に建造物を突如に不法建築したことは，急迫不正の侵害であって，この侵害に対し，権利者に於いて他の防止手段を講ずる事が不可能で，しかも裁判所が休日等のため仮処分を求めるいとまもなく，即刻この建造物を撤去しなければ爾後人が使用する等土地所有者の権利回復が困難な事情にあった場合，自己の権利防衛手段としてやむことを得ざるに出でたこれが損壊行為は，正当防衛にあたる。」
>
> 【064】 福岡高判昭45・2・14高刑集23・1・156（自救行為）
> 「建物賃借人が賃貸人たる所有者からその建物に対する占有を侵奪された場合において，侵奪者の占有が判示のように未だ安定確立していないときは，賃借人が従来の占有を根拠に被侵奪後4日目に判示のような手段方法でこれを奪回した（店舗のシャッタードアの内外錠を損壊してその取り替えをなし，自動車を格納した上施錠）ものであれば，占有による自救行為として違法性がないものと解すべきである。」

（4） 義務の衝突

(a) 意　　義

　義務の衝突とは，互いに相容れない二以上の義務が存在し，一方の義務を履行するためには，他方の義務を怠らざるをえないような，進退両難の場合をいう。たとえば，同日同時刻に異なる裁判所から証人として召喚された場合，あるいは，弁護士が弁護人として法廷で被告人の利益を守るために過去において業務上知り得ていた他人の秘密を漏泄する場合などである。かかる状態において，一方の義務を履行したために他方の義務の履行を懈怠したとしても，その違法性あるいは有責性が排除されることがあるのではないか，これが刑法上の義務の衝突の問題である。

　義務の衝突は一方の義務を履行するために他方の義務を犠牲にする場合であ

るから一見緊急避難に類似するように見え，緊急避難の一類型とする見解（マウラッハ）もあるが，妥当ではない。緊急避難においては現在の危難に対して（自ら危難の害を引き受け）避難行為にでないことも可能であるが，義務の衝突の場合は自己の犠牲において解決することは不可能だからである。

(b) 要　　件
① 二以上の法的義務が衝突していること（同時に科せられていること）
② 衝突状況の発生について有責でないこと
③ 現実に優位の義務または同価値の義務を履行したこと

以上の要件を満たすときは懈怠された義務違反の違法性は排除されるものとすべきである。判例としては，新聞記者の取材源秘匿義務と法廷における証言義務との衝突について後者の義務が刑法上重要であるとして新聞記者の証言拒否について証言義務違反罪の成立を認めたものがある（最判昭27・8・6刑集6・8・974）。なお，劣位の義務を履行した場合や義務の衡量が不可能な場合には違法性は阻却されないが，責任が阻却される場合があろう。

4　一般的正当行為

(1) 総　　説

正当行為とは，刑法上，正当防衛や緊急避難などの緊急行為のほかに，正当な行為として違法性が阻却される行為である。刑法35条は，法令による行為と正当な業務によってなした行為を違法性阻却事由として規定している。しかし，法令行為・正当業務行為以外にも刑法各本条の犯罪類型に該当する行為について，実質的に違法性を欠くため共同生活にとって有害でないと認められる場合のあることが承認されている。これを正当行為という。その性質については，「正当業務行為」を手がかりに刑法35条による違法性阻却事由とみるか，あるいは，同条とは別に超法規的に認められる違法性阻却事由と解するか，学説上争いがある。

通常，法令行為・正当業務行為以外に正当行為としてつぎのものがあげられ

る。被害者の承諾，推定的承諾に基づく行為，治療行為，安楽死，および労働争議行為などである。ストライキ・怠業・ピケッティングなどの労働争議行為は，形式的には業務妨害罪・暴行罪などに当たることがありうるが，正当な争議行為については刑法35条が適用され，その違法性が阻却される旨明文で規定されている（労組1条2項）。

(2) 法令行為 (35条)

(a) 意　　義

法令行為とは，法律・命令・その他の成文法規に基づいてなされる行為をいう。これは法令によって認められている行為であるから適法であることは当然である。

しかし，ある行為が法令による行為であると認めるかどうかは，当該法令の理念に照らし具体的事情をも考慮して判定することが必要である。外見的には，法令に基づく権利行為のようにみえる行為であっても，実質上，法の理念に背反するものは，権利の濫用として違法である。たとえば，民事上の債権を有する者が権利の行使に名を藉りて債務者を恐喝するがごときは許されず，恐喝罪が成立する。

なお，本条は違法性を阻却する場合だけでなく構成要件該当性を阻却する場合も含まれるとする見解もある（大塚）（たとえば，死刑執行など）。

(b) 法令による行為

(i) **職権（職務）行為または権利の行使・義務の履行としてなされる行為**　　職権（職務）行為とは，公務員の職権（職務）によりなされる行為である。たとえば，死刑・自由刑の執行，刑事訴訟法による逮捕・勾引・搜索などがその例である。なお，職権（職務）行為が濫用にわたる場合に違法であることはもちろんであるが，それ自体が独立の犯罪として規定されていることに注意を要する（193条以下）。

権利行為とは，法令上，ある者の権利とされている行為である。たとえば，私人による現行犯人の逮捕（刑訴213条），未成年の子に対する親権者の懲戒行為（民822条）などである。

(ii) **政策的な理由から違法性が排除された行為** 本来，違法とされる行為が，一定の政策的理由から法令によってとくに違法性が排除されている場合である。たとえば，競馬法・自転車競技法による馬券や車券の売買など，本来刑法の富くじ罪（187条）に当たる行為が，財政上の理由などからそれぞれの法律によって適法とされているなどがその例である。

(iii) **法令によって適法性が明示された行為** 理論的に違法性阻却を認めることができる行為について，とくに法令に規定を設けて，その適法性を注意的に示すとともに，その方法・範囲などに一定の制限を定めている場合である。たとえば，母体保護法（14条）による人工妊娠中絶，臓器移植法（6条）による死体から臓器を摘出する行為などである。

（3） 正当業務行為（35条後段）

(a) 意　　義

刑法35条により違法性がないとされる行為の1つである。正当業務行為とは，法令上の根拠の有無にかかわらず，正当なものとみられる業務上の行為をいう。たとえば，医師の手術，鍼灸師の施術，職業的な相撲・拳闘などがこれに当たる。これらの場合は傷害罪・暴行罪の各犯罪類型に当てはまるが，正当な行為と認められ違法性を欠き犯罪とはならない。

(b) 違法性阻却の根拠

正当な業務による行為の違法性が阻却されるのは，その行為が「業務」として行われるからではなく，業務の「正当な範囲」に属するからであると考えられる。たとえば，手術が免許を受けた医師の「業務」として正当な行為であっても，手術のミスで患者を死亡させたときは，違法性は阻却されず，業務上過失致死罪の成否が問題となるのであり，また，商人が「さくら」を使って価値の乏しい商品を大きな価値をもつもののように見せかけて売りつける場合には，業務は正当であってもその行為は商取引の正当な限界を超えており，詐欺罪を構成する（大判昭6・11・26刑集10・627）。

また，本条の「業務」は，職業としての行為に限定されず，広く社会生活上継続，反復して行われる性質の事務であれば足りると解される。プロのボクシ

ングに適用される35条の違法性阻却原理がアマチュア・ボクシングに適用されないという理由はないからである。

かように考えると，「正当な業務による行為」は，業務性に重点があるのではなく，正当な行為は違法でないから罰しない，という趣旨を包含するものと解すべきである。

なお，一般に法令行為・正当業務行為とされているもののなかには，死刑の執行や医師の手術など実質上は違法性阻却ではなく，そもそも構成要件に該当しない（構成要件該当性阻却）と解すべきものも含まれているという見解も主張されている。

(4) 被害者の承諾

(a) 意　義

保護法益の主体がその法益を侵害することについて承諾していることをいう。被害者の同意ともいう。被害者の承諾は，古くから違法性阻却事由の1つとされてきたが，今日では被害者の承諾が犯罪の成否についてさまざまの機能を持つことが知られている。

第1に，被害者の承諾が構成要件該当性を阻却する場合がある。構成要件が被害者の承諾のないことを前提としている犯罪については，承諾のあることが構成要件該当性そのものを否定することになる。たとえば，強姦罪（177条前段），強盗罪（236条）などの行為は被害者の意思に反してなされることが必要であり，承諾があるときは構成要件に該当せず，犯罪は成立しない。

第2に，承諾（同意）が構成要件要素とされ，承諾を欠く場合に比して軽く罰せられる場合がある。承諾殺人罪（202条），同意堕胎罪（213条・214条）などである。

第3に，承諾の有無が犯罪の成否について何らの効果も持たない場合がある。13歳未満の者に対する強制わいせつ罪（176条後段）や強姦罪などは被害者の同意があっても犯罪が成立するのである。

第4は，承諾によって行為の違法性が阻却される場合である。以下，この違法性阻却事由としての被害者の承諾について説明する。

(b) **違法性阻却の根拠**

　被害者の承諾を違法性阻却事由とみることについてはほとんど異論はないが，その根拠，つまり承諾がなぜ違法性を阻却するのかについては必ずしも見解が一致しているわけではない。

　利益不存在（法益の欠缺）の原則からこれを理解するのが通説的見解であろう。法益の主体が自らその侵害について承諾を与えている場合には，法による保護を放棄しているのであるから，刑法によって守るべき利益は存在せず，その侵害は違法でないとするのである。これに対して目的説ないし社会的相当説の立場からは，利益の欠如という結果無価値の観点だけで判断するのは不当であると批判し，むしろ，国家的に承認された共同生活の目的達成に適当な手段，あるいは，法の理念に合致する社会的に相当な行為であるがゆえに違法性が阻却されると説く。この見解に対しても適当かどうか，相当かどうかを判断する基準が明確でないという批判がある。そこで，利益不存在の原則とあわせて，目的・手段の相当性も考慮して行為が適法とされるべきか否かを考えるという折衷的な見解が有力になってきている。

(c) **被害者の承諾の要件**

　被害者の同意を得て行われた侵害行為の違法性が阻却されるか否かは，次の要件が備わっているかを検討して判断されるべきである。

(i) **承諾可能な法益であること**　　被害者の承諾が犯罪の成否に影響を及ぼすのは，それが被害者自ら処分しうる法益に関するものでなければならない。国家的法益や社会的法益については個人の処分は考えられない。また，虚偽告訴の罪（誣告罪）などのように個人的法益と国家的法益とが競合している罪についても承諾は違法性を阻却しない（大判大1・12・20刑録18・1566）。したがって，承諾の可能な場合はもっぱら個人的法益に関する罪に限られる。

　承諾の効果は個人的法益にあっても生命・身体・自由・財産と法益の種類によって差異がある。

(ア)　まず，生命については，承諾は違法性を阻却しない。生命という最も重要な法益については国家も重大な関心をもち，個人の自由な処分を許さないと考えられるからである。このことは，承諾殺人罪（202条）等同意があっても処罰する規定がおかれていることからも明らかである。ただ，例外的に，肉体

的激痛から逃れる唯一の手段として被害者の承諾のもとに生命を短縮する安楽死が違法性を阻却されるかが問題となる（後述）。

(イ) つぎに，強姦・強制わいせつ・強盗など被害者の意思と反抗の抑圧が構成要件的行為とされている犯罪については，承諾は違法性を阻却するにとどまらず，構成要件該当性を失わせると解される。

(ウ) 身体については同意傷害の問題として論じられてきたところである。

①身体も個人的法益であることを重視して承諾は構成要件該当性を失わせるとする見解，②善良の風俗に反する場合あるいは相当の理由がない場合には違法性を阻却しないとする見解，③重大な傷害，死の危険のある傷害の場合のみ違法とする見解などがある。思うに，死の危険を伴う傷害まで個人の自由な処分にゆだねることは妥当ではなく，また，「善良の風俗」「相当の理由」という基準は不明確さを免れないので，死の危険の有無で区別する③の見解が妥当であると考える。

(ii) **有効な承諾であること**　承諾が上述のような効果をもつ有効なものと認められるためには，つぎの要件を備えていることが必要である。①承諾する者に承諾の何たるかを理解する能力があること，②その承諾が自由かつ真意に出たものであることである。それゆえ，幼児や精神障害者の承諾，強制による承諾などは有効なものとはいえない。また，承諾が錯誤に基づいてなされた場合には，真意に出たものとはいえない。たとえば，強盗殺人の目的で店内に入った者は，店主が顧客と誤信して入ることを認めたとしても住居侵入罪が成立する。

(iii) **行為時に存在すること**　承諾は行為時に存在しなければならない。

> **判例**
>
> 【065】　最判昭24・7・22刑集3・8・1363（錯誤に基づく同意）
> 「強盗の意図を隠して『今晩は』と挨拶し，家人が『おはいり』と答えたのに応じて住居にはいった場合には，外見上家人の承諾があったように見えても，真実においてはその承諾を欠くものであることは言うまでもないことである」として住居侵入罪の成立を認めた。
>
> 【066】　最決昭55・11・13刑集34・6・396（保険金詐取目的での被害者の同意）
> 　【事案】　被告人は，ABCと共謀し，過失による交通事故を装って保険金

を詐取しようと企て，赤信号で停車中の第三者Ｄ運転の自動車の後部に自車を追突させ，Ｄの自動車の前に停車していたＡ運転ＢＣ同乗の自動車の後部に，さらに追突させ，ＡＢＣＤに頚部捻挫などの傷害を負わせた。

【決定要旨】「被害者が身体傷害を承諾した場合に傷害罪が成立するか否かは，単に承諾が存在するという事実だけでなく，右承諾を得た動機，目的，身体傷害の手段，方法，損傷の部位，程度など諸般の事情を照らし合せて決すべきである……

過失による自動車衝突事故であるかのように装い保険金を騙取する目的で，被害者の承諾を得てその者に故意に自己の運転する自動車を衝突させて傷害を負わせた場合には，右承諾は，当該傷害行為の違法性を阻却するものではない。」

【067】　仙台地石巻支判昭62・2・18判タ632・254
同意に基づくいわゆる指詰めの行為について「公序良俗に反する」として違法性阻却を認めず，傷害罪とした，疑問である。

(5) 推定的承諾（推定的承諾に基づく行為）

(a) 意　　義

推定的同意ともいう。推定的承諾に基づく行為とは，被害者がその場におらず，被害を受けることについて現実の承諾はないが，もし被害者が事情を知るならば当然承諾したであろうと認められる場合に，その意思を推定して行われる侵害行為をいう。たとえば，火災の際に不在中の隣家の類焼を避けるためにその家屋の一部を破壊するなどの行為をいう。被害者の利益のために行われることが多い。

(b) 違法性阻却の根拠

推定的承諾は，刑法上の違法性を阻却する事由の１つである。違法性阻却の根拠としては，①客観的・合理的に判断して同意が推定されるような行為は社会的に相当な行為として是認されるとする立場（木村，大塚，大谷），②被害者の承諾の法理と同様の法理に立脚し，これの延長線上にあるものとして，被害者の意思方向に合致することを根拠とする立場（佐伯，平野，内藤），③一種の「許された危険」に基づいて正当化されるとする立場（ロクシン，齊藤(誠))，

などがある。①の立場は，目的説・社会的相当性説の論者の支持するものであるが，被害者の「意思」の推定に重点があるのではなく「推定」の客観性・合理性が行為の違法性を排除すると解しているといえよう。②の立場は，推定的承諾を被害者の承諾の延長線上にある法理，あるいは現実の同意を補充するものとして捉え，法益衡量説・利益不存在の原則から違法阻却を理解するもので妥当であると考える。

(c) **違法性阻却の要件**

推定的承諾に基づく行為が違法性を阻却するためには，つぎの要件をみたすことが必要である。

① 現実の「承諾」が存在しないこと，
② 承諾可能な法益であること（これは「被害者の承諾」の場合と同様である），
③ 被害者の意思を推定して行為に出ることが必要である（主観的正当化要素と解すべきである）。それゆえ，器物損壊の意思で窓ガラスを割ったところ，たまたまガス漏れで中毒死寸前の被害者を救助する結果になったとしても窓ガラスを損壊した行為の違法性は阻却されない。
④ なお，推定的承諾は，被害者の不在など一時的な事情によって現実の承諾が得られない場合であるが，最近，植物状態人間の生命維持装置取り外しに関連して，患者自身の承諾が全く期待できないため推定的承諾に代えて患者以外の複数の人間の承諾に違法性阻却の機能を認める「代行承諾」の制度を設けることが唱えられるに至っている。しかし，これは被害者自身の意向を問うものとはいえないので，もはや「承諾」の問題ではないというべきである。

(6) **安楽死・尊厳死**

(a) **安　楽　死**

(i) **意義**　　安楽死（Euthanasie）とは，不治の傷病で死期が目前に迫っている患者の耐え難い肉体的苦痛を除去するために，患者の嘱託に基づいてその生命を短縮する行為をいう。

(ｱ) **安楽死の類型**　　通常，安楽死は，つぎの4つの類型に分類される。

① 純粋な安楽死（生命の短縮を伴わない安楽死）
② 間接的安楽死（苦痛緩和・除去の派生的結果として生命が短縮された場合）
③ 消極的安楽死（苦痛の期間を短縮させる目的で延命措置を中止する場合，不作為による安楽死）
④ 積極的安楽死 （生命の短縮を手段とする安楽死）

以上の4類型うち，①は生命の短縮を伴わない苦痛緩和・除去の行為であるから刑法上全く問題がない。②③④については生命の短縮を伴う行為であるから殺人罪，同意殺人罪あるいは自殺関与罪の成否が問題となる。②③についてはおおかたの見解は違法性阻却を認める方向であるが，④の場合については見解が対立している。以下，積極的安楽死についての議論をみていくことにする。

(イ) 積極的安楽死　この場合は死苦を緩和・除去するためとはいえ生命を短縮する行為，すなわち殺害行為を行うのであるから，これを適法とする見解（多数説）と違法とする見解（佐伯，内藤）が鋭く対立している。安楽死を違法とする見解は，ⓐ人の生命は至高の価値を有するからそれを短縮する行為は違法である，ⓑ一度安楽死の正当性を認めるとその限界は拡張され，やがて「生存の価値無き生命の抹殺」への道を歩むことになる危険がある，ⓒしたがって，安楽死は違法とすべきであり，状況によって期待可能性の欠如による責任阻却を論ずべきである，とするものである。これに対して，安楽死を適法とする見解は，傷病者の意思に基づいて死に勝る苦痛から解放してやる行為は人道的見地から承認され，違法性を阻却するものと主張する。わたくしは適法説にしたがって厳格な要件のもとに安楽死を認めるべきであると考える。

(ⅱ) **積極的安楽死の要件**　積極的安楽死の行為が，つぎの要件を備える場合には，嘱託殺人罪の構成要件該当するものであっても違法性を阻却されると解すべきである。

① 今日の医学によっては回復の見込みのない疾病により，死期が目前に迫っていること。
② 病者が耐え難い肉体的苦痛を訴えていること（精神的苦痛は含まれない，東京地判昭25・4・14裁時58・4）。
③ 病者の真意に基づく嘱託があること。残された短い生命の保持と肉体的苦痛の除去のいずれを選択するかは本人によるという点が安楽死を適法と

第2編　犯　罪　論

する核心である（大谷・305頁）。したがって，黙示の意思や代理による意思表示は認めるべきではない。
④　もっぱら病者の苦痛緩和・除去の目的でなされること。
⑤　医師の手によることが原則である。

(iii)　**安楽死の判例**　　わが国の裁判所は，安楽死を違法性阻却事由としては承認している（名古屋高判昭37・12・22高刑集15・9・674【068】）が，安楽死を認めて無罪を言い渡した例はない。

判例

【068】　名古屋高判昭37・12・22高刑集15・9・674
「行為の違法性を阻却すべき場合の一つとして，いわゆる安楽死を認めるべきか否かについては，論議の存するところであるが，それはなんといっても，人為的に至尊なるべき人命を絶つのであるから，つぎのような厳しい要件のもとにのみ，これを是認しうるにとどまるであろう。①病者が現代医学の知識と技術からみて不治の病に冒され，しかもその死が目前に迫っていること，②病者の苦痛が甚しく，何人も真にこれを見るに忍びない程度のものなること，③もっぱら病者の死苦の緩和の目的でなされたこと，④病者の意識がなお明瞭であって意思を表明できる場合には，本人の真摯な嘱託または承諾のあること，⑤医師の手によることを本則とし，これにより得ない場合には医師によりえない首肯するに足る特別な事情があること，⑥その方法が倫理的にも妥当なものとして認容しうるものなること。これらの要件がすべて充たされるのでなければ，安楽死としてその行為の違法性までも否定しうるものではないと解すべきであろう。」

【069】　横浜地判平7・3・28判時1530・28（東海大安楽死事件）
　被告人は，ガンで入院中のA（当時58）に対し，Aがすでに末期状態にあり死が迫っており，長男から，苦痛から解放してやるためすぐに息を引き取らせるようにしてほしいと強く要請されて，その要請に応ずることを決意し，殺意をもって，心停止を引き起こす薬剤（塩化カリウム等）を静脈に注射し，よってAを心停止により死亡させた。これに対し，横浜地裁は，名古屋高裁の掲げた要件を整理して4つの要件（①患者が耐えがたい肉体的苦痛に苦しんでいること，②患者は死が避けられず，その死期が迫っていること，③患者の肉体的苦痛を除去・緩和するために方法を尽くし，他に代替手段がないこと，④生命の短縮を承諾する患者の明示の意思表示があること）を示した

> 上で，本件は患者は苦痛を感じられる状態になかったし，安楽死を求める意思表示もなかったとして，殺人罪で有罪とした（懲役2年執行猶予2年）。

(b) 尊厳死 (death with dignity)

(i) **意 義**　尊厳死とは，「人間らしい尊厳（品位）をもった死」を迎えさせるため，植物状態にある患者に対する生命維持治療を断念あるいは中止することをいう。尊厳死は治療を中断することにより患者の死期を早めるところから，安楽死と類似の問題を生ずる。

現代の医学の発展はめざましいものがある。これまで治療不可能とされていた病気の患者が新しい知見・技術・機器・医薬品の出現・開発によって治療が可能となり健康を回復する，あるいは，生命を維持する例は数多くある。そうした医学の成果の1つに人工呼吸器などによる生命維持治療の発展がある。これによって多くの人が健康を回復することができるようになったが，他方，回復の見込みのない末期の患者もかなりの期間生命を持続することが可能となった。しかし，反面，回復の見込みのない末期患者の生命を相当期間維持できる状況の出現が新たな問題を生みだした。すなわち，こうした状態は患者にとって望ましい生存なのか，という問題である。人間的な活動が全くない生存よりは人間としての尊厳を保ちつつ，死を迎えるほうがよいという患者の意思を認めることができるときは，生命維持治療を中止して，（その結果，治療を継続した場合よりも時期を早めて）死を迎えさせることが許されるのではないか，という問題である[1]。

こうした患者は植物状態患者[2]と呼ばれるが，安楽死が問題になる患者と違って，意識がないため意思表示がなく，肉体的苦痛もないと考えられるので，安楽死と同一には論じられないのである[3]。

(ii) **尊厳死の可否**　尊厳死を認めるか否かについて学説は，①人道にかなった処置といえる限度で違法性阻却を認める立場（死ぬ権利の承認），②社会通念として是認されないから違法性は阻却しないとする立場が対立している。わたくしは，人道的見地から患者の意思（自己決定）を尊重し厳格な要件のもとに，違法性阻却を認めてよいのではないかと考える。ア）回復不可能であること，イ）患者の事前の明確な意思表明（living will）があること，ウ）医師の

手によること，エ）専ら患者のために行う意思であること，の要件が満たされる場合に，人工呼吸器を取り外して患者の生命を自然の経過に委ねる行為は違法とすべきではないと考える。

1) この問題は，アメリカで1975年に起きたカレン事件によって関心を集めた。この事件は，植物状態に陥り人工呼吸器を含む生命維持治療を受けるに至った21歳の女性について，両親が人工呼吸器を取り外して自然の死を迎えさせてやろうとして，裁判所に対しその権限を与えてくれるように申し立てたものでる。これに対して，ニュージャージー州の最高裁判所は，患者には憲法上のプライバシーの権利に基づく治療拒否権があることを根拠に請求を容認したのである（この事件については，唄孝一・生命維持治療の法理と倫理，有斐閣に詳しい解説がある）。
2) 植物状態患者とは，脳損傷〈脳卒中・頭部外傷〉を受けた後に以下に述べる6項目を満たすような状態に陥り，種々の治療に頑強に抵抗し，ほとんど改善が見られないまま満3カ月以上を経過したものをいう（医学的には，遷延性植物状態 persistent vegetative state と呼ばれる）。1) 自力で移動できない，2) 自力で食物を摂取できない，3) 糞尿失禁を見る，4) 目で物を追うが認識できない，5) たとえ声は出しても，意味のある発語はでない，6)「目を開けろ」「手を握れ」等の簡単な命令にはかろうじて応ずることもあるが，それ以上の意思疎通は出来ない。

　　こうした患者は，栄養補給，褥瘡予防措置など適切な看護により，数年から十数年生存できるといわれる。
3) 臨床的に「脳死」状態にある者も尊厳死の対象となる。脳死とは，脳幹を含む全脳の機能が不可逆的に停止するに至ることと定義されている（臓器移植法6条2項）。脳死は，臓器移植の目的があり，法令の規準（①深昏睡，②瞳孔散大，③脳幹反射の喪失，④平坦脳波，⑤自発呼吸の消失，⑥6時間以上の経過）に従って脳死と判定された場合にのみ「死亡」したものとして扱われる。臨床的に「脳死」状態にあるというだけでは死亡した者としては扱われない。

第3章 違 法 性

(7) 労働争議行為

(a) 意　　義

　労働争議行為とは，ストライキやロックアウトなど労働関係の当事者がその主張を貫徹することを目的として行う行為およびこれに対抗して行う行為であって，業務の正常な運営を阻害するものをいうと定義される（労調7条）。

　労働争議行為――とくに，労働者の行う争議行為は，憲法28条の労働基本権の保障に由来するものであるから，その正当なものについては，形式上は業務妨害罪，暴行罪，強要罪，住居侵入罪などの構成要件に該当する場合でも，違法性が阻却されるのである。

(b) 要　　件

　労働争議行為に際して行われた犯罪構成要件に該当する行為が刑法上違法性を阻却されるか否かは，その行為が労働争議に際して行われたものであるという事実をも含め，当該行為の具体的状況等諸般の事情を考慮しつつ，目的の正当性および手段の相当性から判断されるのが一般である。

　(i) **目的の正当性**　労働組合法1条2項は，「労働組合の団体交渉その他の行為であって前項に掲げる目的を達成するためにした正当なものについては」刑法35条の規定を適用すると宣言している。したがって，労組法1条1項の掲げる労働者の経済的地位の向上などを主目的とする場合は「正当な目的」といえるが，純粋な政治目的の争議行為（いわゆる政治ストなど）は「正当な目的」でないとされるのである。しかし，経済的目的と政治的目的とは密接に関連している場合も多く截然と両者を区別することは困難なこともあることから主として経済的目的であれば正当性は失わないとすべきであろう。

　(ii) **手段の相当性**　とくにどの程度の実力行使が許されるかが問題となる。労組法1条2項但書は「いかなる場合においても，暴力の行使は，労働組合の正当な行為と解釈されてはならない」と規定している。この趣旨は，すべての実力の行使が「暴力」として許されないということではなく，争議の場で用いられた実力の行使が争議行為としての相当性を認められないような程度のものであるときは「暴力」となり正当性を認めることができない，という趣旨であると解すべきである。程度の如何を問わず一切の実力行使が許されないとなれ

ば，憲法の労働基本権の保障も事実上意味がなくなりかねないからである。

> **判例**
> 【070】　最判昭和48・4・25刑集27・3・418（国労久留米事件）
> 「争議行為に際して行われた犯罪構成要件に該当する行為について刑法上の違法阻却事由の有無を判断する場合には，その行為が争議行為に際して行われたものであるという事実をも含め，当該行為の具体的状況等諸般の事情を考慮して，それが法秩序全体の見地から許容されるべきものであるか否かを判定しなければならない。」

(8)　いわゆる超法規的違法性阻却事由（狭義）

(a) 意　　義

　超法規的違法性阻却事由とは，法の明文が規定する違法性阻却事由に当たらない場合でもなお実質的な観点からみて違法性なしとすべき事情を超法規的違法性阻却事由という。この意味での超法規的違法性阻却事由には自救行為，被害者の承諾，安楽死などがある。学説中には刑法35条の正当業務行為の規定は，広く正当行為全般の法的根拠となるものと解し，上にあげた自救行為や被害者の承諾などの場合も35条による法規的違法性阻却事由と解し，超法規的なそれを認めない見解もある。しかし，そのように解するにしても自救行為，被害者の承諾などは正当防衛などと異なり法の規定からその要件・範囲を導き出すことはできず，それぞれについてその要件・範囲を実質的に検討しなければならないのであるから実質的な差異はないと考えられる。
　ところで，超法規的違法性阻却事由がとくに注目されるようになったのは，いくつかの著名な事件を契機としている。それらの事件では，憲法の保障する基本的人権，とりわけ思想，表現，集会等の自由の侵害に対してなされた対抗措置（事情聴取のための侵害者の監禁，抗議のための資料の収集など）の違法性阻却が争点であった。これらの自由の侵害に対する法的救済手段が整備されておらず，また性質上事後的救済では不十分であることなどを背景に，対抗措置としてとられた手段は法定の違法性阻却事由には当たらないが，緊急行為的性質

第3章 違 法 性

をもつものとして超法規的観点から違法性が阻却されるのではないかが争われた（このような意味での違法性阻却事由を「狭義の」あるいは「いわゆる」超法規的違法性阻却事由と呼ぶことにする）。

(b) 要　　件

緊急行為に類似する，いわゆる超法規的違法性阻却事由は，①目的の正当性，②手段の相当性，③法益権衡の原則，④補充の原則の要件を充たす場合に認められるべきである。

学説では，いわゆる超法規的違法性阻却事由を承認するものが多いが，判例は，理論的にはその存在を肯定するものの，実際に違法性阻却を認めることには消極的であるといえる。ポポロ事件の1審判決は，大学の自治，学問の自由擁護のための行為として被告人が警察官に手帳を出させたり着衣を引っぱったりした行為の違法性阻却を認めたが（東京地判昭29・5・11），最高裁では破棄されている（最判昭38・5・22刑集17・4・37【071】。なお，舞鶴事件：最決昭39・12・3刑集18・10・698【072】，はぐるま座事件：大阪高判昭52・2・7判時863・120）。

判例

【071】　最判昭38・5・22刑集17・4・37（ポポロ事件）
　事案は，東大の学生劇団ポポロが学内で演劇を上演している会場に警察官2名が立ち入っているのを学生等が発見し，大学の自治を守る意図の下に，その氏名・潜入目的等を知る目的で，腕を掴んだり警察手帳の提示を求めるなどでもみ合いになった行為が暴力行為等処罰法で起訴されたものである。第一審判決は，憲法上の自由権の保障の利益と警察官の被害とを考量して学生等の行為の違法性阻却を認めたが，最高裁は憲法23条を狭く解し警察官の立ち入り行為を適法として，学生等の行為を違法とした。

【072】　最決昭39・12・3刑集18・10・698（舞鶴事件）
　事案は，中国からの引揚者が舞鶴援護局寮内で集会を開いているとき，援護局の女子職員Aが会場でメモを取っているのが発見された。被告人X等は，Aの腕をとらえて隣接する食堂まで連行し午前1時頃まで種々問い質し逮捕監禁した。第1審判決は，利益衡量と目的の正当性，手段の相当性等を検討してXを無罪とした。第2審は，目的の正当性，補益権衡，補充の原則の何れの要件も充たしていないとして有罪とした。最高裁もこれを支持した。

第2編　犯　罪　論

〈More Study〉
藤木英雄・可罰的違法性の理論　1967　有信堂
前田雅英・可罰的違法性論の研究　1982　東京大学出版会
森下　忠・緊急避難の研究　1960　有斐閣
荘子邦雄・労働刑法（総論）1959　有斐閣　新版　1975
内田文昭「違法と責任」現代刑法講座　第2巻　1979　成文堂
木村静子「違法と責任」刑法基本講座　第3巻　1994　法学書院
真鍋　毅「行為無価値と結果無価値」現代刑法講座　第2巻　1979　成文堂
木暮得雄「正当防衛」刑法講座2　1963　有斐閣
齊藤誠二「正当防衛」刑法基本講座　第3巻　1994　法学書院
阿部純二「緊急避難」刑法基本講座　第3巻　1994　法学書院

第4章 責　　任

1　責任論の基本問題

(1) 責任の意義・責任主義

(a)　責任とは，構成要件に該当する違法な行為を行ったことについて，その行為者を非難しうることである。すなわち，責任とは，非難可能性をいう。犯罪はそれが認められると刑罰という法律効果を生むものであるから，その要件としての責任も倫理的な非難ではなく，法的な非難でなければならない（内藤，曽根）。

(b)　犯罪は，構成要件に該当する違法かつ有責な行為であるから，行為が構成要件に該当する違法なものであっても，責任がなければ犯罪とはならないのである。責任は，構成要件該当性および違法性につぐ第3の犯罪成立要件なのである。

(c)　責 任 主 義

(1)　責任主義とは，「責任なければ刑罰なし」という標語によって示される刑法上の原則をいう。罪刑法定主義とならぶ近代刑法における根本原理の1つとされている。その内容については「責任」の理解の違いを反映して争いがあるが，通説的理解によれば，「何人も自らの非難に値する行為によって生じさせた結果がなければ刑罰を科せられない，また，その結果の範囲をこえて刑罰を科せられない」ということである（消極的責任主義）。

(2)　責任主義は2つの領域で機能する。第1は科刑の前提として，当該行為について行為者が非難さるべきものであることを要求し，法益侵害の結果のみを科刑の基礎とする結果責任，および一定の団体に所属することを理由に処罰

する団体責任（たとえば，連座，縁座など）を排除するものである。犯罪の成立に，故意・過失を必要とすること（38条1項），結果的加重犯の重い結果について予見可能性を必要とすること，違法性の意識ないし認識の可能性の存在を必要とすることなどが責任主義の帰結とされる。第2に，量刑に際しては，責任の量を超えて刑を量定することは許されないとする。改正刑法草案48条1項は責任に応じた量刑を掲げるが，これに対しては，「責任あれば刑罰あり」とする積極的責任主義であるとする批判がある。

（2） 責任の本質

　責任の本質の理解に関して大まかにいえば2つの見解が対立している。古典学派とくに後期古典学派の主張する道義的責任論と近代学派の唱える社会的責任論である。

(a) 道義的責任論

　この見解によれば，意思の自由について非決定論的立場にたち，意思の自由を有する者が，その自由な決意の下に行った行為およびその結果は，行為者に帰属されるべきであるとし，行為者は，その行為および結果について道義的に非難されうる，とする見解である。「この道義的責任論は，一方で啓蒙主義的な個人主義，平等主義を背景としているが，他方で……人間をすべて理性人として把握し，自己の意思で犯罪を行った以上，みずから責任をとることは，人間の在り方として当然であるとする倫理の要請に裏打ちされている。その意味で『道義的』という言葉が用いられてきたのである。」（大谷・刑法の争点〔新版〕）

(b) 社会的責任論

　この立場は，近代学派の立場から主張されてきたものであり，おおむね決定論を基礎としており，犯罪は環境と遺伝に規制されるものとの認識を基礎として，「いやしくも，社会に生存しつつ，社会に対して危険性を有する者は，社会から防衛の手段としての刑罰を受けるべき法的地位に立たされるのであり，これが責任であると説く」見解である（大塚）。

第4章 責任

(c) 「意思の自由」の問題

この対立する2つの見解の背景には、古典派と近代派の論争の起点となった、意思の自由を肯定する非決定論とこれを否定する決定論との対立がある。

(i) 「**意思が自由である**」とは、どういうことか？　「意思が意思以外のものの支配を受けずに決定し、行為を為すことができるということである。」したがって、犯罪行為も行為者の自由な意思活動によってもたらされたものであるからその行為および結果はすべて行為者に帰属するとするのである。この考え方の背景には、カント流の、人間を理性的(合理的)存在と見る思想があるといえる。

(ii) **非決定論に対する批判**　これに対し、ロンブローゾやフェリーら近代派は、人間(犯罪者)を素質(遺伝)と環境によって制約を受け、犯罪を行なうべく決定された宿命的存在と捉えるため、人間は意思の自由を持たないとする。したがって、社会的責任論は犯罪行為を行ったことを理由に行為者を非難することは出来ないと考えるから、刑罰は行為者が社会的に害を与えるのを防止するために加えられるものとし、責任をそのような刑罰を受けるべき法的地位と解するのである。

しかし、すべての犯罪者が全く意思の自由を欠き、素質と環境によって必然的に犯罪に陥るものとは解し難い。他面、すべての人間が素質と環境の影響を全く受けずに理性的に行動できるとする(絶対的意思自由論)もまた妥当とはいえない。

(iii) **相対的意思自由論**　そこで今日では、非決定論が修正された相対的意思自由論が通説とされている。相対的意思自由論は、人間の意思は全く無制約な自由のもとにあるのではなく、素質や環境による制約を受けつつも、なお限られた範囲で自ら自己の意思を決定することが可能であると主張する。人間は、なにものにも制約されない完全な自由は持っていないとしても、行為の選択に際して法に違反する行為を避け、法に違反しない他の行為を選択する自由は有していると考えるのである。社会に生存する人間にこのような自由(他行為選択可能性)を措定することによって、当該行為が完全な自由意思によって行われたものではないとしても、社会存立のための必要性からその行為について行為者を非難することが可能となるのである。換言すれば、相対的意思の自由に

よって責任非難の前提は充たされるのである。

	道義的責任論	社会的責任論
意思自由（犯罪人観）	非決定論 （意思の自由を肯定）	決定論（意思の自由を否定）
責任の本質	非難可能性	社会にとって危険な者が社会より社会防衛手段として刑罰を科される法律上の地位
責任の程度の判断基準	非難の程度	行為者の危険性の大小
責任能力の捉え方	自由な意思決定能力 （犯罪能力）	刑罰により自己を改善する能力 （受刑能力）

(3) 責任の基礎

責任の基礎を何に求めるかをめぐって，行為責任論，性格責任論および人格責任論が主張されている。

(a) **行為責任論**

行為責任論とは，行為（個々の構成要件該当の行為）に重点をおいて責任を論ずる立場である。個別行為に向けられた行為者の意思に責任非難の根拠をみる点で意思責任でもある。

(b) **性格責任論**

性格責任論とは，行為者（犯人）の危険な性格に社会からの防衛処分（刑罰など）を受けるべき基礎を求める。違法な行為を行う犯人の危険な性格に責任の根拠をみる点で性格責任である。

(c) **人格責任論**

人格責任論とは，行為責任論を基礎としつつ，そのような行為を行なうような人格を形成した点にも責任の基礎を認めようとする考え方である。一次的には，行為責任であるが，行為は行為者人格の主体的現実化したものと捉えるところから，二次的に，そのような人格を形成したことに対する非難が可能であるとする。現実には行為責任と人格形成責任とは不可分であるのでこれらを合一されたものとして人格責任を論ずるのである。その考え方の核心はつぎのよ

うに述べられる。「(行為の) 背後にある人格も，素質・環境による重大な制約を受けながら，主体的に形成されてきたものである。われわれの人格は，ある程度までは，自分自身の主体的な努力によって形成して行くことのできるものである。だから，……行為者が性格学的な人格に対して主体的に何かをすることができた範囲で，人格形成における人格態度に対して行為者に非難を加えることができるのである。」(団藤)

(d) 検　　討

性格責任論は行為者の主観的な性格の危険を重視するもので，今日の客観主義の枠組みを重視する刑法理論においては，この考え方を中心に据えて責任を論ずることはできないであろう。人格責任論は行為責任論と性格責任論との止揚を意図することが窺われるが，人格形成において有責なものとそうでないものとを区別することは殆ど不可能と思われ，また，個人の人格形成過程にまで立ち入って刑責を論ずることは個人生活に対する不当な干渉のおそれなしとしない。客観主義の刑法理論からは客観的存在として捉えられる行為責任によるべきである。

(4) 責任の要素——心理的責任論と規範的責任論

責任の内容をなす要素の性質をどう理解するかにより，心理的責任論と規範的責任論とが区別される。

(a) 心理的責任論

心理的責任論とは，責任は非難(ないし非難可能性)であるとの立場(道義的責任論)に立脚して，責任能力および故意・過失という心理的事実がある限り責任を認めてよいとする理論である。犯罪事実の認識がある場合が故意であり，認識の可能性がある場合が過失であるとし，故意と過失を責任の種類，ないし責任の形式であるとした。この見解は19世紀から20世紀にかけて期待可能性の概念をとりいれた規範的責任論によって克服された。

(b) 規範的責任論

規範的責任論とは，故意と過失とを統合する要素として，適法行為の期待可能性の存在を要求する立場である。責任能力および故意・過失のほかに，期待

可能性がなければ責任がないとする。今日の通説となっている見解である。

(c) **期待可能性**

(i) **意 義**　期待可能性とは、行為の際の具体的事情に鑑みて、行為者にその違法行為を避けて、他の適法な行為に出ることを期待しうることである（適法行為の期待可能性）。規範的責任論の中心的概念である。責任は違法行為をしたことについて行為者を非難できることである。行為者はその違法行為をしないように動機付け（反対動機の形成）が可能であったし、またそうすべきであったのに、違法行為をするように意思決定をした、それ故に、行為者を非難できるのである。しかし、当該行為の具体的状況からその違法行為に出ないことが不可能なとき（すなわち、適法行為に出ることを期待できないとき）には、行為者を非難できないのである。かようにして期待可能性は責任に関わる要素なのである。

期待可能性の理論は、ドイツの暴れ馬事件（1897年）を契機に、フランクが責任を問うための「付随事情の正常性」が必要であるとの主張から、フロイデンタールの適法行為の可能性の理論、さらに、E・シュミットの意思決定規範に基づく期待可能性論へとドイツにおいて展開されたものである。この理論はわが国にも紹介され、通説的支持を得ている。

わが国の判例もこれを認めているといってよい（大判昭8・11・21刑集12・2072、最判昭33・7・10刑集12・11・2471）。

(ii) **期待可能性の体系的地位づけ**　期待可能性を責任論においてどのように位置づけるかについては、学説に争いがある。大別すれば、1) 責任能力、故意・過失と並ぶ第3の責任の要素とする説（大塚、西原）、2) 期待可能性を故意・過失の構成要素とする説（小野、団藤）、3) 期待可能性の不存在を責任阻却事由とする説（佐伯、内藤、大谷）、の3つがある。第3の要素とする説は、故意・過失と同様期待可能であることの立証が求められることになり訴訟上問題があると思われる、また、故意・過失は行為者の主観的要素であるが、期待可能性は客観的規範的要素と考えられるので、故意・過失の構成要素とみることは難しいと思われる。第3説が妥当であろう。

(iii) **期待可能性の標準**　期待可能性を判断する基準については、行為者標準説・平均人標準説・国家標準説が対立している。具体的行為の状況の下で当

該行為者を基準にしてその違法行為に出ないことが可能か否かを問うことは「すべてを許す」ことにつながるおそれがあり，また，国家（法規範）を基準にするときは「すべてを許さない」おそれがあると思われる。具体的行為事情の下での平均的な者を基準とする平均人標準説が妥当である。

* **暴れ馬事件** 1897年のドイツ・ライヒ裁判所の判決（RGSt. Bd. 30, 25ff.）被告人は馭者として馬車屋に雇われていたが，使用する馬が尻尾を手綱にからませ制御を困難にする癖のある馬だったので，雇い主に別の馬との交換を申し出ていたが，聞き入れられず，さりとて強行に申し入れをすれば失職のおそれがあったのでその馬を継続使用中に通行人を負傷させた。これに対して，裁判所は，被告人が失職してまで雇い主の命令を拒むことは期待できないとして無罪としたのである。

> **判例**
> 【073】 大判昭8・11・21刑集12・2072（第5柏島丸事件）
> 定員24名の船に通勤時刻に127名を乗せて出航し，沈没。28名死亡。被告人の貧困・警告，警察官の態度等を考慮し，原審の禁錮6月を罰金300円に変更。
> 【074】 最判昭33・7・10刑集12・11・2471（失業保険不納付事件）
> 被告人は，A会社B工場の工場長であるが，A会社の代理人としてB工場における失業保険の保険料を期日までに納付しなかった。これに対して，裁判所は，問題の失業保険料の納付資金が本社よりB工場に送られておらず，また，被告人自らの責任で資金を調達して納付することは不可能であるとして失業保健法違反について被告人を無罪とした。

2 責任能力

(1) 意　　義

(a) 責任能力

責任能力とは，責任，すなわち，非難可能性を認めるために行為者に必要とされる能力である。有責に行為する能力といってもよい。現行法は，その内容

を積極的に規定していないが、通説・判例は、行為の是非を弁識する能力（弁識能力）、および、この弁識に従って自己の行為を統御する能力（行為統御能力）であると解する（改正草案16条参照）。行為者がこのような能力を備えていなければ行為者の行った構成要件に該当する違法な行為について非難できないのである。

これに対して、社会的責任論の立場からは、責任能力とは危険な性格を有する犯罪者が社会防衛のために科せられる刑罰によってその危険性を除去ないし矯正しうる能力と解される。そこで、社会的責任論では刑罰（受刑）能力あるいは刑罰適応性と言い換えられることもある。こうした責任能力概念の構成は社会的責任論の立場に立たない限り支持できないものである。

(b) 前提説と要素説

ところで、責任能力は責任論の中で如何なる地位を占めるものか、すなわち、責任能力は責任の前提なのか、それとも責任の要素なのかについて見解が分かれている。前提説は、責任能力は個々の行為とは切り離して、一般的に判断しうる行為者の能力であるとする（小野、平野、大谷等）、これに対して要素説は個々の犯罪行為について個別に判断されるもので当該行為の責任を問うための要素であるとする（団藤、大塚、内藤等）。前提説は、個々の行為を離れて一般的に行為者の能力を判断するところから責任能力の生物学的要素を過度に重視しかねず、また、個別行為責任の考え方と調和するか疑問がある。要素説に対しては、責任能力の規範的側面を強調することになり、違法性の意識や期待可能性に解消され、責任を問うための独自の要件としての意義を失うことになるとの批判がある（平野）。責任の判断は、個別の行為について責任を問題とするのであり、その行為を離れた一般的な能力を考えたとしても、終局的には当該行為について弁別能力があったか、統御能力があったかが問われるのであるから責任要素説が支持されるべきである。

(2) 責任無能力・限定責任能力

現行法は、39条から41条まで責任能力に関する規定を置いている。39条1項（心神喪失）と41条（刑事未成年）は責任無能力についての規定であり、39条2

項(心神耗弱)は限定責任能力を規定したものである。(なお,40条に発語機能の障害に基づく責任無能力・限定責任能力の規定が置かれていたが,障害者に対する差別思想の疑いから平成7年に削除された。)

　責任能力は程度を付しうる概念であって責任無能力・限定責任能力・(完全)責任能力の3段階がある。責任無能力者は責任能力がない者である。責任能力の無い者は,弁別能力あるいは行為統御能力を欠いているため,その行為をして良いか悪いかを判断できないまま行動しているか,あるいは,行うべきでない行為との判断(是非の弁別)はあるがその判断に従って自己をコントロールできないまま行動してので,その行為をしたことについて非難することができず責任が認められないのである。また,限定責任能力者は,弁別能力・統御能力のいずれかあるいは両方が通常人比べて著しく劣っている場合で非難の程度が低減するので刑を必要的に減軽するのである。

(a) 心神喪失・心神耗弱の意義

　刑法にいう心神喪失(39条1項),心神耗弱(39条2項)とはどのようなものか。判例によれば,心神喪失と心神耗弱とは,いずれも精神障害の態様に属するものであって,その程度が異なるものである。心神喪失とは,「精神の障礙に因り事物の理非善悪を弁識するの能力なく,又は,此の弁識に従て行動する能力なき状態を指称」するもので,心神耗弱とは,「精神の障礙未だ上叙の能力を欠如する程度に達せざるも,其の能力著しく減退せる状態を指称する」ものであると定義している(大判昭6・12・3刑集10・682)。学説もこれを支持している。留意すべき点が2つある。第1は,責任能力を「精神の障害」という生物学的要素と「是非を弁別する能力あるいは行為統御能力」という心理学的要素の両方から捉えていることである(混合的方法)。第2は,心神喪失・心神耗弱という概念は刑事責任を問いうるかどうかに関する法的な概念であるから,心神喪失・心神耗弱の状態にあるか否かの判断には精神医学や心理学の知識も必要ではあるが,医学的な判断がそのまま責任能力の有無の判断となるのではなく,医学的な判断を参考にはするがあくまで法的な判断(規範的判断)である(最決昭59・7・3刑集38・8・2783)。したがって,裁判所が精神鑑定の結論と異なる判断をする場合もあるのである。

　　＊　精神の障害には,ア)精神の一時的異常(病的酩酊や複雑酩酊,夢遊状態,

催眠状態等），イ）精神の継続的な異常（アルコール中毒症，統合失調症・躁うつ病・てんかん等の精神病），ウ）精神の発育遅滞，などがある。なお，精神病質という人格の著しい異常が責任能力に影響する場合もあることが知られている（大阪高判昭27・5・15高刑集5・5・812は，性的精神病質者の強姦事件において心神耗弱を認めている）。

(b) **刑事未成年（41条）**

刑法41条は，14歳未満の少年を一律に責任無能力として罰しないことにしている。これは少年が精神的に未成熟であり，人格の可塑性に期待できることから刑罰よりも教育的な処遇を行うという政策によるものである。なお，この制度は特別法たる少年法により修正を受ける。

* 少年法による特例
  ア）刑事処分の手続（少年42条→20条→45条5号）
  イ）死刑・無期刑についての特則（少年51条　行為時）
  ウ）相対的不定期刑（少年52条　裁判時）

(3) 原因において自由な行為 (actio libera in causa)

(a) **意　　義**

構成要件を直接実現する行為自体は，行為者が一時責任能力を失った状態においてなされた挙動であるが（したがって，行為においては自由でない），しかし，行為者がそのような状態に陥るかどうかについては，自由に決しえた（つまり，原因においては自由であった）場合をいうのであり，それが認められる場合に，実現した結果について責任を認めようという理論である。

(b) **問題の所在**

たとえば，ア）定時に転轍操作をすべき義務のあるAが列車を脱線させる目的であらかじめ飲酒酩酊し，その時刻に転轍操作をしなかったため通過列車が脱線した場合，あるいは，イ）甲が日頃から恨みを抱いている乙を酒に酔った状態（責任無能力）で殺害する目的で多量に飲酒し泥酔中に乙を所携のナイフで刺殺した場合，を例としよう。ア）の場合Aは転轍操作をすべき義務に違反する不作為によって列車を転覆させたことになるが，刑法39条をそのまま適用すれば責任無能力で無罪とせざるをえない。しかし，責任無能力の原因となる

行為の時点では責任能力があり自由な意思決定のもとに無能力状態に陥ったという事情が存するのである。イ）の場合は作為の動作によって結果を惹起した場合でア）と同様の論点を含むものである。

　原因において自由な行為をめぐる理論的な支柱はつぎの3点に要約することができる。

　①責任主義の要請する実行行為と責任能力の同時存在の原則，②罪刑法定主義の要請にかかる行為の明確性，③原因において自由な行為の当罰性，の3点である。①の原則に忠実であろうとすれば原因設定行為を実行行為とみるか，あるいは，当罰性を犠牲にして不可罰とするかである。しかし，原因行為を実行行為とすることは，泥酔を惹起する飲酒行為を殺人の実行行為とみることになり，罰せられる行為の明確性の要請に背馳することになる。反対に行為の明確性の要請に応えるとすれば，酩酊中のナイフで刺す行為を実行行為としなければならず同時存在の原則を充足できないこととなるのである。かように原因において自由な行為は当罰性を無視して不可罰とするか，二律背反の隘路を求めるか，困難な理論的状況にあるのである。

(c) 学　　説

　原因において自由な行為についての学説は，①責任無能力状態の自己を道具として利用して犯罪を行うものとみられる場合に原因行為を実行行為として完全な責任を問う見解（間接正犯類似説，団藤，大塚），②責任能力は必ずしも実行行為時に存任しなくともよいとして責任無能力状態での結果惹起行為の責任を問う見解（佐伯，平野，大谷），③原因行為と責任無能力状態での挙動を全体的に考察して実行行為といえる場合に完全な責任を問えるとする見解（小野），に分類できると思われる。以上は大まかな分類であり，それぞれのグループにおいても論者により可罰性の論証にニュアンスがあることに留意する必要がある。

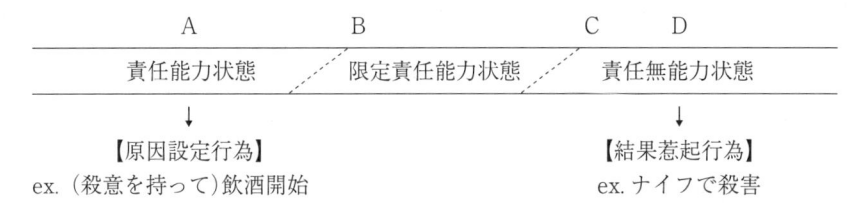

A	B	C	D
責任能力状態	限定責任能力状態		責任無能力状態
↓			↓
【原因設定行為】			【結果惹起行為】
ex.（殺意を持って）飲酒開始			ex. ナイフで殺害

②の説に対しては責任主義の要請を無視する点に批判があり，①の説に対しては原因行為を実行行為とするのは行為の明確性に欠けるとする批判，③に対しては部分的に責任主義に反するものである，等々の批判がある。私見は基本的に①の立場を支持するが，すべての原因設定行為を可罰的であるとするものではない。具体的・個別的行為の行われる場を考慮することによって原因設定行為の実行行為性が認められる場合があると考える。

> **判例** 原因において自由な行為を認めた事例
>
> (1) 故意の作為犯
>
> 【075】 名古屋高判昭31・4・19高刑集9・5・411（暴行の未必の故意を認め，傷害致死罪を認定）
>
> 　（覚せい剤を）「注射を為すにさき立ち薬物注射をすれば精神異常を招来して幻覚妄想を起し或は他人に暴行を加へることあるかも知れないことを予想しながら敢て之を容認して薬物注射をした時は暴行の未必の故意が成立する」として，薬物注射による幻覚妄想中に被害者を短刀で突き刺し死亡させた事案について，傷害致死罪を認めた。
>
> (2) 過失犯
>
> 【076】 大判昭2・10・16刑集6・413
>
> 　母親が生後1カ月の乳児に添え寝して乳房をふくませながら授乳中に寝入ったため，乳房でその乳児の鼻口を圧迫し窒息死させたという事案について，過失致死罪を認めた。
>
> 【077】 最判昭26・1・17刑集5・1・20
>
> 　「被告人の如く，多量に飲酒するときは病的酩酊に陥り，因って心神喪失の状態において他人に犯罪の害悪を及ぼす危険のある素質を有する者は居常右心神喪失の原因となる飲酒を抑止又は制限する等前示危険の発生を未然に防止するよう注意する義務あるものといわねばならない。しからば，たとえ原判決認定のように，本件殺人の所為は被告人の心神喪失時の所為であったとしても(イ)被告人にして既に前示のような己の素質を自覚していたものであり且つ(ロ)本件事前の飲酒につき前示注意義務を怠ったがためであるとするならば，被告人は過失致死の罪責を免れ得ないものといわねばならない。」
>
> (3) 限定責任能力

> **【078】 最決昭43・2・27刑集22・2・67**
> 「酒酔い運転の行為当時に飲酒酩酊により心神耗弱の状態にあったとしても，飲酒の際酒酔い運転の意思が認められる場合には，刑法39条2項を適用して刑の減軽をすべきでないと解するのが相当である。」

3 責任要素としての故意

(1) 総　　説

　故意とは「罪を犯す意思」である。その内容をどのように理解するか，学説が分かれている。本書は，故意とは，罪となるべき客観的事実とその違法性を認識することであると解する（厳格故意説）。そして，故意・過失の体系的地位については，すでに述べたように，故意・過失の本籍は責任論の領域あるという考えを維持しつつ同時に構成要件の要素でもあるという立場をとる。つまり，構成要件論では構成要件的故意を論じ，責任の領域では，責任要素としての故意（責任故意ともいう）を扱うのである。
　責任故意の内容は違法性の意識である。違法性の意識とは，構成要件に該当する客観的事実について，それが法的に許されないものであるという意識（違法感）である。違法という感覚を持ちながらそれを止めることをせず，あえて実行に出たというところに過失よりも強い非難を加える契機があるのである。
　しかし，故意と違法性の意識との関係について学説は多岐に分かれている。以下，主な主張を聞くことにする。

(2) 違法性の意識に関する学説

　違法性の意識とは，自己の行う行為事実が法的に許されないものである，ということについての意識である。犯罪事実の認識のほかに違法性の意識を故意の成立要件とするかについては学説はつぎのように分かれている。

　(a) **違法性の意識・不要説**（判例・泉二，なお，前田）
　　この立場は故意の成立には事実の認識があれば足り違法性の意識または違法

性の意識の可能性は必要ではない、とするものである。これは、「法の不知は害する」という古い法諺や国民はすべて法を知っておくべきであるという国家側からの要請を根拠とするものである。違法性の意識を故意の要件とすると法の弛緩を招くと主張する。なお、前田教授は、事実の認識を「一般人ならばその罪の違法性の意識を持ち得る犯罪事実の認識」と解して違法性の意識は不要とされるが、むしろ可能性説に近いように思われる。

　国民はすべて国家の禁止する内容を知っているべきであるとすることはあまりに権威主義的であり、違法性の意識・その可能性のない場合に責任を認めることは道義的責任論にそぐわない、という批判がある。

　(b)　**違法性の意識・必要説（厳格故意説）**（小野、滝川、植松、吉川、大塚、内田）

　自己の行為が法の許さないものであるという意識、すなわち、違法の意識をもつことによって初めてその行為をしてはならないという反対動機の形成が可能になるのであり、その反対動機を突破して行為に出る決意をすることが故意なのである。違法性の意識こそは「故意と過失を分つ分水嶺である」（小野）といわれる所以である。この立場は、道義的責任論を徹底する見地から主張されることが多い。

　①常習犯人は、規範意識が麻痺しているから、この立場ではかえって責任を軽減するか不可罰にしなければならなくなり、常習犯加重を定める186条（常習賭博）の根拠を説明できない、②激情犯の場合は行為者が違法性を意識しながらあえて行為するという状況にはないため故意責任を問えなくなる、③確信犯の場合には「悪いことをする」という意識を認めることが困難であること、④行政犯の多くは過失処罰規定がないため、違法性の意識を欠けばすべて不可罰となり、取締り目的を達することができなくなること、⑤違法性の意識の立証は実際上困難であること、等の批判がなされている。

　(c)　**違法性の意識の可能性・必要説**（制限故意説）（通説）

　故意の成立には、違法性を意識していることは必要ではないが、その可能性のあることが必要である、とする見解である。①違法性の意識の可能性があったのに、違法性の意識を持たなかったのは、行為者に過失があった場合で、これは故意と同様に扱われる（宮本、佐伯など。この立場を法律の過失準故意説とよぶこともある）、あるいは、②人格責任論の見地から、違法性の意識の可能性

第4章 責　　任

があるのに，「犯罪事実を表象・認識して，しかもあえて行為に出る以上，そこには直接的な反規範的人格態度を認めることができる」（団藤），と説かれる。

「故意に」とは「知っていながら」ということであるから，違法であることを知らなくてもその可能性があれば故意があるというのは，言葉の上で無理があるという批判（平野）があり，また，①の立場に対しては，何故この場合の過失が故意と同様に扱われるのか不明である，②については，何故違法性の意識を欠いた場合にのみ人格形成責任が問題とされるのか，といった批判がなされている。

(d)　責　任　説

責任説は，故意は犯罪事実の認識である（事実的故意）とし，違法性の意識ないしその可能性は，故意の要素ではなく，故意とは別個の独立した責任の要素であるとする立場である。行為者が違法性を意識していた場合は重い責任非難が加えられ，可能性があったにすぎないときは非難の程度は軽くなり，可能性もなかったときは責任は阻却される，と説く。

この立場は，違法性阻却事由についての錯誤の取扱いに関して，厳格責任説（福田，西原，大谷）と制限責任説（平野，山中）に分かれる。前説は，違法性阻却事由の錯誤（たとえば誤想防衛）について，構成要件に該当する客観的事実の認識はあるので構成要件的故意を阻却しないとするのに対し，後説は，違法性阻却事由について錯誤があるときは，（違法行為の類型としての）構成要件に該当する事実の認識がないので故意を阻却する，と説く。

この見解に対しては「違法性の意識ないしその可能性を直ちに責任要素と解する点」（大塚），すなわち，「故意・過失の問題を責任領域から放逐する点」（団藤）に本質的な疑問があるとの批判がある。

(e)　検　　討

違法性の意識に関する主な学説を見てきたが，責任の核心を違法行為をしたことに対する非難とする道義的責任論の立場を堅持するならば，厳格故意説が支持されるべきであると考える。行為が許されないことを意識しながら行った場合とその意識なく単に事実を知って行為に出たという場合とでは，非難の質において格段の差異があるというべきだからである。

145

(3) 違法性の意識の内容

違法性の意識とは，自己の行為が法的に許されないものであることの意識である。法律，罰条を知っている必要はないが，社会的道徳的に悪いことという意識では足りず，法律に触れるといった，いわば違法感覚，違法感とでもいうべきものであり，該当する刑罰法規の条文を知っていることはもちろん必要ではない。その行為に出るべきでないという反対動機の形成を期待できる程度の意識で足りるのである。

以上みてきたように，責任としての故意は，犯罪事実の認識（構成要件的故意）のあることを前提として，それについての違法性の意識を意味するのである。言い換えれば，犯罪の成立に必要な「故意」とは，①構成要件に該当する客観的事実についての認識（構成要件的故意），および，②その違法性の意識である，ということができる。

4 錯 誤

(1) 総 説

(a) 錯誤の意義

錯誤とは，行為者の認識したところと客観的事実との間に食い違いがある場合である。たとえば，Aを殺すつもりでピストルを撃ったところ，実際に死亡したのはBであったというような場合である。この場合，行為者の主観的認識（Aの殺害）と客観的な事実（Bの死亡）との間には齟齬（食い違い）が存在している。この例について，行為者に殺人の故意を認めることができるであろうか？ 殺人の故意が成立するためには，相手を殺害するという事実を認識していることが必要である。（Aの殺害）という行為者の認識と（Bの死亡）という客観的な事実との間には食い違いがある。この場合にBに対する殺人の故意があったとして行為者に殺人罪を認めてよいか，という問題である。

どのような錯誤があった場合，故意の成立が否定されるかが錯誤論の課題で

ある。そこで，錯誤論は「裏側からみた故意論」であるともいわれるのである。

(b) **錯誤の種類（事実の錯誤と法律の錯誤）**

すでに述べたように故意には構成要件的故意（犯罪事実の認識）と責任としての故意（違法性の意識）とがある。前者にかかわる錯誤，すなわち，構成要件に該当する客観的事実についての錯誤（犯罪事実の認識があったといえるかどうかという問題），これを事実の錯誤（構成要件的錯誤ともいう）という。これに対して，後者は行為の違法性に関する錯誤で，法律の錯誤（禁止の錯誤ともいう）とよばれる。これは，自己の行為が法律上許されないのに〔客観的には違法〕，行為者は，それを知らない，または許されている〔主観的には違法でない〕と誤信する場合で，やはり，主観的認識と客観的事実の間に齟齬・食い違いがある場合であり，責任としての故意を認めることができるかどうかが問題となる。

（2） 事実の錯誤

事実の錯誤には2つの種類がある。①錯誤が同一の構成要件の中で生じている場合，たとえば，甲を殺そうとして発砲したところ乙に命中して乙が死亡したという場合のように，行為者が意図した犯罪は殺人罪（199条）で，客体が甲のつもりが乙であったというように同じ構成要件の範囲内で食い違いが生じている場合と，②錯誤が異なった構成要件にまたがっている場合，たとえば，人を殺そうとして（殺人罪），発砲したところその人の連れている飼い犬に命中，これを死なせた（器物損壊罪，261条）場合である。前者を具体的事実の錯誤，後者を抽象的事実の錯誤という。

(a) **具体的事実の錯誤（同一構成要件内の錯誤）**
具体的事実の錯誤にはつぎのような3つの態様がある。
　ア）客体の錯誤（目的の錯誤）…Aだと思って殺したところ実はBであった場合（客体の取り違え）
　イ）方法の錯誤（打撃の錯誤）…Cを殺そうと思って発砲したが，弾丸がそれてDに命中し，これを死亡させた場合（攻撃方法の誤り）
　ウ）因果関係の錯誤…Eを溺死させようとして橋の上から突き落としたと

ころ，橋桁に頭を打って死亡した場合（行為者の認識と異なった因果経過をたどって結果が発生した場合）

(b) **抽象的事実の錯誤（異なる構成要件間の錯誤）**

抽象的事実の錯誤は2つの類型を区別することができ，さらに，それぞれに2つの態様がある。（この場合は，因果関係の錯誤は性質上考えることができない）。

① 軽い甲罪を犯す意思で重い乙罪にあたる事実を発生させた場合（38条2項にあたる場合）

　ア）他人の飼い犬だと思ってこれを殺す意思で発砲したところ，実は人であったという場合（客体の錯誤）

　イ）他人の飼い犬を殺す意思で発砲したところ，弾丸がそれて人に命中，これを死亡させた場合（方法の錯誤）

② 重い丙罪を犯す意思で軽い丁罪にあたる事実を発生させた場合（刑法に規定なし）

　ア）人を殺す意思で発砲したところ，実際に死んだのは他人の飼い犬であった場合（客体の錯誤）

　イ）人を殺す意思で発砲したところ，弾丸がそれて他人の飼い犬に命中，これを死なせた場合（方法の錯誤）

(c) **事実の錯誤についての故意の成否を定める基準**

事実の錯誤には，上に述べたようにさまざまな種類と態様があるが，これらの錯誤が発生した場合どのような基準によって故意の成否を判断すべきであろうか。すなわち，行為者の認識したところと客観的事実との間に食い違いがあった場合，どの程度の食い違いならば，故意の成立に必要な事実の認識があったとしてよいか，すなわち故意の成立を認めてよいかという問題である。

この点についての主な学説には，つぎのものがある。

(i) **具体的符合説**　故意を認めるためには，行為者の認識内容と現実に発生した事実とが「具体的に符合すること」が必要であるとする。具体的符合（一致）が認められない場合には，意図した犯罪の未遂（未遂不処罰ならば犯罪不成立）および発生した事実についての過失犯（過失処罰の規定がある場合）が成立することになる。

(ii) **法定的符合説（構成要件的符合説）**　犯罪構成要件の評価において認識

第4章 責　　任

と発生した事実との符合があれば故意が認められるとする。(通説・判例)符合がなければ故意は認められず，具体的符合説と同様，意図した犯罪の未遂(未遂不処罰ならば犯罪不成立)および発生した事実についての過失犯(過失処罰の規定がある場合)が成立することになる。

(iii)　**抽象的符合説**　認識した事実と発生した事実とが異なった構成要件に属する場合でも，罪を犯す意思で罪となるべき事実を発生せしめているという意味で抽象的に(行為者の認識と結果とが)符合しているとし，軽い罪の限度で故意犯(既遂)が認められるとする(参照,「その重い罪によって処断することはできない」38条2項の反対解釈)。

なお，これらの故意を定める基準・学説のうち，具体的事実の錯誤に関して問題となるのは，①具体的符合説と②法定的符合説(構成要件的符合説)であり，抽象的事実の錯誤に関して問題となるのは，②法定的符合説(構成要件的符合説)と③抽象的符合説である。

後に述べる理由で法定的符合説が支持されるべきであると考える。

(d)　**具体的事実の錯誤の処理**

(ア)　**客体の錯誤(目的の錯誤)**　AだとBであったという場合(客体の取り違え)。

①　具体的符合説を厳格に適用すれば，AとBとでは具体的に符合しているとはいえず，この場合は故意不成立とすべきであると思われるが，狙った「その人」を殺そうとして「その人」を殺したのであるからBに対する故意を認めるというのが具体的符合説の結論である(平野)。しかし，これは基本的主張と矛盾するのではないかと思う。

②　法定的符合説(構成要件的符合説)からは，構成要件上，殺人罪の客体は「人」であり，AであるかBであるかは重要でないから，この場合の錯誤は重要でなく「人を殺す」という殺人罪の事実の認識はあり，故意が認められるのは当然である。

(イ)　**方法の錯誤(打撃の錯誤)**　Cを殺そうと思って発砲したが，弾丸がそれてDに命中し，これを死亡させた場合(攻撃方法の誤り)。

①　具体的符合説では，認識した内容(C)と発生した結果(D)とは具体的に符合しないから，Cについて殺人未遂(故意犯)，Dについて過失致死(過

149

失犯）が成立し両者は観念的競合になると解する（平野，内藤，中山）。この見解に対しては，たとえば，甲の自動車を損壊する意思で投石したところ傍らに停車中の乙の自動車命中これを損壊した場合，前者について器物損壊罪の未遂，後者について過失の器物損壊ということになり，いずれも不可罰という不当な結果になるという批判がある（大谷）。

② 法定的符合説からは，この場合ＣもＤも構成要件上同じ「人」であるからＤに対する殺人既遂を認める。さらに，複数の故意を認める見解ではさらにＣに対する関係で殺人未遂も認め両者を観念的競合とする（団藤・前田）。これに対して，一個の故意しか認めない見地からは，Ｃに対する未遂はＤに対する既遂に吸収されると解する（福田）。

㈦ 因果関係の錯誤　Ｅを溺死させようとして橋の上から突き落としたところ，橋桁に頭を打って死亡した場合。

この場合は，故意の行為（殺意を持って突き落とす行為）が認められる場合であるから，発生した結果について既遂犯が認められるか否かが問題になる。事実の認識には詳細な因果の経過までも認識することは必要としないから，現実の因果関係が行為者の予見したところと相当因果関係の範囲内にあるかぎり構成要件的故意は阻却されないとするのが通説である。

具体的事実の錯誤（同一構成要件内の錯誤）

錯誤の種類　　態様 学説	客体の錯誤	方法の錯誤	因果関係の錯誤
	Ａだと思って殺したら，実はＢであった	Ｃを狙って撃ったら，Ｄに命中，死亡	Ｅを溺死させるつもりで突落したら，頭を打って死亡
具体的符合説	（純粋） Ａ…不成立 Ｂ…過失致死 （実際） Ａ…不成立 Ｂ…殺人既遂	Ｃ…殺人未遂 Ｄ…過失致死	Ｅ…殺人既遂
法定的符合説	Ａ…不成立 Ｂ…殺人既遂	Ｃ…（殺人未遂） Ｄ…殺人既遂	Ｅ…殺人既遂

第4章　責　任

(e) 抽象的事実の錯誤の処理

錯誤が異なった構成要件にまたがる抽象的事実の錯誤の場合，故意の成否についてどのように考えるべきであろうか。

(i) 総　説　　刑法38条2項は「重い罪に当たるべき行為をしたのに，行為の時にその重い罪に当たることとなる事実を知らなかった者は，その重い罪によって処断することはできない」と規定している。これは抽象的事実の錯誤の①の場合の取扱いについて定めたものと解されている。すなわち，軽い甲罪の意思で重い乙罪の結果を発生させた場合，重い乙罪で処断してはならないということである。

しかし，逆の場合，抽象的事実の錯誤②の場合，すなわち，重い丙罪を犯す意思で軽い丁罪を発生させた場合については法に規定はなく，その解決は解釈に委ねられている。

(ii) 法定的符合説の立場　　法定的符合説は，行為者が認識したところと現実の事実とが構成要件上等しい評価を受ける場合にその食い違いを無視して行為者の認識に従って構成要件的故意の成立を認めるものであるが，錯誤が異なる構成要件にまたがる場合には，原則として構成要件上異なった評価を受けるのであるから（符合はなく），行為者が認識したところの犯罪についての未遂（または不能犯）と，現実に発生した事実についての過失とを論じ，場合によって観念的競合を認めることになる。

類型①の場合，たとえば，他人の犬を殺すつもりで誤って人を殺した場合は，他人の犬を殺すことについては器物損壊罪の未遂（または不能犯），人を殺した点については過失致死罪が考えられるが，前者は現行刑法では罰せられないので，行為者は過失致死罪のみで処罰されることになる。

逆に，類型②の場合，人を殺すつもりで誤って他人の犬を殺した場合には，殺人罪の未遂（または不能犯）と過失による器物損壊罪とが考えられるが，後者は現行刑法上処罰されないので，殺人罪の未遂だけが問題となる。このように法定的符合説では，錯誤が異なった構成要件にまたがる場合は，原則として，現実に発生した事実についての故意は認められない。

しかし，構成要件の重なりがある場合，例外として，異なる構成要件でも同質的で重なり合う構成要件間の錯誤の場合は，重なり合う限度で軽い罪につい

て故意が認められる。たとえば，占有離脱物と誤信して他人の占有する財物を持ち去った場合，他人の財物を取得するという点で占有離脱物横領罪（254条）と窃盗罪（235条）とは共通性があり，構成要件が重なり合っていると考えられるので，軽い占有離脱物横領罪の構成要件的故意は認められるとするのである（大判大9・3・19刑録26・211）。こうした重なり合いが認められる例としては，普通殺人と同意殺人，業務上横領と横領，強盗と恐喝，覚せい剤所持と麻薬所持などが考えられる。(注)

注）構成要件の重なり（構成要件的符合〈なお，保護法益，行為態様，罪質〉）
1．責任身分による刑の加重があるもの（・業務上横領と横領）
2．保護法益が同質なもの（・殺人と傷害，窃盗と占有離脱物横領・強盗・恐喝）
3．同一構成要件に択一的に規定されているもの（・公文書偽造における「印章」の使用と「署名」の使用；・同意殺と自殺助助；・一項詐欺と二項詐欺）
4．異なる構成要件であるが罪質が同じもの（・公文書偽造と虚偽公文書作成）

(iii) **抽象的符合説の場合**　　抽象的符合説は，行為者の認識したところと現実に発生した事実とが異なる構成要件に属する場合であっても，罪を犯す意思で罪となるべき事実を発生させたという点で抽象的に符合しているとして，軽い罪については故意犯の既遂を認めるべきであるとする。たとえば，他人の犬を殺すつもりで誤って人を殺した場合は，軽い器物損壊罪については故意犯の既遂，発生した重い結果については過失犯を論じ，両者は観念的競合になるとする。逆に，人を殺すつもりで誤って他人の犬を殺した場合には，器物損壊罪の既遂と殺人罪の未遂（または不能犯）とをみとめ，両者を合一し重い刑をもって処断すべきであるとする。

抽象的事実の錯誤（異なる構成要件間の錯誤）
①軽い甲罪を犯す意思で重い乙罪に当たる事実を発生させた場合（刑38条2項）

錯誤の種類	客体の錯誤	方法の錯誤
学説　　　態様	（犬）だと思って射殺したら，実は，人であった	（犬）を殺そうと思って発砲したら，人に命中し，死亡させた
法定的符合説	（犬）…（器物損壊）不成立 人　…過失致死	（犬）…器物損壊未遂（不可罰） 人　…過失致死

第4章 責　任

抽象的符合説	(犬)…器物損壊既遂 人 …過失致死（観念的競合）	(犬)…器物損壊既遂 人 …過失致死（観念的競合）

　＊法定的符合説からは，構成要件の重なりが問題となる。

②重い丙罪を犯す意思で軽い丁罪にあたる事実を発生させた場合（刑法規定なし）

錯誤の種類 学説　　　態様	客体の錯誤 人だと思って射殺したら，実は，(犬) であった	方法の錯誤 人を殺そうと思って発砲したら，(犬) に命中し，死亡させた
法定的符合説	人 …不成立 (犬)…過失器物損壊（不可罰）	人 …殺人未遂 (犬)…過失器物損壊（不可罰）
抽象的符合説	人 …不成立 (犬)…器物損壊既遂	人 …殺人未遂 (犬)…器物損壊既遂（観念的競合）

　＊法定的符合説からは，構成要件の重なりが問題となる。

(f) 検　　討

　事実の錯誤を解決する基準としては，構成要件の機能を重視する立場からは法定的符合説が支持されるべきである。故意の本質は，構成要件に当たる事実を認識し違法の意識をもちながら，（その行為をやめることなく）あえて行為にでるという意思で責任非難の契機となるものであるから，犯罪事実を具体的に認識していなくとも「構成要件に類型化された事実」を認識しておれば足りる，たとえば，「何某を殺す」という認識はなくとも「人」を殺すという認識があれば殺人の行為に必要な事実の認識はあるといえる。法定的符合説が妥当である。判例も同様である。

　同一構成要件内の錯誤に関する具体的符合説は，構成要件が具体的な事実を類型化した観念により構成されているという点を軽視するため構成要件的故意の成立する範囲が狭すぎるというべきである。

　また，異なる構成要件間の錯誤についての抽象的符合説もつぎの点から支持し難いと言わざるをえない。抽象的符合説では，他人の犬を殺そうとして誤って人を殺したときは，器物損壊罪の既遂を認めるが，犬は現に生きているのであり，これを殺したものとして扱うのは一般の感覚にも合わないし，構成要件の類型的意味を著しく無視することになる。また，およそ罪を犯す意思があって罪となる結果が発生すれば，認識と現実は抽象的に符合しているとするのは

行為者の危険性の徴表として抽象的に符合しているということであって，故意に必要な事実の認識の対象は構成要件に該当する客観的事実であるとする趣旨にそぐわないのではあるまいか。この立場は構成要件の犯罪限定機能を無視することになり妥当とは言い難いであろう。

法定的符合説に対しては，刑の権衡を失する場合があるとの非難が加えられている。すなわち，法定的符合説によると，他人の犬を殺そうとして誤って人を殺したときは，過失致死罪で刑は50万円以下の罰金であるが，所期の目的通り他人の犬を殺したときは器物損壊罪が成立し3年以下の懲役が科せられることになり，重い結果（人の死）を発生させた方が，かえって軽い刑を科せられるという不合理を生ずるというものである。しかし，不均衡を指摘される事例は重過失致死罪（刑法211条）適用の可能性が認められる場合であり，一概に不都合ともいいきれないのではあるまいか。

わが国の判例も法定的符合説の立場をとっている。

判例

【079】 最判昭53・7・28刑集32・5・1068（法定的符合説）
「犯罪の故意があるとするためには，罪となるべき事実の認識を必要とするものであるが，犯人が認識した罪と現実に発生した事実とが必ずしも具体的に一致することを要するものではなく，両者が法定の範囲内において一致することをもって足りると解すべきである。」

【080】 大判大昭11・2・4刑集1・32（方法の錯誤は故意を阻却しない）
【事実の概要】 被告人は，炉端で弟Aと口論格闘の末，傍らにあった重量約1貫目位の木製の糸繰り台を取り上げ，中風症のため半身不随で臥床中の実母Bの枕元を経て奥の間に逃げ込もうとしていたAに投げつけたところ，糸繰り台は実母Bの額に命中し，Bは脳出血のため間もなく死亡した。（傷害致死）
【判旨】「苟も人に対し故意に暴行を加へ，其の結果人を傷害し，又は死に致したるときは，縦令其暴行に因れる傷害又は致死の結果が被告の目的としたるものと異なり，而も被告において毫も意識せざりし客体の上に生じたるときと雖も，暴行と傷害又は致死の結果との間に因果関係の存すること明らかなれば，其の行為は傷害罪又は傷害致死罪を構成すべく，過失傷害罪若は過失致死罪を以て律すべきものに非ず。」

第4章 責　任

【081】　大判大11・5・9刑集1・313（客体の錯誤は故意を阻却しない）
　【事実の概要】　被告人X・Yは，共同してAを殺そうと思い，藤棚の下に隠れてAの来るのを待っていた。すると，棒をたずさえ覆面をしたBがその藤棚の下をのぞき込んだので，これをAと誤認し，Yは仕込み杖で斬りつけ，Xは拳銃で射撃し，Bに傷害を与えたが，殺害するに至らなかった。（殺人未遂）
　【判旨】　「凡そ殺人の罪は，故意に人を殺害するに因りて成立するものにして，其の被害者の何人たるやは，毫も其の成立に影響を及ぼすものに非ず。」

【082】　大判大12・4・30刑集2・378（因果関係の錯誤）
　被告人甲女は，夫の先妻の子Aの殺害を決意し，①熟睡中のAの頸部を細い麻縄で絞扼したところ，Aが動かなくなったので死亡したと思った被告人は，②犯行の発覚を防ぐ目的で，麻縄を解かないままAを海岸の砂上に運び放置して帰宅した。③その後，Aは海岸の砂末を吸引して死亡（被告人は，殺人罪で懲役12年）。

（3）法律の錯誤

(a)　意　　義

　錯誤により，違法性の意識を欠くこと，すなわち，錯誤により行為者が，自己の行為が法的に許されないことを意識しないで行為している場合である。禁止の錯誤，違法性の錯誤ともいう。法律の錯誤は，錯誤により違法性の意識が欠如している場合であるから，この場合に故意の成立を認めるか否かは，故意論における「違法性の意識」の取り扱いに関するさまざまな学説のうちどの見解を支持するかによって，結論が異なることになる。

(b)　法律の錯誤に関する学説

　すでに述べたように違法性の意識に関する学説は多岐に分かれるが，その主な立場について違法性の錯誤をどのように扱っているかを見ることにしよう。

　(i)　**違法性の意識・不要説**　この立場は，故意の成立には事実の認識があれば足り違法性の意識または違法性の意識の可能性は必要ではない，とするものである。したがって，錯誤によって違法性の意識を欠いたとしても，故意の

155

成立には影響がないとする。判例の立場である。ただし，判例の中にも錯誤により違法性の意識を欠いたことについて「相当の理由がある」として故意の成立を否定したものがあることに留意すべきである（後述，判例の項参照）。

　(ii)　**違法性の意識・必要説（厳格故意説）**　この立場は，故意の成立に違法性の意識を必要とするものであるから，錯誤によってこれを欠いた場合は故意の成立を否定する。道義的責任論を徹底する見地から主張されることが多い。

　(iii)　**違法性の意識の可能性・必要説（制限故意説）（通説）**　この立場は，故意の成立には，違法性を意識していることは必要ではないが，その可能性のあることが必要である，とする見解である。違法性の意識の可能性がない場合は故意は認められないが，その可能性がある場合は，現実には違法性の意識を持たなかったとしても故意が認められる。

　(iv)　**責任説**　違法性の意識ないしその可能性は，故意の要素ではなく，故意とは別個の独立した責任の要素であるとする立場である。したがって，この立場では違法性の意識は故意の成否とは関係がないことになる。行為者が違法性を意識していた場合は重い責任非難が加えられ，可能性があったにすぎないときは非難の程度は軽くなり，可能性もなかったときは責任は阻却される，と説く。法律の錯誤（錯誤により違法性の意識を欠いた場合）については，違法性の意識についての錯誤が避け得た場合と避けることができなかった場合とを区別し，前者は違法性の意識の可能性があった場合責任はあるが違法性を意識していた場合より軽い責任がとられるが，後者の場合は違法性の意識の可能性がない場合であるから責任非難を加えることができないとされるであろう（各説の検討は，「責任要素としての故意」の項参照）。

> **判例**　判例の基本的立場は，故意の成立に違法性の意識は不要とするものであるから，法律の錯誤は故意の成立に影響を及ぼさない。しかし，事案の妥当な解決を図って錯誤について「相当の理由」ありとして故意の成立を否定したものもみられる。
>
> 【083】　大判大13・8・5刑集3・611…違法性の意識は犯罪の成否に影響なし
> 　【事実の概要】　被告人は，大正12年9月10日頃，関東大震災に際し，暴利を得る目的で，震災前に仕入れた石油缶を，暴利取締令（勅令第405号）に違反して不当な価格で販売した。弁護人は，同勅令は9月7日発布（即日施行）

されたもので，行為当時は交通機関が全然途絶し，勅令の発布を知る由もなかった，と主張した。
　【判旨】「被告人が本件行為の当時該勅令の発布を了知せず又了知し得べからざる状態にありたりとするも苟も同勅令の内容に該当する行為を認識して之を実行するに於いては犯意なしと謂うべからず。其の行為が法令に違反することを認識せるや否やは固より犯罪の成立に消長を来さざるものとす。」

【084】　大判昭7・8・4刑集11・1153（違法性の意識を欠いたことについて相当の理由があるとして故意が否定された場合）
　「県有林を伐採し得べき権利を有せざるときと雖も行為当時に於ける諸般の事情に照らし之を伐採することは県の認許する慣例にして差支なきものと誤信し之に付相当の理由ありと認めらるる場合に在りては窃盗の犯意ありと為すを得ず。」

【085】　東京高判昭27・12・26高刑集5・13・2645（同：コンニャク玉窃盗事件）
　【事実の概要】　被告人は，自分の畑からコンニャク玉が窃取されるので，ある夜その盗難を防ぐため，家族の者と見張り中，深夜，コンニャク玉窃取の目的で，その用具を携え，畑道を通って右畑に近づき，人の姿を認めて逃げだした者のあるのを知って，これを追いかけて捕らえ，同人の手足をしばり，直ちに実弟に連絡して右事実を警察署に届け出させ，そのまま警察官がくるまで現場で待ち受けていた。この場合被告人は右の者を窃盗犯人と信じ，現行犯人の逮捕として法律上許されたものと信じていた。（被告人は，逮捕致傷で起訴）
　一審は，窃盗の着手がなく，現行犯人でないから逮捕は許されない。従って，法律の錯誤であり故意は阻却されないとして懲役10月に処した。2審は，破棄自判して無罪。
　【判旨】　被告人は「自分の行為を法律上許されたものと信じていたことについては，相当の理由があるものと解されるのであって，被告人の右行為は，罪を犯すの意に出たものと言うことはできない。」

(c)　**事実の錯誤と法律の錯誤の限界**
　錯誤が事実の錯誤に属するものか法律の錯誤に属するものかの区別は重要である。事実の錯誤であればいずれの立場に立っても故意が阻却され犯罪とならないが，法律の錯誤であれば厳格故意説を除いて犯罪の成立を認めるからであ

る。以下，判例から区別の限界的事例をとりあげることにする。

> **判例**
>
> 【086】 大判大14・6・9刑集4・378（たぬき・むじな事件）
> 　被告人は，禁猟獣である狸（十文字の斑点のあるもの）を2匹捕らえたが，それは「十文字狢」で狸とは別の動物であると認識していた。（学問上は狸と狢は同一）。
> 　これに対し大審院は，「法律に捕獲を禁ずる狸なるの認識を欠缺した」もの＝事実の錯誤として故意の成立を否定した。
>
> 【087】 大判大13・4・25刑集3・364（むささび・もま事件）
> 　被告人は，禁猟獣である「むささび」を3匹捕らえたが，高知県下では「むささび」は「もま」と俗称されていたので，捕らえた獣は「もま」であって禁猟獣の「むささび」とは知らなかった，と主張した。
> 　裁判所は，「むささび」と「もま」が同一物なることを知らず，「もま」を捕らえるのは禁止されていないと誤解して禁猟獣たる「むささび」すなわち「もま」を「もま」と知って捕獲したもので，事実の認識に欠けるところはなく，故意を阻却しないと判示した。
>
> 【088】 最判昭26・8・17刑集5・9・1789（無鑑札犬撲殺事件）
> 　被告人は養鶏業を営む者であるが，しばしば鶏が野犬に襲われるのでワナを仕掛けたところ，首輪を付けているが鑑札のない犬がかかったので，これを殺して皮を剥ぎ，なめし皮にした。原審は，毀棄と窃盗を認めた。最高裁は，これをつぎの理由で破棄し差し戻した。
> 　被告人は，無鑑札犬は無主物と見なされるからこれを殺すことは許されるとしたのであれば法律の錯誤であるが，「規則等を誤解した結果判示の犬が他人所有に属する事実について認識を欠いていたものと認むべき場合であったかも知れない。」つまり，法的事実についての錯誤で故意が認められない場合であったかもしれない。よって，審理不尽の違法があるとした。
> 　（法規）　大分県令飼犬取締規則（明治35）
> 　　　1条　鑑札の無い犬は無主犬と看做す
> 　　　7条　警察・市町村長は危険予防の目的で無主犬を撲殺する
> 　　　――なお，1条は7条との関係で置かれたものであり，「私人が擅に前記無主犬と看做される犬を撲殺することを容認したもの

ではない」

(4) 違法性阻却事由の錯誤

(a) 総　　説

違法性阻却事由の錯誤とは，違法性阻却事由たる事実が存在しないのに，これを存在すると誤信して行為に出た場合である。たとえば，急迫不正の侵害が存在しないのに防衛行為に出る場合の如きである。この場合の取扱いは，おおむね「違法性の意識」の取扱いについての学説に応じて区々である。

(b) 誤想防衛

(i) **事実の錯誤説**　違法性に関する事実も事実であることにかわりがないから，違法性阻却事由の前提たる事実についての錯誤も故意を阻却する。これまでの通説である（小野，団藤，植松，前田）。

(ii) **法律の錯誤説**　たとえば，正当防衛の要件が備わっていないのに正当防衛として許されると誤信した場合，行為が許されないものであることを錯誤により知らなかったのであるから法律の錯誤に準じて取り扱うべきであるとする（木村）。故意成立。

(iii) **違法性阻却事由に関する錯誤説**　構成要件的錯誤および法律の錯誤のどちらにも属さない錯誤で，責任故意の要件である違法性に関する事実の表象を欠く場合であるから，責任故意を阻却するとする立場である（大塚）。

(iv) **厳格責任説**（福田，西原，大谷）　この説は，違法性阻却事由（たとえば，誤想防衛）の錯誤は，構成要件に該当する客観的事実（防衛行為として他人を殺害するなど）の認識はあるのであり，ただ，行為の違法性について誤認している場合であるから，故意を阻却しないが，錯誤が避けられなかったときは責任をが阻却されるとする。

(v) **制限責任説**（平野，中）　この説は，違法性阻却事由の前提たる事実について錯誤があるときは，（違法行為の類型としての）構成要件に該当する事実の認識がないので故意を阻却する，と説く。

(c) 誤想過剰防衛

これは誤想防衛行為が過剰になった場合（誤想防衛が程度を超えた場合）である。判例には36条2項を適用を認めたものがある（最決昭41・7・7刑集20・6・554【090】）。

> **判例**
>
> 【089】　広島高判昭35・6・9高刑集13・5・399（誤想防衛）
> 　Xは，Yが「はじき上げてやろうか（注：撃ち殺すぞの意）」と言いながら右手をオーバーのポケットに突っ込んだので，凶器で襲撃するものと誤想し防衛のため有り合わせの木刀でYの手首等を殴打し負傷させた（Yの右ポケットには何も入っていなかった）という事案について，裁判所は，「錯誤により犯罪に消極的構成要件事実，即ち，正当防衛を認識したもので故意の内容たる犯罪事実の認識を欠くことになり，従って，犯意の成立が阻却される」として無罪とした。
>
> 【090】　最決昭41・7・7刑集20・6・554（誤想過剰防衛）
> 　「被告人の長男甲が乙に対し，乙がまだなんらの侵害行為に出ていないのに，これに対し，所携のチェーンで殴りかかった上，なお攻撃を加えることを辞さない意思をもって包丁を擬した乙と対峙していた際に，甲の叫び声を聞いて表道路に飛び出した被告人は，右のごとき事情を知らず，甲が乙から一方的に攻撃を受けているものと誤信し，その侵害を排除するため乙に対し猟銃を発射し，散弾の一部を同人の右頸部前面鎖骨上部に命中させたものである……被告人の本件所為は，誤想防衛であるが，その防衛の程度を超えたものとして，刑法36条2項により処断すべきものである。」

5　責任要素としての過失

　前述のように，故意・過失は構成要件と責任にまたがる犯罪の主観的要素である。故意が構成要件的故意と責任故意とに区別されるように，過失も構成要件的過失と責任要素としての過失（責任過失）とに区別して論ぜられる。故意の場合は構成要件的故意の内容は構成要件に該当する客観的事実の認識であり，責任故意の内容は違法性の意識（通説はその可能性）と解するが，過失の場合，

その内容（成立要件）はどのように理解すべきであろうか。

構成要件的過失は，すでに述べたように，客観的な不注意すなわち客観的注意義務違反にその核心がある。当該具体的事情のもとにおいて一般人を基準として結果発生防止のために課せられる注意義務，結果予見義務と結果回避義務を尽くさなかったことが構成要件的過失であった。

では，どのような場合に責任過失が認められるか。第1は，過失犯の犯罪事実（法の規定する結果）を発生させたことについて，行為者自身を基準として当該注意義務を尽くすことができたかどうかである。つまり主観的注意義務違反があった場合に責任過失が認められるのである。構成要件的過失では当該注意義務は一般人を基準に課せられるもので行為者がその義務を遵守することができるかどうかは考慮されないが，責任過失ではその結果発生について行為者を非難することであるから，行為者がその能力からして結果発生防止の注意義務を遵守することができないものであった場合は行為者を非難することはできず，責任過失を認めることはできないのである(注)。第2は，構成要件的故意が認められるが，責任故意が否定された場合である。つまり，犯罪事実の認識はあるが違法性の意識を欠いた場合に違法性の意識を欠いたことについて注意義務違反がある場合である。この場合は違法性の意識の可能性を責任故意の要件とする見解（制限故意説）からは故意ありとされるが，厳格故意説からは過失の責任が問われるべき場合である。

　　注）行為者自身を基準に主観的注意義務違反を論ずる場合は，殆どが当該注意義務を遵守し得なかった場合となるとの批判が予想されるが，「責任能力者である行為者が一般人の能力を具備しない事態はまれであるから，構成要件的過失の存在する場合に責任過失の否定されることは，頻繁には起こらないであろう」との反論が可能である（大塚）。

〈More Study〉
大谷　実・刑事責任の基礎　1968　成文堂
佐伯千仭・刑法に於ける期待可能性の思想　1947　有斐閣　三版　1961
福田　平・違法性の錯誤　1960　有斐閣
平野龍一「人格責任と行為責任」刑法講座3　1963　有斐閣
浅田和茂「責任と予防」刑法基本講座　第3巻　1994　法学書院

第2編　犯　罪　論

団藤重光「責任能力」刑法講座3　1963　有斐閣
佐伯千仭「原因において自由な行為」刑事法講座　1952　有斐閣
中森喜彦「期待可能性」刑法基本講座　第3巻　1994　法学書院
福田　平「過失犯の構造」刑法講座3　1963　有斐閣
荻原玉味「事実の錯誤と法律の錯誤の限界」現代刑法講座　第2巻　1979　成文堂

第5章　未遂犯・中止犯

1　未　遂　犯

(1)　概　説

(a)　犯罪の時間的発展段階

　犯罪は，通常，犯人の内心に何らかの動機があって犯罪の決意が生ずる。たとえば，相手に対する激しい憎悪に動かされて殺してやろうという決意を生ずる。そして，犯罪の準備を経て実行する，という経過をたどることが多いであろう。現実に発生する犯罪行為は目的を達する（既遂）ばかりでなく途中で犯罪の意思を放棄したり，障害によって途中で終わる（発覚して他人に阻止される等）場合も少なくない。こうした犯罪のごく最初の段階から完成・結果発生の段階のどの段階に達したら刑法が干渉するのか，どのような指標で処罰と不処罰の線引きをするのか。それが本章の課題である。

〈犯罪実現のプロセス〉

```
                              ←――― ④未遂 ―――→
①決意　　②準備（予備・陰謀）　③実行の着手　　　　　⑤既遂
―――――――――――――――――――――――――――――――――→
              →→　時間の経過　→→
```

①動機・決意……行為者の内心の事象「思想は罰せず」
②準備…………犯罪の準備行為は，原則として罰しない。但し，特定の重大な犯罪については，とくにその準備段階の行為を処罰する。各本条でその旨定める。
　　〈予備・陰謀の処罰理由〉
　・準備段階の処罰は，その内容により二種ある。いずれも内心の犯意が外部

に表出した場合である。

　　　予備………物理的形態の準備行為　78条・113条・201条・237条等
　　　陰謀………心理的形態，すなわち，複数の者の間での犯罪実行の合意　78条・88条・93条
　・予備罪・陰謀罪は，目的とした犯罪が実行された時は，それに吸収され，予備・陰謀だけを独立に処罰することはしない。（特別法に例外がある。）
③実行の着手……犯罪行為の開始（詳しくは後述），予備と未遂の区別の標識。
④未遂……………実行に着手から犯罪の完成までの間（後述）。
⑤既遂……………犯罪の完成，すなわち，構成要件的結果の実現。

(b) 未遂犯の意義

(i) **未遂犯**　未遂犯とは，犯罪の実行に着手したがこれを遂げなかった犯罪をいう。すなわち，実行の着手（犯罪行為の開始）から犯罪が完成するまでの状態が未遂の状態である。刑法は既遂を罰するのが原則であるが，特定の犯罪については行為者が犯罪の意思を有して一定の行為（実行の着手）に出た以上それは結果発生に至る危険性があるため，重要な法益を侵害するおそれのある場合には処罰の必要があるとするのである。未遂を処罰する根拠は行為の危険性と法益の重要性にあると解される。

(ii) **種類**

・理由による区別 ┬ 障害未遂……障害のため，犯罪を遂げない場合。
　　　　　　　　　└ 中止未遂……自己の意思で中止し，犯罪を遂げない場合。
　　＊取り扱いに差がある→障害未遂（裁量的減軽）
　　　　　　　　　　　　　　中止未遂（必要的減軽・免除）
・行為による区別 ┬ 着手未遂……実行行為自体が未終了
　　　　　　　　　└ 実行未遂……実行行為は終了したが，結果だけが不発生。
　　＊中止未遂要件の適用に差がある→
　　　　　着手未遂の場合は行為の続行の放棄で足りる。
　　　　　実行未遂の場合は結果発生防止のための真摯な行為が必要である。

（2）未遂犯（障害未遂）の要件

未遂犯とは，「犯罪の実行に着手してこれを遂げない」ことである（43条）。

したがって，これを認めるにはア）実行の着手があること，および，イ）犯罪が不完成であること，が必要である。

(a) 実行の着手

(i) **意　義**　犯罪行為の開始をいうが，それを定める標準については学説が対立している。実行の着手は，予備と未遂との限界を画する重要な概念である。

(ii) **学　説**　実行の着手に関する主な学説はつぎの3つである。

　a）主観説……主として近代学派から主張された。行為者の意思の危険を重視し，その危険を徴表する行為が行なわれたときに，実行の着手があるとする。「犯意の成立がその遂行的行為に因って確定的に認められるとき」（牧野），あるいは，「犯意の飛躍的表動」があるとき（宮本）に実行の着手を認める。

　b）客観説……客観的な行為とその危険から着手を捉える立場である。

　　ア）形式的客観説……構成要件を基準に考える。「構成要件に該当する行為の開始」（小野，団藤）あるいは，構成要件に「直接密接する行為」の開始（植松）があるときに着手を認める。

　　イ）実質的客観説……形式的に構成要件的行為とせず，実質的に構成要件を現実化する客観的危険（現実的危険性）をもつ行為があったときに着手を認める。「結果発生の具体的危険が切迫したとき」（平野），あるいは，「犯罪構成要件の実現にいたる現実的危険を含む行為を開始すること」（大塚，同旨　福田，藤木）が着手であるとする。

【検討】　主観説は，行為者の犯罪意思を重視するもので，行為を通じてその危険を把握するとはいえ未遂成立の時期が早くなりすぎるおそれがある。客観説によるべきであると考えるが，形式的客観説では，具体的行為のどの段階で構成要件的行為の一部の行為を行ったか形式的に判定することは困難である（大谷）から，未遂処罰の根拠が構成要件的結果の現実化の危険にある点を考えれば実質的客観説が妥当であろう。

(b) 結果の不発生

未遂犯成立の第2の要件は結果が発生しないことである。これは法文に「これを遂げない」場合と明記されているところである。

(3) 未遂犯の成立・着手時期が問題となる犯罪

(a) **間接正犯・離隔犯**

間接正犯の実行の着手時期については，イ）利用者の利用行為の開始をもって着手とする見解（植松，団藤，大塚），ロ）被利用者の行動開始を着手とする見解（判例，大判大7・11・16刑録24・1352），ハ）構成要件的結果発生の具体的危険を生じた時点で着手を認める見解（平野，大谷）が対立している。

ア）説は間接正犯においては正犯（利用者）が自分の行為で罰せられるべきであるから利用者の行為を実行の着手とみるが，必ずしも利用者の行為が法益侵害の現実的危険を惹起するわけではない。イ）説は被利用者の道具としての行為を実行の着手とするが他人の行為によって着手の有無が左右されるのは妥当でないとの批判がある。いずれの説にも難点があり，個別的に結果発生の現実的危険を生じた時点（事案により，利用者の行為の場合も被利用者の行為の場合もある）を実行の着手とするウ）説が妥当であろう。

なお，離隔犯においても同様の問題がある。離隔犯とは，行為の開始から結果発生の時点までの間に場所的・時間的な間隔が存在する場合である。たとえば，殺意を持って毒薬を郵送する場合等である。判例は，相手方が受領し現に摂取できる状態で着手を認めるが（到達主義），学説は託送時に着手を認める見解が多い。

(b) **原因において自由な行為**

すでに述べたように，この場合は，実行行為を責任能力のある時点での原因設定行為に認めるか，あるいは，責任無能力の時点での結果惹起行為に求めるかにより実行の着手の時点も異なることになる。

(c) **過　失　犯**

過失犯の未遂は理論的はありうるが，現行法には処罰規定はない。

(d) **不 作 為 犯**

不真正不作為犯の場合は，作為義務が発生しているにもかかわらず当該作為に出ない時点が着手となる。真正不作為犯については見解が対立している。ア）真正不作為犯は挙動犯であるから性質上未遂はないとする見解，イ）単なる挙動犯ではないから未遂もありうる。たとえば，現行法は130条後段につい

て未遂を罰しており，作為義務違反が開始されても直ちに犯罪が完成しない場合もありうるから，イ）説が妥当である。

(e) **結 合 犯**

結合犯とは，独立して罪となるべき二個以上の行為を結合して一個の犯罪とする場合である。たとえば，強盗罪の場合，構成要件の一部（たとえば，暴行）を開始すれば結果発生の現実的危険が認められるから結合犯自体の着手ありとされる。したがって，強盗の意思で暴行を加えたが財物を取得するに至らなかった場合は，暴行罪ではなく強盗未遂罪となる。

> **判例**
> (1) 従来，判例は客観説的立場と解されてきた（大判明36・12・21刑録9・1905）が，法益侵害の切迫性を基準とするものが現れ，実質的客観説に変わったものと考えられる（最判昭45・7・28刑集24・7・585は，強姦の意思で婦女を自動車内に引きずり込もうとした段階で強姦罪の実行の着手を認めた）。
> (2) その他
> 【091】 大判昭9・10・19刑集13・1473
> 　物色行為を侵入窃盗の着手とした。
> 【092】 最判昭29・5・6刑集8・5・634
> 　スリのあたり行為は窃盗の着手ではない。
> 【093】 最決昭40・3・9刑集19・2・69
> 　金員窃取の目的で，夜間店舗に侵入し，発見した商品よりもなるべく金を盗りたいと思って店舗内の煙草売場の方に行きかけた際，被害者に発見されたため窃取できなかった事案につき，煙草売場に近づく行為は，被告人の意図する金員窃取に極めて密接な行為であるから窃盗の着手行為があったものと認めた。

（4） 未遂犯の処罰

① 未遂犯を罰する場合は，各本条で定める（44条）。
② 未遂犯の刑は，裁量的減軽（43条本）。

2 中止犯

(1) 意　義

　中止犯とは，犯罪の実行に着手した者が，犯罪の完成前に，自己の意思により，それを止めた場合をいう（43条但書）。中止未遂ともいう。障害未遂が刑の裁量的減軽事由であるのと異なり，中止未遂は刑の必要的減免事由である。

(2) 中止犯の法的性格（刑の必要的減免の根拠）

　なぜ，中止犯を障害未遂（狭義の未遂犯）から区別して特別に取り扱おうとするのか，すなわち，中止犯を寛大に取り扱う理由・根拠についてはさまざまな見解が主張されている。

(a) 刑事政策説

　犯罪の完成を未然に防止しする（実害発生の回避）という政策的目的によると解する。「後戻りのための黄金の橋」（リスト）であると説明される。

(b) 法律説

　この立場は中止犯を寛大に取り扱う理由・根拠を犯罪の一般的成立要件である違法性や有責性に関わるものとして理解するものである。

　①違法性減少説は，犯罪行為を中止したことによりにより違法性が減少すると解する（平場）ものであり，②責任減少説は，犯行の決意の事後的な撤回によって非難可能性が減少すると解する（宮本，団藤，香川）。

(c) 併用説（刑事政策説と法律説とを併用するもの）

　①刑事政策説と違法性減少説の併用（平野，大谷）と②刑事政策説と責任減少説の併用（植松，前田）とがある。

(d) 結合説

　結合説は，政策的考慮を背景としつつ，違法性減少および責任の減少を認める立場である（大塚，藤木）。

(e) 検　　討

　刑事政策説に対しては，中止未遂が寛大に取り扱われるということを知っている者にだけしか妥当しないという批判がある。また，法律説の違法性減少説に対しては，共犯の従属性について通説（制限従属性説）の立場を採れば，正犯行為の違法性の減少は共犯にも影響するのであるから，中止行為の効果の一身専属性を説明できなくなるとの批判がある。また，責任減少説に対する批判としては，「責任が減少するということからいえば，中止行為をすれば，それがうまくいかず結果が起きた場合でも，寛大な取扱いをするのが一貫するであろうが，現行法は中止未遂を未遂の1つとしているので，これを既遂になったときにまで類推適用するのは無理」である（平野）とか，非難減少の背景に行為者の悔悟などをみる解釈は現行法では無理であるといった批判がある。

　思うに，中止未遂を寛大に扱う理由は実行の着手により生じた現実的危険性の回避にあるのであるから政策的配慮は無視しえないし，また，中止による危険性の回避，結果発生の危険の回避は違法性の判断に影響を与えると解されるので刑事政策説と違法性減少説の併用説が妥当であると考える。中止の効果が共犯に及ばないのは，「自己の意思により」という中止犯の要件があるからであると解する。

(3) 要　　件

　中止犯が成立するためには，犯罪の実行に着手した者が「自己の意思により」「犯罪を中止した」ことが必要である（43条但書）。前者が任意性の要件，後者が中止行為の要件である。

(a) 任　意　性

　「自己の意思により」，すなわち，任意に犯罪の実行を中止したことが必要である。この任意性の要件が障害未遂との限界を画すものである。

　任意性の有無を判断する基準についてつぎの4説が対立している。

　a）主観説……行為者の自由な意思決定により止めた場合，任意性ありとする。外部的障害の認識が犯罪を止めた動機となっているときは，自由な意思決定がなく任意性はない，とする（小野，大塚，福田）。

b）限定主観説……行為者の規範意識ないし広義の後悔によって止めた場合，任意性ありとする（佐伯，団藤）。「広義の後悔・悔悟」が動機になる場合のみ中止犯となるもので，責任減少説によらなければ支持しがたいであろう。

c）客観説……中止に至った原因・事情が，一般の経験上意思決定に対して強制的影響を与えるとみられる場合が障害未遂であり，それ以外の場合が中止未遂であるとする（木村，西原）。この立場は外部的事情を過度に重視する結果「自己の意思により」という法文の趣旨に反する結果になろう。

d）折衷説……外部的事情を表象した結果，行為者ができると感じたか，できないと感じたかという行為者の現実の意識を明らかにし，さらに，客観的に判断して，できると感じたにかかわらず中止したと認められる場合に任意性ありとする（植松，福田，大谷）。

折衷説によるべきであると考える。この立場は，フランクの公式（「やろうと思ってもやれない」場合は障害未遂，「やろうと思えばやれた」場合が中止未遂）を前提に，外部的事情を行為者がどう感じたか（主観的要素）とその事情が一般的に任意性を排除するような事情であるか（客観的要素）により判断するものである。

（上のような学説が対立しているが，具体的事例の取扱については同じ学説でも論者により帰結に異同がみられる。）

(b) **中止行為**（「中止した」の意義）

客観的要件である「中止した」ことが必要である。中止したとは，結果発生が阻止されたことである。a）着手未遂の場合は，実行行為そのものを取り止めるという不作為で足りるが，b）実行未遂の場合は，結果の発生を防止する真摯な努力をしたことが必要である。第三者の助けを借りた場合でもよい。防止の努力をしても，結果が発生すれば中止未遂とはならない。判例には，放火の後，よろしくたのむと叫びながら立ち去った場合，中止犯が認められないとしたものがある（大判昭13・4・19刑集17・336【099】）。

> **判例** 判例は，限界的事例（発覚の恐れ，恐怖・驚がく，嫌悪の情等）については，任意性を否定するのが一般的であり，中止犯を認めたのは，動機が悔悟にあたる場合に限られているように思われる。

【094】 大判昭12・3・6刑集16・272（流血は外部的障害だから任意性なしとしたもの。障害未遂）

「犯人カ人ヲ殺サントシテ短刀ヲ抜キ其ノ胸部ヲ突刺シタルモ、流血ノ迸ルヲ見テ翻然之ヲ止メタルトキハ、障碍未遂ニシテ中止犯トハラサルモノトス。」

【095】 大判昭12・9・21刑集16・1303（発覚の恐れは任意性なし）

「被告人カ放火ノ媒介物ヲ取除キ之ヲ消止メタルハ放火ノ時刻遅ク発火払暁ニ及フ虞アリシ為犯罪ノ発覚ヲ恐レタルニ因ルモノナルコトヲ認ムルニ足ルヘク犯罪ノ発覚ヲ恐ルルコトハ経験上一般ニ犯罪ノ遂行を妨クルノ事情タリ得ヘキモノナルヲ以テ右被告人ノ所為ハ障礙未遂ニシテ之ヲ任意中止ヲ以テ目スヘキモノニアラス」

【096】 最判昭24・7・9刑集3・8・1174

夜間真っ暗な場所で強姦に着手したが、付近に停車した電車の前照灯に照らされ、自己の手に付着した血を見て驚愕し、姦淫行為を中止した場合は任意性がなく、中止未遂にはならない。

【097】 福岡高判昭29・5・29判特26・93

母親が首を絞められるのを見て幼児達が泣き出したので、憐憫の情を覚えて殺害を中止の場合は、中止未遂である。

【098】 東京高判昭62・7・16判時1247・140

被告人は、Aに対する恨みからAを殺害しようと決意し、自宅の台所から牛刀一丁を持ち出してAの元へ赴き、Aを路上に連れ出して「この野郎、殺してやる。」などと怒号しながら牛刀を振り上げたところ、Aは身の危険を感じて逃げ出した。被告人は、Aを追いかけて、転倒して起き上がろうとしていたAの左側頭部付近を目掛け、右手に持った牛刀を振り下ろして切りつけた。しかし、とっさにこれを左腕で防いだAから、両腰付近に抱きつくように取りすがられ、「勘弁して下さい。私が悪かった。命だけは助けて下さい。」などと何度も哀願されたため、憐憫の情を催して、追撃に及んで殺害の目的を遂げることも困難ではなかったのに、犯行を中止したうえ、自らも本件の所為についてAに謝罪し、受傷したAに治療を受けさせるため、通りがかりのタクシーを呼び止めてAを病院に運んだ、という殺人未遂の事案について、中止犯を認めた。

【099】 大判昭13・4・19刑集17・336（「宜しく頼む」事件）

被告人は、父宅に放火する意思で媒介物に点火したところ、その火勢に俄に恐怖心を生じ、Aに対し、「放火したから宜しく頼む」と叫びながら走り

> 去った。Aらが直ちに消火したので火は住居に燃え移らなかった。裁判所は，中止犯の「結果発生に付ての防止は，必ずしも犯人単独にて之に当るの要なきこと勿論なりと雖，其の自ら之に当らざる場合は，少なくとも犯人自身之が防止に当りたると同視するに足るべき程度の努力を払うの要あるものとす」と判示して中止犯を認めなかった。

(4) 予備の中止

(a) 問題の所在

予備の中止とは，ある犯罪の予備行為にでた者が自己の意思によりa）予備行為の途中で中止した場合，および，b）予備行為の終了後，本来の構成要件の実行に着手しない場合をいう。

予備は実行の着手前の行為であり，これに実行の着手を要件とする中止未遂の規定を適用することはできない。そこで，たとえば，強盗罪の場合予備行為だけで止めた者は刑を免除（減軽）されないが，予備行為からさらに進んで実行の着手に至った者には中止犯により刑の免除（減軽）が可能であるから刑の均衡を失する結果となる。この不都合を回避するために予備の中止の場合も43条但書の中止未遂の規定が準用されるのではないかが問題となる。

(b) 学　　説

学説は否定説と肯定説とが対立している。否定説は予備罪は一種の挙動犯であり，予備行為があれば直ちに成立することになり，中止の観念を容れる余地はないと主張する（植松）。これに対して肯定説（通説）からは，予備は基本的構成要件へと発展するものであり，基本的構成要件との関係では法的にも中止を考えることができるという主張や，中止未遂の法的性格を責任減少説の立場から理解すれば，予備の中止を着手後の中止と区別する理由はないとった主張がなされている。刑の権衡の観点から中止犯の規定を準用すべきであると考える。つまり，予備の中止を認めなければ，準備段階で中止した場合よりも実行に着手して中止した方が寛大な処遇になるという不都合が生じるからである。

> **判例**
> 【100】 最判昭29・1・20刑集8・1・41
> 中止犯を認めず、「予備罪には中止未遂の観念を容れる余地のないものである」と判示。

3 不能犯

(1) 意　義

　行為者が、犯罪実行の意思をもって、一定の外部的行為をしたにもかかわらず客体や行為の性質上、初めから所期の犯罪を実現することが不可能な場合を言う。不能「犯」という特別の犯罪類型があるのではない点に注意すべきである。

　不能犯は、もともと構成要件的結果発生の現実的危険性がない場合であるから、その行為は当然構成要件該当性がなく、犯罪とならないものであり、不可罰である。そこで、不能犯に関する議論の主題は、結果発生の危険性の性質と有無をめぐって、可罰的な未遂犯と不可罰の不能犯との限界をどのような基準で画するかにある。(参考：草案25条「行為が、その性質上、結果を発生させることのおよそ不能なものであったときは、未遂犯としてはこれを罰しない。」)

(2) 学　説

　不能犯に関する学説は、行為者の主観的要素の危険性に止目する主観説と犯罪の客観的要素（行為）の危険性に止目する客観説とが対立し、つぎのような主張がなされている。

　ア）純主観説　　行為者が、犯意を表現する行為（「犯意の飛躍的表動」たる行為）をなした以上、未遂犯とする。ただし、迷信犯は、行為者の性格が怯懦で危険性がないから不能犯とする。

イ）主観的危険説（抽象的危険説）（牧野，木村）　行為者の意思の危険性に未遂処罰の根拠を求める。行為が計画通りなされたならば（事情が行為者の予想通りであれば），一般的見地に立って，結果発生の危険の有無を問い，危険があれば未遂犯，危険がなければ不能犯とする。ただし，迷信犯や自然法則に関する著しい無知の場合は，一般に結果発生の危険を認めないから不能犯とする。

　この立場では，たとえば，人を殺す目的で粉末の薬（胃腸薬）を飲ませた場合，①行為者がそれを青酸カリだと誤信して飲ませた場合は，未遂犯であるが，②行為者が胃腸薬であると知り，それで人が殺せると信じて飲ませたときは，不能犯となる。

　ウ）客観的危険説（絶対不能・相対不能説，古い客観説ともいう）（大場，内田，中山）　行なわれた行為について，結果発生の危険を問うものである（客観説）。危険の有無の判断は，事後的に判明した事情も含めて行う（客観的・事後的判断）。一般的に結果発生が不能な場合（絶対的不能）は不能犯とし，特別の事情により結果不発生の場合（相対的不能）は未遂犯とする。

・客体について　　絶対不能（死者を生きた人と誤信して発砲した場合）
　　　　　　　　　相対不能（人を殺そうと寝室のベットに発砲したが，たまたま相手がトイレに行っていたため結果不発生の場合）
・手段について　　絶対不能（人を殺すつもりで硫黄を飲ませた場合）
　　　　　　　　　相対不能（人を殺す意思で発砲したが，たまたま弾丸を装填していなかった場合）

> **判例**
> 【101】　最判昭25・8・31刑集4・9・1593
> 　不能犯とは，犯罪行為の性質上，結果発生の危険を絶対的に不能ならしめるものをいうと判示している。

　エ）具体的危険説（新客観説）（通説）　この立場の危険判断の資料と構造は，ア）行為時に，行為者がとくに認識していた事情および一般人が認識しえた事情を基礎とし，イ）そのような事情のもとで行為がなされていたならば，一般人の見地から犯罪完成の危険があるか否かを判断し，未遂犯と不能犯とを区別する。定型説と呼ばれる見解（団藤）も実質的に同様の結論である。

第5章　未遂犯・中止犯

＊客観的危険説と具体的危険説との比較
　イ）殺意をもって「死体」に発砲した場合
　　・客観的危険説：生きた人と誤信（客体の絶対的不能）　　　　不能犯
　　・具体的危険説：行為者は生きた人と誤信 ┌ 一般人は死体と認識　不能犯
　　　　　　　　　　　　　　　　　　　　　└ 一般人は生体と認識　未遂犯
　ロ）青酸カリと誤信して殺意を持って胃腸薬を飲ませた場合
　　・客観的危険説：方法の絶対的不能　　　　　　　　　　　　　不能犯
　　・具体的危険説：行為者は青酸カリと誤信
　　　　　　　　　　┌ 一般人が胃腸薬と認識し得る場合　　　　　不能犯
　　　　　　　　　　└ 一般人が胃腸薬と認識し得ない場合　　　　未遂犯

（3）　学説の検討

　まず，ア）純主観説とイ）主観的危険説とは行為者の犯罪的意思の危険性のみを重視するもので，主観主義刑法学の立場をとらない学説からは妥当としがたい。ウ）客観的危険説（絶対不能・相対不能説，古い客観説ともいう）に対しては科学的危険をもって可罰と不可罰を画そうとするものであり，また，絶対的不能と相対的不能との限界が明確にし難いとの批判がある。具体的危険説に対しては，行為者の主観を考慮する点で抽象的危険説と同様になり，一般人の視点では全く危険のない行為も未遂犯とされる場合があるという批判がなされる。

　ある行為が構成要件の規定する結果を惹起した場合（既遂）犯罪として可罰的であるのは当然であるが，構成要件的結果の発生はないがその危険を有する行為を罰するのが未遂犯である。結果不発生の場合，その危険が可罰的な場合と不可罰な場合とをどのように区別するか，が問われているのである。その場合，行為の性質，行為者の主観的事情をもとに判断すべきであるが，刑法が社会規範に属するものであるから，その危険は科学的危険ではなく一般人の見地からの危険を考えるべきであろう。具体的危険説が支持されるべきであると考える。

第2編　犯　罪　論

> **判例**　判例は，絶対不能・相対不能説（客観的危険説）をとるものもあるが，主流は具体的危険説であると思われる。
> ・不能犯を認めたもの
> 【102】　大判大6・9・10刑録23・999
> 　硫黄を飲ませる行為は殺人罪としては不能犯であるとしたもので，不能犯を認めた最初の判例である。傷害罪は成立。その後扼殺により目的を遂げている。
> 【103】　東京高判昭37・4・24高刑集15・4・210
> 　覚せい剤の主原料が真正の原料でなかった場合，覚せい剤製造の罪は不成立。不能犯である。
> ・成立を否定したもの
> 【104】　大判昭15・10・16刑集19・10・698
> 　毒物黄燐を含有する米飯を摂取せしめて他人を殺害せんことを企て黄燐を米釜中に投入したる以上煮沸等の為右黄燐の分量に減少を来たし致死量に達し居らざりしとするも殺人未遂罪なりと解すべきものとす。
> 【105】　最判昭37・3・23刑集16・3・305（空気注射殺人未遂事件）
> 　保険金を取得する目的で被保険者の女性をだまして，同女の両腕に注射器で蒸留水とともに約30～40ccの空気を注射したが，殺害の目的を遂げなかった。鑑定によれば，空気栓塞による殺害に必要な量は70～300ccである。裁判所は，「……本件のように静脈内に注射された空気の量が致死量以下であっても被注射者の身体的条件その他の事情の如何によっては死の結果発生の危険が絶対にないとはいえない」として殺人未遂を認めた。

〈More Study〉
香川達夫・中止未遂の法的性格　1963　有斐閣
野村　稔・未遂犯の研究　1984　成文堂
齊藤誠二・予備罪の研究　1971　風間書房
黒木　忍・実行の着手　1998　信山社

第6章 共　　犯

1　共犯の基本観念

(1)　共犯の意義

(a)　刑法第2編が規定する犯罪類型の大部分は，単独の行為者による既遂犯の形式をとっている。しかし，現実には複数の人間が関与して犯罪が行われることが多い。犯罪の実現に関与した複数の人間をどのように取り扱うかが共犯論の課題である。

現行刑法では，本来，単独犯を予定している犯罪の実現に複数の者が関与する場合（これを任意的共犯という）について，総則で共同正犯（60条），教唆犯（61条）および幇助犯（従犯ともいう——62条）の三種類を区別している。教唆犯と幇助犯とを正犯（共同正犯を含む）と区別して狭義の共犯あるいは加担犯とよぶこともある。

これに対して，構成要件自体が複数の行為者を予定している場合（必要的共犯という）があり，対向犯と集団犯（多衆犯）の二種を区別しうる。対向犯とは，2人以上の対向的関係にある者の行為を予定しているもので，重婚罪（184条）や賄賂罪（197条以下）のように対向者の双方を処罰する場合とわいせつ文書販売罪（175条）のように対向者の一方に対する処罰規定を欠く場合とがある。集団犯とは，内乱罪（77条）や騒乱罪（106条）などのように2人以上の者の同一方向にある行為の存在が必要な場合である。

第2編　犯　罪　論

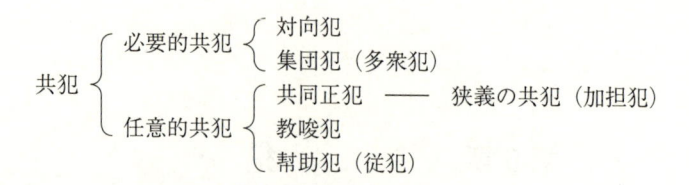

```
         ┌ 必要的共犯 ┬ 対向犯
共犯 ┤           └ 集団犯（多衆犯）
         │           ┌ 共同正犯 ── 狭義の共犯（加担犯）
         └ 任意的共犯 ┤ 教唆犯
                     └ 幇助犯（従犯）
```

(b)　**必要的共犯と総則規定の適用の有無**

　必要的共犯について問題になるのは，総則の共犯規定の適用の有無である。集団犯については，各本条において行為の可罰的関与形態が規定されていることを理由に，任意的共犯に関する総則の共犯規定の適用を否定するのが，一般的見解である。近年，集団の外から関与する場合は適用を認める見解（平野）が主張されているが，凶器準備集合罪（208条の2）の場合についてはともかく，構成要件において，役割に応じて処罰が個別化されている内乱罪や騒乱罪では適用を認めるべきではないと考える。

　また，対向犯では対向する一方のみを処罰している場合に，処罰規定を欠く他方に教唆犯・幇助犯の規定を適用できるか，という問題がある。たとえば，わいせつ文書販売罪については「売ってくれ」と正犯（販売者）に働きかける買い受け人については教唆犯の規定が適用されるとする見解（佐伯，平野）がある。しかし，「販売」罪の概念は当然に買い受けないし買い受けの申し入れをも予定したうえで，売り主の行為のみを処罰の対象としたものと考えるべきで，総則の共犯例の適用はないというべきである（なお，最判昭43・12・24刑集22・13・1625は，弁護士でない者に自己の法律事件の示談解決を依頼し，これに報酬を与えても，弁護士法72条違反の教唆犯とはならないと判示している）。

(c)　**正犯と共犯との区別**

　共犯の立法例には複数の者が犯罪に関与している場合，関与者のすべてを正犯として処罰するものと，正犯と狭義の共犯を区別し，処罰を異にするものとがある。前者は，統一的正犯概念と呼ばれ，イタリア刑法110条などにその例がみられる。後者は，わが国の刑法を含め多くの法制の採用するものであるが，この場合には正犯と狭義の共犯をいかなる基準により区別するか，両者の関係をどのように理解するか，など重要な問題がある。

　正犯と共犯との区別に関してはつぎのような見解がある。

(i)　**主観説**　行為者の主観を基準として，自己のために（正犯の意思で）行為した場合が正犯，他人のため（共犯の意思で）行為した場合が共犯であるとする。この見解に対しては，行為者の主観を偏重し，正犯概念を不当に緩めるものであるという批判（団藤）がある。

　(ii)　**客観説**　行為の客観的意義を標準として正犯と共犯を区別しようとする立場で，因果関係論を基礎とするものと，構成要件の観念を基礎とするものとがある。前者は，因果関係論において原因説をとり，結果に対して原因を与えた者を正犯，条件を与えたにすぎない者を共犯とする（実質的客観説）。しかし，因果関係に原因と条件を区別するという方法自体に問題がある。後者は，構成要件に該当する実行行為を行う者が正犯，実行行為以外の行為，すなわち教唆行為・幇助行為をもって犯罪に関与する者が共犯であるとする（形式的客観説）。

　(iii)　**拡張的正犯概念**　この見解では，構成要件的結果の実現に何らかの条件を与えたものは，すべて正犯であるが，教唆，幇助は，法がとくに共犯として処罰を制限しているものと解する。その意味で共犯は刑罰縮小事由であるとする。この見解に対しては，構成要件的行為の定型的意味を看過しているという批判（大塚）ある。

　(iv)　**目的的行為支配説**　目的的行為論から主張されるもので，行為支配の有無によって正犯と共犯を区別しようとする見解である。行為支配の内容について構成要件的結果を目的的に実現する意思と解する立場（ヴェルツェル）と構成要件該当事象の目的的制御が行為支配であるとする立場（マウラッハ）とがあるが，目的的行為支配の内容が不明確であるという批判（団藤）がある。

　思うに，構成要件の観念を機軸として犯罪論を構成する立場からは，形式的客観説が支持されるべきであろう。

（2）　共犯の本質

(a)　犯罪共同説と行為共同説

　共犯とは複数の者が犯罪の実現に関与している場合であるが，それらの者が何を共同で行うのか，という共犯の本質に関わる問題があり，これについて犯罪共同説と行為共同説という2つの対立した見解がある。

犯罪共同説は，共犯とは「特定の犯罪」を共同で行なう場合であるとする。特定の犯罪（たとえば，強盗とか窃盗とか）を想定し，それを実現する意思を共通にした複数人が共同して行なう場合が共犯であるとするのである。これに対して，行為共同説は，共犯とは「行為」を共同するものであるとする。数人の共同の行為によって，各人のそれぞれの犯罪を行なう場合であるとする。この立場では，共同で行為する点を注視する結果，異なる構成要件間の共犯も認めることになる。

犯罪共同説と行為共同説の対立は，古典学派と近代学派の対立の一場面として理解されてきたが，最近は種々の観点から行為共同説をとる見解があり（佐伯，平野，中山など），また，犯罪共同説も部分的な緩和傾向を示してきている（団藤，大塚など）ところから，これを古典学派と近代学派の対立に還元するのは正確ではない。たとえば，甲は殺人の意思で，乙は傷害の意思で，共同してAに暴行を加えた結果，Aが死亡した場合，行為共同説からは，甲の殺人罪と乙の傷害致死罪は当然に共同正犯となるが，犯罪共同説からも構成要件の重なり合う限度で共犯の成立を認め（部分的犯罪共同説），Aの死亡が甲乙どちらの行為の結果であっても，甲は殺人罪，乙は傷害致死罪の罪責を負うと解する見解が（団藤など）主張されているのである。

(b) 共犯従属性説と共犯独立性説

共犯の本質に関わる第2の問題は，狭義の共犯（教唆犯・幇助犯）は正犯に従属するものか，ということである。すなわち，狭義の共犯が成立するには，正犯が実行に出たことを要するか（従属性の有無，あるいは実行従属性），従属性を必要とする立場からは，さらに，正犯の行為がどの程度に犯罪の要件を備えていることを要するか（従属性の程度，あるいは要素従属性）という問題である。

(i) 従属性の有無（実行従属性）　まず，従属性の有無に関しては，共犯従属性説と共犯独立性説とが対立している。前説は，狭義の共犯が成立するためには，正犯が一定の行為を行なったことを要すると解する。これに対して，後説は，主として近代学派から主張されたもので，犯罪徴表説を背景に共犯の犯罪性は共犯固有のもので，正犯の行為に従属して認められるものではないと主張する。

両説の主張の差異は教唆の未遂を罰すべきかという問題に典型的に表われる。教唆行為を行なったにもかかわらず，被教唆者が犯罪実行の意思を生じなかったり，あるいは犯罪の決意はしたが，実行に着手しなかった場合，つまり，教唆行為が効を奏しなかった場合にも教唆者は未遂罪として処罰すべきかという問題である。共犯独立性説からは，教唆行為そのものが教唆者の反社会的危険性の徴表であり，それ自体が拡張された共犯としての構成要件の実行であるとして教唆の未遂も可罰的であるとする。これに対して，共犯従属性説は，共犯が成立するためには少なくとも正犯が実行に着手することが必要であると解するから，この場合は教唆犯成立せず，未遂罪としても罰することはできないとする。

現行刑法では，教唆犯は人に「犯罪を実行させた」場合であり（61条），幇助犯は「正犯」を幇助した場合（62条）であると規定されており，狭義の共犯の成立には正犯の存在が予定されているというべきである。共犯従属性説がわが国の通説・判例（大判大4・2・16刑録21・107）である。

(ii) **従属性の程度（要素従属性）**　つぎに，共犯従属性説をとった場合，正犯の行為にどの程度従属していれば共犯が成立するかという問題がある。従属性の程度については，M・E・マイヤーの4つの従属形式がある。

① 正犯の行為が，構成要件該当性・違法性・有責性という犯罪成立要件を具備するだけでなく，一定の処罰条件をも備えていることを必要とする誇張従属形式

② 正犯の行為が，構成要件に該当し，違法性および有責性を有することを必要とする極端従属形式

③ 正犯の行為が，構成要件に該当し，違法であることを必要とする制限従属形式

④ 正犯の行為は単に構成要件に該当するものであればよいとする最小従属形式

かつては極端従属形式が通説であったが，「犯罪を実行させた」（61条）とは，犯罪を完成させたという場合だけではないこと，また，共犯の処罰は必ずしも正犯の責任に依存するものではないとする考え方から，今日では制限従属形式が通説となっている。

(c) **間接正犯**

共犯の本質に関わる第3の問題が間接正犯である。

間接正犯とは，行為者が直接手を下して犯罪を実現する直接正犯に対して，他人をいわば道具として利用して犯罪を実現する場合である。他人を利用して犯罪を実現する場合について，共犯独立性説に立てば，共犯の犯罪性は共犯に独自のものであるから教唆犯として扱えば足り，間接正犯の概念は無用のものとなる。また，共犯従属性説においても，拡張的正犯概念（犯罪結果の実現に対し何らかの条件を与えたものはすべて正犯である）を認める立場をとれば，改めて間接正犯として構成するまでもなくこの場合は正犯となる。しかし，限縮的正犯概念により極端従属形式を採用する判例やかつての通説の立場では，犯罪の実現に他人が介在する場合は共犯となるが，責任無能力者を利用する場合は，正犯の行為は，構成要件該当・違法ではあるが有責ではないため，共犯―教唆犯の成立を認めることができず，処罰に間隙を生ずることとなる。そこで，こうした場合に他人を利用することが，道具を使用するのと同視できるときは，その利用者を教唆犯ではなく正犯とする間接正犯の理論が考案されたのである。

従属性の程度について，学説の多数が極端従属形式から制限従属形式に移行することによって，責任無能力者の利用は教唆犯となり，間接正犯の理論によらなくとも処罰の間隙は埋められることとなったが，被利用者の行為に，構成要件該当性や違法性が認められない場合について，なお，間接正犯の理論が機能する領域が残されている。

間接正犯の成立する範囲は，正犯と共犯の区別の基準，共犯の従属性の程度，利用行為の実行行為性等についての考え方の相違から，広狭の差がある。間接正犯の成否が議論される主な場合は，つぎのようなものである。

(i) **被利用者に責任能力がない場合**　判例のとる極端従属形式によれば，すべて間接正犯となる（大判明37・12・20刑録10・2415【107】は，10歳未満の者の利用を間接正犯とした）。制限従属形式からは，共犯は正犯の責任に従属しないとするので，教唆犯の成立を認めることになるが，被利用者が行為の是非を弁別する能力を欠くときは，間接正犯とする（団藤，平野）。被利用者に判断能力がないため道具とみられるからである。

(ii) **被利用者が構成要件的故意を書く場合**　たとえば，医師が情を知らない

看護婦を使って患者に毒薬を注射させたような場合である（最決昭31・7・3刑集10・7・955【109】は，窃盗につき間接正犯を認める）。通説からは，この場合看護婦に過失があって処罰される場合でも間接正犯を認める（団藤）。しかし，被利用者に過失のある場合は，直接正犯と同視できる確実性がないとして過失犯に対する故意の教唆とする見解もある（中）。

(iii) **故意ある道具を利用する場合**　　まず，「目的なき故意ある道具」を利用する場合，たとえば，行使の目的のない者を利用して通貨を偽造させたときは，被利用者は行使の目的を欠くため，構成要件該当性がなく，利用者は間接正犯とされる。また，「身分なき故意ある道具」を利用する場合，たとえば，公務員が非公務員であるその妻を使って賄賂を受領させたような場合である。夫は間接正犯，妻は従犯とするのが通説であろう。しかし，夫と妻を共謀共同正犯とする見解（西原）や夫は教唆犯，妻は従犯とする見解（植田，中山）もある。通説の立場は，被利用者が事情をわきまえているため「道具」といえるか疑問がないわけではないが，最後の見解では，正犯のない狭義の共犯を認めることになる難点があろう。

(iv) **違法性のない行為を利用する場合**　　被利用者の適法行為，すなわち，正当業務行為，正当防衛，緊急避難などの違法性のない行為を利用する場合も間接正犯とされる（大判大10・5・7刑録27・257【110】）。しかし，この場合についても，「道具として用いられた」といえるか疑問がないわけではない。

なお，正犯自身でなければ犯すことのできない犯罪，すなわち，間接正犯の形態では犯しえない犯罪を「自手犯」という。住居侵入，偽証，スピード違反など，構成要件上，行為主体と行為との間に密接不可分の関連性が要求されているので，一定の行為主体がその行為を行なう場合だけをとくに犯罪として禁止する趣旨が明らかな場合である。

　判例

【106】　最判昭43・12・24刑集22・13・1625
　弁護士でない者に自己の法律事件の示談解決を依頼し，これに報酬を与えても，弁護士法72条違反の教唆犯とはならないと判示している。
【107】　大判明37・12・20刑録10・2415
　債務の弁済を免れようとして，10歳未満の是非の弁別ない少年を利用して

その自宅仏壇の引き出しにしまってあった借用証書を持ち出させ，これを受け取った。被告人を窃盗の正犯とした。

【108】 最決昭58・9・21刑集37・7・1070（12歳の少女を利用した窃盗の事例）

被告人は，犯行当時12歳の養女を連れて四国八十八カ所札所を巡礼中，日頃被告人の言動に逆らう素振りをみせるつど顔面に煙草の火を押しつけたりドライバーで顔をこすったりするなどの暴行を加えて自己の意のままに従わせていた同女に対し，昭和57年2月上旬頃から同年4月19日頃間での間，13回にわたり，右養女をして12カ所において，Nほか13名所有の現金78万余円を窃取せしめた。これに対して，被告人に窃盗罪の間接正犯を認めた。

【109】 最決昭31・7・3刑集10・7・955（情を知らない第三者の利用を利用した窃盗の事例）

被告人Xは，炭鉱構内に設置されている他人の所有管理するドラグライン一基についてなんら管理処分権がないにもかかわらず，情を知らない屑鉄類取扱業者Aに，自分に処分権があるかのごとく装い，買い主において解体の上これを引き取る約定で売却した。右Aはさらにこれを情を知らない古鉄回収業者Bに前同様古鉄として売却した。Bは，これを数日をかけてガス切断等の方法により解体の上順次搬出した。裁判所はXを窃盗の正犯とした。

【110】 大判大10・5・7刑録27・257（医師の正当な行為を利用した堕胎罪の間接正犯）

妊婦から堕胎の嘱託を受けた者が自ら堕胎の手段を講じたところ，堕胎に至る前に妊婦の身体に異常が生じ，その生命に危険を及ぼす虞をきたしたので，医師をして緊急避難として胎児を排出させた。

2 共同正犯

共同正犯とは，「二人以上共同して犯罪を実行した者」である（60条）。共同正犯が成立するためには，主観的要件として共同実行の意思が必要であり，客観的要件として，共同実行の事実が存在しなければならない。たとえば，甲と乙とが，ともに強盗を行なう意思のもとに，Aに対して甲はピストルを突きつけ，乙はAのポケットから財布を抜き取るというように共同して犯罪を行なう場合である。甲に財物奪取の行為が無く，乙に脅迫の行為がない場合であるが，

互いに犯意を共通にし，実行行為を分担してAに対する強盗を行なっているところから，甲も乙も強盗罪の正犯としての刑責を問われることになるのである。すなわち，一部分の実行にもかかわらず全体についての責任が問われるのである（一部実行全体責任）。これが共同正犯のいわば理念型である。共同正犯の成立要件をめぐって種々の議論が錯綜しているが，共同正犯として刑責を問う要諦は，共同実行の意思（意思の連絡）と共同実行の事実（実行の分担）にあることを忘れてはならない。

（1）主観的要件——共同実行の意思（意思の連絡）

　共同実行の意思とは，共同して実行行為を行なおうとする意思である。特定の犯罪の実現に向けられたものでなければならず，単に自然的行為を共同にするという意思では足りない。共同実行の意思は，事前に明示的に謀議する場合にかぎらず，行為の際に，暗黙のうちに成立する相互了解でもよい。
　主観的要件に関連して，過失犯の共同正犯，承継的共同正犯，片面的共同正犯を認めるかにつき争いがある。
　①　過失犯の共同正犯を肯定する見解は，行為共同説によるものと，犯罪共同説によるものとの2つの立場がある。行為共同説にの立場からは，共同正犯には自然的行為を共同にする意思があれば足り，故意を共同することは必要でなく，過失の行為を共同にすることができる以上，過失犯にも共同正犯が認められると説く。また，犯罪共同説によりながら，過失犯の実行行為を重視する見地からは，意思の連絡に基づいて，不注意な行為の共同が認められることを理由とする。判例は，過失犯の共同正犯を否定する態度をとっていたが（大判明44・3・18刑録17・380），最高裁になって，飲食店の共同経営者2名が，出所の不確かな液体につき「メタノール」を含有するか否かを十分検討しないで（過失により）客に販売したときは，両名は「その意思を連絡して販売した」という点で，共同関係があるとする判例が出された（最判昭28・1・23刑集7・1・30【111】）。過失犯の共同正犯を認めない見解は，犯罪共同説に立脚し，共同正犯は一定の犯罪を共同にする意思（故意共同）が必要であり過失犯にはそれが認められないとか，過失犯は無意識的部分を中核とするもので，意識的部分

についての意思の連絡をもって共同正犯を認めることはできないと主張する。

過失犯にも実行行為が認められ，共同実行とみられる事態があるとしても，過失の中心は，結果の発生を予見すべきであったのに予見しなかったという無意識の部分にあるのであり，その無意識の部分について，連絡・共同ということは想定し難い。過失犯の共同正犯という場合は，各人に過失の認められる時に過失犯の同時犯と解すれば足りる。かような見解に対しては，因果関係の認定が困難になる場合が生じるとの批判があるが，因果関係認定の困難の理由に過失犯の本質を外れた処罰を認めることは妥当でないというべきであろう。

② 共同実行の意思は，共同行為者間に相互的に存在しなければならないかという点で，片面的共同正犯の成否が争われている。肯定する見解によれば，共同行為者は，同じ構成要件的結果の惹起を意図しているのであり，一方的共同者は，他方の行為と共同して（他方の行為を利用して）結果を実現するものであるから，これに，共同正犯を認めて，実現した結果の全部について責任を問いうるとする。通説・判例（大判大11・2・25刑集1・79）は片面的共同正犯を否定する。共同正犯が，実行行為の一部を分担するにも拘わらず結果の全体について責任を問われるのは，相互に意思を連絡したうえで，互いに他方の行為を利用・補充するという協力関係の下で犯罪を実現するからである。犯罪共同説の立場からは後説を支持すべきである。なお，従犯についても片面的な意思で足りるかという問題があり，共同意思主体説は，共同正犯の場合と同様これも否定されるが，通説・判例（大判大14・1・22刑集3・921）は，片面的従犯の成立を認める。従犯は，正犯行為を容易ならしめることによって成立するものであるから，必ずしも相互的な意思の連絡を必要としないと解すべきである。

③ つぎに，共同正犯は，すでに実行行為の一部が終了したがまだ既遂に達していない時点で，他の者が共同実行の意思をもって実行に参加した場合でも成立するかという問題がある。この場合を承継的共同正犯という。加功前の行為についても，後行者に共同正犯を認めるか見解が対立している。これを肯定する立場は，先行者の意思を了解したうえ，その成立させた事情を利用する意思で後行行為を共同するものであるから，後行者も全体について共同正犯になると説く。これに対して，後行者は，介入後の行為についてのみ共犯として責任を負担すべきであるとする立場は，意思を通じて，途中から共同実行しても

先行行為について，目的的行為支配を持たないとか，原因力を持たないとか，刑法上追認はないといった点を理由とする。後行者は，加入前の行為には，主観的にも客観的にも関与していないのであるから，これに共犯の責任を問うことは妥当ではあるまい。ただ，強盗罪のような結合犯にあっては，全体について共同正犯を認めうる場合があろう。たとえば，甲が強盗の目的でAに暴行・脅迫を加えた後にその財物奪取に乙が参加した場合には，単なる窃盗ではなく抗拒不能の状態にある者からの盗取として強盗罪の共犯が認められよう。

（2） 客観的要件——共同実行の事実

共同正犯が成立するための第2の要件は，共同して実行行為を行なうことである。各自が実行の一部を分担することによっても客観的要件は充足される。したがって，共同者の行為が，全体として構成要件的行為といえるかという問題である。

（3） 共謀共同正犯

ところで，わが国の判例は，一定の犯罪について共謀者中のある者が実行行為に出た場合，他の実行行為に出なかった者をも含めて共謀者の全員を共同正犯とする，いわゆる共謀共同正犯の概念を創設・堅持している。当初は，精神的加功を重視して知能犯に限られていたが（大判大11・4・18刑集1・233），やがて，強盗罪や殺人罪など一般の犯罪にも拡大するに至った（大判昭11・5・28刑集15・715）。最高裁もこれを踏襲している。判例の理由付けは，共同意思主体説によるものと，これに間接正犯類似の理論構成を加味するものとがある。最高裁はつぎのようにいう。共謀共同正犯が成立するには，2人以上の者が，特定の犯罪を行なうため，共同意思主体のもとに一体となって互いに他人の行為を利用し，各自の意思を実行に移すことを内容とする謀議をなし，よって犯罪を実行した事実が認められなければならない。したがって，右のような関係において，共謀に参加した事実が認められる以上，直接実行行為に関与しない者でも，他人の行為を，いわば自己の手段として犯罪を行なったという意味に

おいて，その間の刑責の成立に差異を生ずると解すべき理由はないとする（最判昭33・5・28刑集12・8・1718，いわゆる練馬事件【114】）。

共謀共同正犯を肯定する論拠はさまざまである。共同意思主体説によれば，2人以上の者が，一定の犯罪について共謀するときは，犯罪の実現を目的とする共同意思主体が形成され，その中の1人が実行すれば，それは，共同意思主体の行為とみることができるので，共謀の各人は，共同正犯としての責任を負うという（判例，草野，斉藤(金)，植松）。また，間接正犯類似の構造をもつとみる立場では，実行に出る者は，共謀による共同意思に拘束されて行為しており，したがって，共謀者は，実行者を手足として犯罪を実行するものであるからであると説く（藤木）。

共謀共同正犯に対する批判の要点は，①刑法60条の「共同して犯罪を実行した」というためには，共同の意思と共同実行の事実が必要だと読むのが素直であり，共同の意思（共）によって実行すると読むのは不自然である。②共同意思主体説は，近代刑法の予定する個人責任の原理に反する。③共謀共同正犯を認めると，共同正犯と教唆犯・幇助犯の概念的区別が失われるといった点にある。

共謀共同正犯をめぐる議論の核心の一は，まったく実行行為を分担しない者を，正犯として処罰することを認めるかにあるといえよう。共同意思主体説は，共同意思主体の名の下に，他人の行為についての責任を問うものであり，また，実行に出なかった共謀者については，「共謀」をもって「罪となるべき事実」とみるとしても，それを実行行為と解することは無理であろう。実行に出ない共謀者は，教唆ないし幇助というべきである。否定説に対しては，つぎのような反論がある。共同正犯の成立に，「一部実行の全部責任」という原理を認める以上，やはり自ら，実行しない部分についても，責任を問うことになる。したがって，肯定説も否定説も，実行していない部分について責任を問うものであり，両者の違いは，量的な差にすぎないというものである。しかし，共謀共同正犯の場合，謀議参加者は「共謀」という共同の心理によって実行者に関与するにとどまるのに対し，一部実行者は，意思の連絡のもたらす心理的効果に加えて，客観的にも実行された部分的行為が，他の正犯の行為と相互補充的役割をにないうるという点で，両者は，質的に異なるものというべきである。議

論のもう1つの視点は，この理論が，判例の中で生成発展してきたという事実からも窺われるように，実務の強い要請を背景としているという点である。わが国の実務は，共同正犯が，毎年共犯者中90％以上を占めているという異常な運用をしている。そして，「下級裁判所の中には，ただ犯行の計画を洩らされて知っていた程度の者まで，共謀共同正犯として処罰する者がある」（改正刑法準備草案理由書）という指摘は，本来，教唆，幇助にあたるものが，共同正犯として処罰されているという好ましくない事態の存在を推測させるに十分である。この理論は，共同正犯の成立範囲を不当に拡大する機能を内包しているものといわなければならない。

なお，改正刑法草案は，総則の共犯規定の中に，共謀共同正犯を掲げ（27条2項），共謀者を正犯として処罰する明文の根拠を与えようとしている。これに対しては，立法論としても，共謀共同正犯の認知は許されないとする強い反対がある。しかし，反面，学説の中にも，共謀共同正犯は，反対があるにも拘わらず判例・実務において強固な支持をを得ているのであるから，むしろ一定の基準を設けて，不当な拡大運用を防止すべきであるといった消極的支持もみられる。

判例

【111】 最判昭28・1・23刑集7・1・30（過失の共同正犯）
「被告人両名がその共同経営に係る飲食店で，過失により法定の除外量以上のメタノールを含有する飲食物を客に販売した場合において，右両名が意思を連絡して右飲食物を販売したものと認められるときは，有毒飲食物等取締令4条1項後段の罪の共同正犯が成立する。」

【112】 札幌高判昭28・6・30高刑集6・7・859
承継的共同正犯〈肯定例〉先行者の強盗の事実を認識してその後に関与した後行者に対して，先行者の行為によって生じた傷害についても共同正犯を認めた。

【113】 大阪高判昭62・7・10高刑集40・3・720
承継的共同正犯〈否定例〉承継的共同正犯が成立するためには，後行者が先行者の行為・結果を認識・認容して行為するだけでは足りず，それを積極的に利用する意思のもとに手段として利用することを要するとして，傷害罪の共同正犯の成立を否定し，暴行罪の共同正犯を認めた。

> **【114】 最判昭33・5・28刑集12・8・1718（いわゆる練馬事件）**
> 「共謀共同正犯が成立するには，2人以上の者が，特定の犯罪を行うため，共同意思の下に一体となって互いに他人の行為を利用し，各自の意思を実行に移すことを内容とする謀議をなし，よって犯罪を実行した事実が認められなければならない。したがって，右のような関係において共謀に参加した事実が認められる以上，直接実行行為に関与しない者でも，他人の行為をいわば自己の手段として犯罪を行ったという意味においてその間刑責の成立に差異を生ずると解すべき理由はない。」

3 教 唆 犯

　教唆犯とは「人を教唆して犯罪を実行させた者」である（61条1項）。すなわち，犯罪の意思のない者に働きかけて犯罪の意思を生じさせ，少くともその実行に着手させることである。教唆犯は，任意的共犯の1つであるが，みずから実行行為を行なわない点で共同正犯と区別され，また，他人に犯罪の実行を決意させる点で既に犯行の意思を有する正犯に加功する幇助犯と区別される。
　教唆犯の成立には，人を教唆すること，教唆の故意があること，および，それに基づいて被教唆者（正犯）が犯罪の実行に出たことが必要である。

（1） 客観的要件──教唆行為

(a) 教唆の意義
　「人を教唆」するとは，他人に一定の犯罪を実行する決意を生じさせることである。犯罪実行の決意を生じさせる行為（教唆行為）とその意思（教唆の故意）とが必要である。

(b) 手段・方法
　教唆行為は，手段・方法に制限はなく，嘱託，威嚇，欺罔，慫慂，利益供与など相手に犯行の決意を生じさせるに足りる行為であればよい（最判昭26・12・6刑集5・13・2485）。明示的方法に限らず，暗示的方法でもよい。しかし，

教唆は，特定の犯罪の実行を決意させることであるから，漫然と「犯罪をせよ」と勧誘するだけでは，教唆にあたらない。

(2) 主観的要件

教唆の故意の内容は，被教唆者が特定の犯罪を決意して実行に出ることの認識である。教唆者が，被教唆者の犯行にかかる結果の発生を認識する必要はない（反対，木村，福田）。

(3) 未遂の教唆と教唆の未遂

(a) 未遂の教唆とは，教唆に基づいて正犯（被教唆者）が実行した犯罪が未遂に終わった場合である。これは2つの場合を区別しなければならない。第1は，教唆行為によって被教唆者が実行行為に出たにもかかわらず，未遂に終わった場合である。この場合，被教唆者（正犯）は未遂罪，教唆者は未遂罪の教唆の刑責を負うことについて争いがない。第2は，被教唆者（正犯）の実行行為を初めから未遂に終わらせる意思で教唆する場合である（通常，この場合を，未遂の教唆と呼んでいる）。これが可罰的か否かは，教唆の故意の内容をどう理解するかにより結論が異なる。教唆の故意は，被教唆者が，教唆にかかる犯罪の実行に出ることの認識で足りるとする見解からは，この場合も可罰的であるということになる（通説）。これを不可罰とする見解は，教唆の故意は被教唆者による犯罪構成要件の実現に向けられるものであるから，初めから未遂に終わらせる意思の場合は，教唆の故意を欠くからである（福田）とか，共犯独立性説の立場から教唆も独自の実行行為であると解し，教唆の故意は，被教唆者によって実行さるべき一定の犯罪行為の認識（正犯の故意）を包含するもので，いわゆる未遂の教唆の場合は，これを欠き不可罰である（木村）などと主張する。しかし，正犯において未遂が罰せられるのは，結果の発生に至らない場合にも，なお処罰に値する行為の存在を認めているということであり，また，文理上も教唆犯は「実行させた」ことが要件とされているが，これは少なくとも実行の着手があれば足りると解することが可能であり，いわゆる未遂の

教唆も可罰的であるというべきである。

　未遂の教唆に関連して，アジャン・プロヴォカトゥール（陥穽教唆）の問題がある。これは，捜査官が逮捕の目的で他人に犯行を誘発し実行の開始あるいは既遂をまって逮捕するもので，いわゆるおとり捜査もこの一種である。犯行を誘発した者には，教唆あるいは未遂犯の教唆が成立するとする見解（団藤・大塚・大谷等）と不可罰とする見解（植松，平野，前田等）とが対立している。教唆の故意は正犯が実行に着手することの認識があれば足りるとする立場からは可罰的であると解する。この場合の被教唆者についても，正犯としての刑責を問いうるとするのが判例（最決昭28・3・5刑集7・3・482）であるが問題がないわけではない。

(b)　**教唆の未遂（未遂の教唆と異なることに注意！）**

　教唆の未遂とは，教唆行為は行われたが，被教唆者が犯罪の実行に出なかった場合である。①教唆したが犯罪の決意をしなかった場合，②教唆により犯罪実行の決意をしたが実行に着手しなかった場合，③実行行為に出たが，教唆行為と因果関係がない場合，の3つの態様がありうるが，共犯従属性説の立場からは，いずれも教唆犯は成立しないと解する。これに対して，共犯独立性説の立場からは，共犯の行為はそれ自体が共犯の実行行為とみるため，未遂処罰の規定がある場合はすべて未遂犯が成立することになる（牧野，木村）。したがって，たとえば，AがBに対して甲の殺害を教唆したが，Bが甲殺害の決意を生ずるに至らなかった場合でもAに殺人未遂罪が成立することになる。

（4）　実行従属性

　教唆犯の成立には，教唆にもとづいて被教唆者が実行に出たことが必要である。その行為は，構成要件に該当する違法なものであればよく，有責になされたものであることを要しない（制限従属形式）。したがって，責任無能力者に対する教唆犯も成立しうる。しかし，幼児や高度の精神病者を使嗾する場合は，むしろ間接正犯と解すべきである。

（5） 処　　罰

　教唆犯は「正犯に準」じて処罰される（61条1項）。準ずるとは，正犯そのものではないが，正犯に適用すべき法定刑で処断されるという趣旨である。しかし，正犯が現実に処罰されることは必要でないし，また正犯より重く罰することも可能である。

（6） 間接教唆・再間接教唆

　ところで，「教唆者を教唆した」場合を間接教唆といい，教唆犯と同様正犯に準じて処罰される（61条2項）。教唆者を教唆する場合とは，①甲が乙に対して「丙を教唆して犯罪を実行させよ」と教唆し，それにもとづいて乙が丙を教唆した場合と，②甲が乙に犯罪の実行を教唆したところ，乙がみずから正犯として実行せず，丙を教唆して実行させた場合とがある。いずれも間接教唆であることに変わりはない。問題は再間接教唆・連鎖的教唆（正犯の背後に教唆行為が三段階以上連なっている場合）を認めるかどうかである。否定説は61条2項の「教唆者」とは，正犯を直接教唆とした者と解すべきである（団藤）とする。これに対して，否定説は数字の教唆が連鎖していても，第一次の教唆にもとづいて正犯の実行があるのであるから，共犯従属性説の立場からすれば，これも教唆犯とみることができる（平野）とする。判例もこれを肯定する（大判大11・3・1刑集1・99）。しかし，正犯の背後関係を無限定に追及するのは法的確実性を害するおそれがあり，否定説が妥当であろう。

（7） 独立教唆罪

　特別刑法の中には，教唆犯に類似するものとして，いわゆる独立教唆犯（破防法38条以下，爆発物取締罰則4条）などの処罰規定がある。これらは教唆行為を独立に（正犯の実行に従属することなく）処罰するものである。また，「そそのかす」・「あおる」・「煽動」も同様に独立罪と解され，判例によれば，「そそのかす」とは，特定の行為を実行する決意を，新たに生じさせるに足る慫慂行

為をすること（最判昭29・4・27刑集8・4・555），「あおる」とは，特定の行為を実行する決意を生ぜしめ，または，既に生じている決意を助長させるような勢いのある刺激を与えること（最判昭27・8・29刑集7・8・1053）と定義されている。これらの罪は，被教唆者が実行に出たことを要しない点で，刑法における教唆犯の要件を緩和した点に第1の特徴があり，さらに「教唆」にかかる内容が，必ずしも犯罪行為にかぎらず，単なる違法行為をも含む点に，第2の特徴がある。処罰の範囲をこのように拡大することには疑問があり，批判の多いところである。

4 従　　犯（幇助犯）

　従犯（幇助犯）とは，「正犯を幇助した者」である（62条）。従犯は，正犯の実行を容易にするものであるが，実行行為以外の方法で正犯に加功する点で共同正犯と区別され，また，被幇助者（正犯）がすでに犯罪実行の意思を有している点で教唆と区別されるものである。従犯の成立には，客観的要件すなわち幇助行為の存在と主観的要件すなわち幇助の意思の存在，および従属性が存在しなければならない。

（1）　客観的要件――幇助行為の存在

　幇助行為とは正犯の犯行を容易にする性質をもった行為である。実行行為以外であれば，手段・方法に制限はない。凶器・場所・資金の貸与または提供など有形的物理的方法によると，あるいは，助言・激励などの無形的・精神的方法によるとを問わない。前者の例として，傷害行為に使用されることを知りながら，日本刀を貸与した場合（大判昭15・5・9刑集19・297），贈賄に用いる金銭を貸与した場合（大判大10・5・7刑録27・267）などがあり，後者に当たるものとしては，殺人の報酬について話し合いが行われている折りに「その位でやってやれ。金は俺が引き受けた」と助言した場合（最判昭25・7・19刑集4・8・1463）などがある。

また，不作為による幇助も可能であるとするのが通説であり，判例も同様の立場をとる（大判昭3・3・9刑集7・172）。

（2） 主観的要件——幇助の意思（故意）

幇助の故意は，正犯の実行行為とそれを容易にするという認識を内容とする。教唆の場合と同様，正犯の実行にかかる結果の発生については認識を必要としないと解する（反対：木村）。

主観的要件に関連して従犯と正犯との間に相互的意思の連絡を必要とするか，すなわち片面的従犯を認めるか否かについて見解が対立している。従犯は，正犯の犯行を容易にするものであり，その加功によって法益侵害の危険を増加推進するために処罰されるのであるから，加功の事実を，正犯において認識することは，必ずしも必要でない。通説・判例（大判大14・1・22刑集3・921）は，これを認める。また，過失犯に対する従犯，および，故意犯に対する過失による従犯は，教唆犯の場合と同様の観点から否定されるべきである。

（3） 従 属 性

従犯の成立には，被幇助者（正犯）が実行に出ることが必要である。正犯の実行はここでも構成要件に該当する違法なものでなければならない（制限従属性）。これに対して，共犯独立性説からは，幇助の行為があれば，被幇助者の行為がなくとも幇助の未遂が成立すると解する（木村）。

（4） 処 罰

従犯は，正犯の法定刑を減軽した刑の範囲内で処断する（63条）。したがって，現実には従犯の宣告刑が，正犯のそれよりも重いこともありうる（大判昭8・7・1刑集12・1029）。法定刑が拘留または科料だけの罪については，特別の規定がなければ従犯を罰しない（64条）。たとえば，侮辱罪の従犯は特別の規定がないので罰しないが，軽犯罪の従犯は罰する（軽犯罪法3条）。

その他，従犯をめぐる論点には，つぎのようなものがある。

① 有形的従犯は，正犯の行為に客観的・直接的に加功するものであるとき，しばしば共同正犯との区別が問題となる。もっとも議論の多いのは，見張り行為を従犯とみるか，共同正犯とみるかである。判例は見張りを共同正犯とするものがほとんどである。初期のものは，見張り行為を実行行為とみて共同正犯とする（殺人につき，大判明44・12・21刑録17・2273）が，その後，共謀共同正犯の理論によって，見張りも共同正犯とするようになり，最高裁もこの立場を踏襲している（最判昭23・7・22刑集2・9・995など）。学説には，見張りが犯罪の遂行に果たす役割，寄与の程度を考慮して実行行為性を認め，ひろく共同正犯とする見解（平野・内田）もあるが，監禁罪における見張り行為など，構成要件的実行行為と評価しうる場合を除いては従犯とみるべきであろう（団藤）。

② 無形的従犯と教唆犯の区別も問題となる。ともに正犯に対して精神的働きかけるものである点において共通性を有することに起因する。区別の基準は，教唆・幇助の本質に沿って精神的働きかけが，新たに犯意を造成するものであれば教唆犯，すでに生じている犯意を強固にするものであるときは従犯とすべきである。判例も同様である（大判大6・5・25刑録23・519）。

5 共犯の諸問題（身分・錯誤・中止など）

(1) 共犯と身分

(a) 身分犯の意義

刑法には，行為者が一定の身分を有している場合にかぎって犯罪の成立を認めるもの（収賄罪，偽証罪など）と，身分の有無によって刑罰に軽重の差が設けられているもの（業務上横領罪）とがある。前者は，身分のあることによってはじめて犯罪となるもので真正身分犯（構成的身分犯）とよばれ，後者は，身分の有無が刑の軽重に影響を与えるもので，不真正身分犯（加減的身分犯）と呼ばれる。

(i) **身分の意義**　ここにいう身分とは，男女の性別，内外国人の別，親族

の関係，公務員たる資格のような関係のみならず，すべて一定の犯罪行為に関する犯人の人的関係である特殊の地位または状態を指すものとされる（最判昭27・9・16刑集6・8・1083）。たとえば，公務員（197条）・宣誓した証人（169条）・他人の事務を処理する者（247条）などは構成的身分であり，常習者（186条）・業務上の占有者（253条）・医師（214条）などは加減的身分である。なお，麻薬取締法64条2項における「営利の目的」も一時的・心理的要素ではあるが「犯人の特殊な状態」であるから65条2項の身分に含まれると解される（通説・判例，最判昭42・3・7刑集21・2・417）。反対説（大塚）は，身分は性質上多少とも継続的性質を有するものでなければならないから，「営利の目的」のような一時的・心理的要素は身分に含まれないと主張する。

　(ii)　**違法身分と責任身分**　身分の性質により違法身分と責任身分との区別が用いられることがある。身分が行為の違法性の要素となっている場合を違法身分，責任の要素となっている場合を責任身分とされる。たとえば，公務員という身分があることによって金品の受領行為が違法性を帯び，同じく自己の占有する他人の物を横領する行為も身分のある者（業務者）の場合には，身分のない者に比して強い非難が加えられるなどである。

　(b)　**共犯と身分**
　これらの身分犯について，非身分者と身分者とが共犯関係にたつ場合をどう処理するかが共犯と身分の問題である。非身分者が身分者に加功した場合（65条）と身分者が非身分者に加功した場合（法の規定なし）とがある。

　(c)　**非身分者が身分者に加功した場合（刑法65条の場合）**
　(i)　**65条の意義**　65条1項は，「犯人の身分によって構成すべき犯罪行為に加功したときは，身分のない者であっても，共犯とする」と規定しており，同条2項は，「身分によって特に刑の軽重があるときは，身分のない者には通常の刑を科する」と規定している。この65条の1項と2項の内容・両者の関係についてどう理解するか，見解が対立している。
　主な見解はつぎの3つである。

　　ア）**判例・通説の立場**　65条1項は，真正身分犯について，非身分者が身分者に加功した場合の共犯の成立を規定したものであり，同2項は不真正身分犯についての規定であると解するのが通説・判例（大判大2・3・18刑

録19・353など)である。

イ)滝川説　違法は連帯的に責任は個別的に，という基本思想をもとに，1項は違法身分が連帯的に作用するすることを規定したもの，2項は責任身分が個別的に作用することを規定したものと解する(同旨，平野など)。

ウ)団藤説　これらに対して，不真正身分犯も，加減的身分がなければ，その犯罪が成立しないという意味で，一種の真正身分犯である。つまり「犯人の身分により構成すべき犯罪」に他ならないと解し，1項は身分犯全体についての，共犯の成立の問題を規定したものであり，2項は1項によって共犯とされたもののうち不真正身分犯についてとくに非身分者について科刑の点を規定したものと解するものである(同旨，大塚など)。

では，ア)イ)ウ)の説のうちいずれが妥当であろうか。

イ)説は身分が1項では連帯的に，2項では個別的に作用することを合理的に説明しうるがすべての身分が違法身分と責任身分に截然と区別できるか疑問があり，また，ウ)説は1項が犯罪の成立に関する規定と解し，2項を科刑の規定と解するが，これは前者を共犯従属性説・後者を共犯独立性の見地から説明しようとするもので統一的でないといわざるをえないといった批判や犯罪の成立と科刑の問題とを分離するのは好ましくないといった批判がある。ア)説に対しても，1項が真正身分犯では身分のない者についても身分犯の成立を認め，身分の連帯的な作用を規定しているのに対して，2項は身分のない者には通常の刑を科すとして，身分の個別的な作用を規定している，と解するのは1項と2項の解釈に矛盾がある，との批判がある。

以下の理由で，ア)説を支持すべきであると考える。イ)説，ウ)説に対する批判は妥当であると考えられる。1項は真正身分犯について「身分のない者であっても」身分者と共同することによって共犯とする旨，犯罪の成立について身分の連帯性を規定したものであり，2項は不真正身分犯について，身分のない共同者についても共犯が成立することを前提として，科刑の個別性を規定したものと解するのが条文の素直な読み方であろう。また，ア)説によれば，不真正身分犯の場合正犯と共犯に異なる犯罪が成立することになり，犯罪共同説とは調和し難いようにみえるとの批判については，不真正身分犯とそれに対応する通常の犯罪とは構成要件的に重なり合う部分が存在し，正犯と共犯もその

部分についての認識を共通にしているのであるから，この場合に罪名の異なる犯罪間に，共犯の成立を認めることは犯罪共同説からも支持しうるとの反論が可能であろう。

(ii) **65条1項の解釈上の問題点**　本項は，不真正身分犯について非身分者が身分者に加功した場合の取り扱いを定めたものと解される（通説・判例）。その立場から本項の解釈をめぐる問題点を検討する。

　a）65条1項にいう「共犯」の範囲について争いがある。

　ア）判例は，かつて狭義の共犯は正犯に従属して成立しうるから，本項は共同正犯専用の規定であると解していたが，その後，これを変更し，すべての共犯形式に適用があるとした（大判大4・3・2刑録21・194）。これを肯定する立場が通説であろう。

　イ）反対説は，身分を欠く者は，実行行為を分担することが出来ないことを理由に，本項を狭義の共犯に限定する見解である（小野・団藤）。1項を身分犯全体の共犯の成立に関する規定と解する立場からは，真正身分犯については，狭義の共犯，不真正身分犯についてはすべての共犯形式について適用があると解するからである。

　ウ）つぎの理由からア）の通説を支持すべきである。まず，加担犯の場合は身分のある正犯の行為を通じて当該不真正身分犯の実現に関与するものであるから当然その刑責が問われてしかるべきである。また，共同正犯の場合，非身分者は事実上行為の全部または一部を身分者と共同しているのである。これは本項がなければ実行行為とならないものであるが，身分の連帯的作用を定めた本項により身分者の行為として扱われるものである。したがって，たとえば，非公務員が公務員と共同して収賄を行なえば非公務員も収賄罪の共同正犯となるのである。

　b）女性は強姦罪の正犯となるか。女性が単独では強姦罪の正犯たりえないことは明らかであるが，男性と共同することによって正犯となるかが争われた事例がある。最高裁は，「身分のない者も，身分のある者の行為を利用することによって，強姦罪の保護法益を侵害することができるから，身分のない者が，身分のある者と共謀して，その侵害行為に加功すれば，強姦罪の共同正犯が成立する」と判示し，これを肯定している（最決昭40・3・30刑集19・2・125【115】

ただし，この事案では，女性も男性が強いて姦淫する際に被害者の手足を押さえるなど強姦罪の実行行為の一部を分担していることに注意する必要がある）。

(iii) **65条2項の解釈**　「身分によって特に刑の軽重があるときは，身分のない者には通常の刑を科する」と規定している。すなわち，不真正身分犯について，身分のない者が身分のある者に加功したときは，身分のない者には「通常の刑を科する」ということである。この「通常の刑を科す」の意義をめぐって二説が対立している。すなわち，身分のない者の法定刑は通常の，身分犯でない犯罪のそれであることについては争いがないが，成立する罪名が不真正身分犯なのか，不真正身分犯でない，通常の犯罪なのかという点である。たとえば，賭博常習者Aの賭博行為を幇助した非常習者Bの場合，ア）Bには常習賭博罪（186条）の幇助犯が成立し，賭博罪（185条）の刑が適用されると解するか（刑罰のみ通常の刑，すなわち非身分犯の刑），イ）Bには賭博罪（185条）が成立し，刑も185条によると解するか（罪名・刑罰ともに通常の刑），の二説である。判例は必ずしも一貫していない。大判大2・3・18刑録19・353は，賭博常習者の賭博行為を幇助した非常習者の罪責について，賭博罪の幇助を認め，イ）の立場をとっている。これに対し，最判昭31・5・24刑集10・5・734は，改正前の刑法200条について尊属殺人に加功した非身分者は普通殺人罪（199条）で処断されるとし刑罰のみ通常の刑とするア)説の立場を採っている（最判昭32・11・19刑集11・12・3073, 同旨）。思うに，不真正身分犯と身分のない，通常の犯罪とは構成要件的に重なる部分があると考えられるので，その範囲で共犯の成立が可能であり，異なる罪名についての共犯が認められるであろう。ア)説によるべきである。

	65条1項	65条2項
判例・通説	・真正身分犯についての規定　犯罪の成立・科刑ともに身分者に従属―身分の連帯的作用 ・全面適用―共同正犯・教唆・幇助　ex. 収賄・共同正犯 　　　非公務員A→公務員B	・不真正身分犯についての規定　ア）説―通常の犯罪が成立し，通常の刑が科せられる　イ）説―身分犯が成立，通常の刑　　―身分は個別的に作用 ・全面適用　ex. 賭博・幇助　　　非身分者C→身分者D

	A・Bともに収賄罪（共同正犯） （大判昭7・5・11刑集11・614【116】）	（非常習者）（常習者） Dは常習賭博罪 Cは賭博罪の幇助 （大判大2・3・18刑録19・353【117】——ア）説）
団藤説	・非身分者の共犯の成立の規定 ・範囲（真正身分犯・不真正身分犯） ・共犯の範囲 　①真正身分犯―加担犯〈教唆・幇助〉 　②不真正身分犯―全面適用 ・共犯成立に関する身分の連帯性は加減的身分にも及ぶ ex. 収賄（共同正犯は認めない） 　　非公務員A→公務員B 　　A　収賄罪の教唆（幇助） 　　B　収賄罪正犯	・不真正身分犯の科刑ついての規定 ・範囲（不真正身分犯） ・共犯の範囲 ・（不真正身分犯について）全面適用 ex. 賭博・幇助 　　非身分者C→身分者D 　　（非常習者）（常習者） 　　D　常習賭博罪正犯 　　C　常習賭博罪幇助犯←65条1項による 　　（刑は，単純賭博罪による）

(c) **身分者が非身分者に加功した場合**

　刑法65条は，非身分者が身分者に加功した場合について規定しているが，反対に，身分者が非身分者に加功した場合については法は何ら規定するところがない。この場合の取り扱いについては学説・判例に委ねられているのである。
　(i) **真正身分犯の場合**　この場合は，間接正犯の「身分なき故意ある道具」に当たることが多いであろう。身分のない被利用者に道具性が認められる場合には，身分者にその身分犯の間接正犯，被利用者にはその従犯が認められるであろう。たとえば，公務員が非身分者であるその妻に賄賂を受け取らせた場合，公務員は収賄罪の間接正犯，妻はその従犯とすべきである。
　(ii) **不真正身分犯の場合**　たとえば，賭博常習者が非常習者の賭博行為を幇助（教唆）した場合である。この場合，ア）説65条2項を類推して，常習賭博罪の幇助（教唆）罪を認めるとするのが通説・判例である（大判大3・5・18刑録20・932）。

> **判例**
>
> **【115】** 最決昭40・3・30刑集19・2・125
> 「女性も男性の行為を利用することによって強姦罪の保護法益を侵害することができるから、男女が共謀して犯罪行為に加功すれば、強姦罪の共同正犯となる。」
>
> **【116】** 大判昭7・5・11刑集11・614（共犯と身分）
> 「公務員たる身分のない者でも、公務員と共謀してその職務に関し賄賂を収受した場合には、収賄罪の共同正犯となる。」
>
> **【117】** 大判大2・3・18刑録19・353
> 「賭博罪が成立する場合に、犯人に賭博の常習があるかどうかは犯罪の構成に影響がないが、身分により刑に軽重ある場合の身分には該当する。」

（2） 共犯と錯誤

　正犯の実現したところが、共犯者の認識・意図していたものと違った場合、共犯者に共犯の故意を認めることができるかという問題である。単独犯の事実の錯誤の理論に従って解決されるが、共犯の場合であるのでやや異なった点もある。法定的符合説の立場から場合を分けてみてゆこう。

(a) **正犯の実行行為に関する錯誤**

(i) **同一構成要件内の錯誤**　　錯誤が同一構成要件の範囲内で生じたときは共犯者の故意は阻却されない。たとえば、窃盗罪について被害者・目的物が教唆者の教唆したところと異なる場合でも教唆犯の成立は妨げられない（大判大9・3・16刑録26・185）。

(ii) **異なる構成要件間の錯誤**　　錯誤が異なる構成要件にまたがって生じた場合は、原則として共犯者の故意は認められない。ただし、構成要件の重なり合う限度で故意を認めることは単独犯の事実の錯誤の場合と同様である。たとえば、窃盗の幇助の意思で見張りをしたところ、正犯が強盗をしたときは窃盗の範囲で責任を問われる（最判昭23・5・1刑集2・5・435 **【118】**）。

(iii) **結果的加重犯の場合**　　基本犯についての共犯のつもりが、それによっ

て重い結果が発生した場合（結果的加重犯），どの範囲で共犯を認めるかという問題である。(ア)まず，共同正犯の場合，たとえば，傷害罪の共同正犯のつもりが致死の結果を生じさせたときは，通説・判例は傷害致死罪の共同正犯の成立を認める（最決昭54・4・13刑集33・3・179【119】）。(イ)教唆・幇助の場合についても判例は重い結果についての共犯を認める（傷害致死の教唆について，大判大13・4・2刑集3・389，同幇助について，最判昭25・10・10刑集4・10・1965）。結果的加重犯の重い結果につき過失を要するという通説的見解では，過失が認められる限り同様の結論となる。しかし，加重的結果に対する過失が，正犯の責任を基礎づけるとしても，同様のことが狭義の共犯にも妥当するか疑問があろう。結果的加重犯の場合の錯誤は共同正犯の場合に限ると解すべきである。なお，教唆・幇助は実行行為でないとの理由で，結果的加重犯の重い結果について責任を問うべきでないとする見解がある（団藤）。

(b) **共犯形式についての錯誤**

(i) **同一共犯形式内における錯誤**　錯誤が同じ共犯形式内で生じた場合である。たとえば，教唆のつもりであったが，実は，教唆の教唆であったような場合，教唆犯が成立する（最判昭28・6・12刑集7・6・1287）。

(ii) **異なる共犯形式の間の錯誤**　(ア) 狭義の共犯の場合。たとえば，人を教唆したところ，相手はすでに犯罪の決意をしており，決意を強化（精神的幇助）したにすぎない場合である。このような場合構成要件的符合があるか問題になるが，教唆も幇助もともに正犯の行為を通じて，いわば間接的に法益を侵害するものであるから，軽い幇助について共犯の成立を認めるべきであろう。

(イ) 間接正犯の場合。これには，間接正犯の意思で教唆の事実を生じた場合と教唆の意思で間接正犯の事実を生じた場合とがある。前者は，たとえば，甲は情を知らない乙を使ってAを毒殺しようとしたところ，乙は甲の意図に気づいたが，自らも殺意をもってAに毒を飲ませて殺した場合である。この場合について，甲は殺人の間接正犯・乙は直接正犯とする説（団藤），甲は殺人教唆犯・乙は正犯とする説（大塚），および甲には教唆犯のほかに間接正犯の未遂も考えられ，法条競合により教唆犯だけが認められるとする説（平野）が対立している。間接正犯の故意は，他人を利用して法益を侵害するという観点から教唆の故意を包摂しているとみることができるので，甲は教唆・乙は正犯とす

るのが妥当であろう。後者の場合，たとえば，教唆したところ相手は弁別能力を欠く刑事未成年であったため，客観的には間接正犯であったという場合であるが，教唆の故意と間接正犯の故意との重なりを認めた上で罪責の軽い教唆犯の成立を認めるべきである（参照，仙台高判昭27・2・29裁判特報22・106）。

> **判例**
>
> 【118】　最判昭23・5・1刑集2・5・435
> 「窃盗の意思で見張りをした者は，共犯者の意思は初めから強盗でありその結果を実現した場合でも，窃盗罪の既遂の責任を負う。」
> 【119】　最決昭54・4・13刑集33・3・179（共犯と錯誤）
> 「暴行・傷害を共謀した共犯者のうちの一人が殺人を犯した場合，殺意のなかった他の共犯者については，傷害致死の共同正犯が成立する。」

(3)　共犯と中止・共犯関係からの離脱

(a)　共犯と中止犯・共犯関係からの離脱の意義

犯罪の実行に着手した後，自己の意思によりこれを止めた場合が中止犯であり，中止者は刑の必要的減免を受ける（43条但書）。共犯関係にある場合にも中止犯が認められるか，さらには，共犯関係から離脱した場合はどうか，が本項の問題である。共同正犯と中止犯，共謀関係からの離脱，共同正犯関係からの離脱，およびその他の共犯形式の場合を区別して論ずることにする。

(b)　共同正犯と中止犯

共同正犯の関係にある者が当該犯罪の着手があった後に，自己の意思によって犯罪遂行の中止を決意し，他の共犯者を説得して犯罪の遂行を止めさせるか，あるいは結果の発生を防止した場合，その者には中止犯が認められる。中止犯の効果は一身専属的であるから，他の共犯者には中止犯は認められず障害未遂となるであろう。

(c)　実行の着手前に共犯関係から離脱した場合（共謀関係からの離脱という）

この場合は，共謀ないし意思の連絡は成立しているが，いまだ実行に着手していない段階である。離脱者が①離脱の意思を表明し，②その他の共謀者がこ

れを了承すれば，その時点で離脱者とその他の共謀者との間に「共謀関係」はなくなるから，爾後の行為・結果の発生について離脱者は刑責を問われないとされよう。離脱者には離脱までの行為については刑責を認めうるから予備罪とその中止が問題となる余地がある。

> **判例**
>
> 【120】　東京高判昭25・9・14高刑集3・3・407
> 　共謀者が窃盗の実行着手前，他の者に離脱を表明し，他の者もこれを了承して残余の者だけで窃盗を行なったときは，離脱者は刑責を負わない。
> 【121】　福岡高判昭28・1・12高刑集6・1・1
> 　一旦，強盗を共謀した者でも，強盗着手前に離脱する旨表意して共謀関係から離脱した以上，後日他の共謀者によって当該犯行が行なわれても，責任を負わない。

(d) 実行の着手後の離脱（共犯関係からの離脱，または共犯関係の解消）

　実行に着手した後，離脱の意思表明がありこれを他の共犯者が了承し，離脱者において他の共犯者による当該犯罪の実行の継続を防止するに相当な行為が行なわれた場合，爾後の行為に対する心理的・物理的因果関係の遮断が認められる限り共犯関係からの離脱が認められる余地があろう。したがって，その後他の共犯者によって当初の犯罪行為が続行され，結果が発生したとしても刑責は問われないとされるべきである。

> **判例**
>
> 【122】　最決平1・6・26刑集43・6・567
> 　他の共犯者による加害行為の続行のおそれが消滅していなかったので，「共犯関係の解消（離脱）」が認められないと判示して刑責を認めた。

(e) 教唆犯の場合

(i) 被教唆者の着手前　　教唆者が被教唆者の着手前に中止の意思を表明して被教唆者の犯意を消滅させた場合は，教唆が功を奏さなかった場合に準じて教唆の未遂として扱うことができよう。後に，被教唆者が教唆にかかる犯罪を実行したとしても，被教唆者の犯意を消滅させた以上，実行に出た意思は新た

に形成されたものとみるべきで，教唆行為の因果関係はなく，これも教唆の未遂とすべきであろう．

(ii) **着手後** 被教唆者が着手した後に教唆者が被教唆者の実行継続の意思を消滅させ，実行の継続を防止するに相当な行為をした場合には，仮にその後に被教唆者が実行の意思を生じて結果を生じさせたとしても教唆者に中止犯を認められよう．

幇助犯の場合についても，同様に考えられるであろう．

〈More Study〉
大越義久・共犯の処罰根拠　1981　青林書院新社
大塚　仁・間接正犯の研究　1958　有斐閣
西原春夫・間接正犯の理論　1962　成文堂
大野平吉「正犯と共犯」現代刑法講座　第3巻　1979　成文堂
斉藤信治「正犯と共犯」刑法基本講座　第4巻　1992　法学書院
下村康正・共同正犯　刑法講座4　1963　有斐閣
中山研一「共謀共同正犯」現代刑法講座　第3巻　1979　成文堂
西田典之「共犯と身分」現代刑法講座　第3巻　1979　成文堂
墨谷　葵「共犯と錯誤」現代刑法講座　第3巻　1979　成文堂
酒井安行「共犯過剰」刑法基本講座　第4巻　1992　法学書院

第7章 罪　　数

（1）　罪数論の意義

　罪数論とは，犯罪の個数の問題および処理の問題を扱うものである。すなわち，前者は，ある事実が犯罪の構成要件をみたす場合，それが刑法上一個の犯罪を犯したことになるのか，あるいは，複数の犯罪を犯したことになるのかを論ずるもので，これは犯罪論の領域に関わる問題でもある。これに対して，後者は，複数の犯罪を犯した場合，それを科刑上どのように取り扱うかを論ずるもので，これは本来刑罰論の領域に属する問題であるがここで併せて扱われるのが通常である。さらに，罪数の問題は訴訟法の領域にも関連があるのである。すなわち，罪数は，一方では処断刑を決定する基礎となり，他方では，告訴の効力の及ぶ範囲，公訴提起の効力の及ぶ範囲，公訴時効の効力の及ぶ範囲，訴因変更の許される範囲，一事不再理効の及ぶ範囲など手続法上の問題にも重要な役割をになうものである。かように罪数論は，犯罪論，刑罰論，訴訟法にまたがる重要な問題であるということができる。また，有罪と認定された被告人にとっては，量刑と並んで最大の関心事となるものである。

（2）　罪数を定める基準

　一罪か数罪か，罪数をどのような基準に従って判断すべきかについてさまざまな見解が主張されている。
　① **意思（犯意）標準説**　　犯意標準説は，行為者の犯罪意思の個数によって，罪数を決めようとする立場である（牧野）。
　② **行為標準説**　　行為標準説とは，犯罪行為の数によって罪数を決めようとする立場である（滝川）。

③ **結果（法益）標準説** 法益標準説とは，侵害された法益の個数，特に発生した犯罪的結果の数によって，罪数を定めようとする立場である（宮本）。

④ **個別化説** 個別化説とは，罪数の種類（一罪か数罪か，本来的一罪，包括一罪など）によって，標準を異にすべきであるとする立場である（平野，前田）。

⑤ **構成要件標準説** 構成要件標準説とは，構成要件的評価の回数，つまり構成要件に該当する回数によって罪数を決定しようとする立場である（最判昭24・5・18刑集3・6・796）。

【各説の検討】

①意思標準説は，犯罪意思が一個であるならば，たとえ，犯罪行為や結果が多数に及んでも常に一罪として取り扱わねばならなくなり不合理が生じ妥当とはいえない。②行為標準説は，自然的行為の数をそのまま法的評価に結びける点で妥当でない。一個の発砲行為により数人殺害したときも一罪となり，犯罪の本質的要素である法益侵害を無視してしまう結果になる。③法益標準説に対しては，行為や構成要件などの侵害態様を考慮しないで罪数を決める点で妥当ではないとの批判がある。構成要件標準説に対しては，「単純一罪か否かの区別には適当だが包括一罪や科刑上の一罪の区別には役立たない」という問題点が指摘されている。

犯罪は構成要件に該当する行為であるから，罪数の決定も構成要件該当性を基準とすべきであろう。その上で，構成要件の要素である行為や意思，保護法益などの各要素を考慮しつつ該当性評価の回数を判断することになるであろう。④個別化説は，構成要件から離れて罪数を判断することになり妥当とはいえない。

罪数を定める基準について学説は上述のように諸説対立の状況にあるが，構成要件標準説が有力になってきているといえよう。判例は基本的には構成要件標準説をとっているといえよう。

（3） **本来的一罪**

本来的一罪とは，理論的に一罪とみられるもので，科刑上も一罪として扱わ

れる。これには，(a)単純一罪，(b)法条競合，(c)包括一罪の三種類がある。
(a) 単純一罪
　行為者が構成要件に該当する，違法・有責な行為を一回だけ行なった場合である。一罪として処理される。
(b) 法条競合
　1つの犯罪事実に数個の構成要件が適用されるようにみえるが，それは外観上のものにすぎず，その中の1つの構成要件だけが適用され，他は排除される場合である。対象となる行為について1つの構成要件的評価しか成立しない場合であるから一罪である。法条競合には，次のような場合がある。
　(i) **特別関係**　一般法・特別法の関係にあるとき，特別法が優先する（単純横領と業務上横領，窃盗と森林窃盗など）。
　(ii) **吸収関係**　一方の構成要件が他方の構成要件を包含（超過）しているため，前者の適用が後者の適用を排除する（既遂と未遂，共同正犯と教唆・幇助，監禁罪と〔手段として用いられた〕脅迫など）。
　(iii) **補充関係**　2つの構成要件のうち，一方が他方を補充する関係にある場合で，たとえば，強姦と準強姦では，前者が成立しない場合に，後者が補充的に成立するという関係にある。
　(iv) **択一関係**　一方が成立すれば，他方は論理的に成立しえない排他的関係にある場合（横領と背任，窃盗と詐欺）。
(c) 包括一罪
　包括一罪とは，現に複数個の犯罪が存在するにもかかわらず，その実質的な一体性の故に，なお一個の罰条により一回の処理がなされる場合と定義される。しかし，何をもって「実質的な一体性」とみるか，しかく明瞭ではない。それ故，包括一罪の観念自体について必ずしも一致しているわけではない。
　(i) 規定上の包括一罪
　　ア）同一の法条に種々の行為態様が規定されている場合（逮捕後引き続き監禁した場合，賄賂を要求し，約束し，最後に収受した場合，盗品等を運搬し，保管した場合など）
　　イ）「常習犯」の場合，数回の賭博も一個の常習賭博罪
　　ウ）「営業犯」の場合，数回のわいせつ図画の販売も一罪

(ii) **行為が数個ある場合**

イ）欺罔して生命保険契約をし，保険証書を騙取し，次いで，保険事故の発生に応じて保険金を騙取

ロ）一個の犯罪の完成を目指す数個の行為

日大生殺し事件（大判昭13・12・23刑集17・980），同一胎児に対する数回の堕胎行為（大判大11・2・10刑集1・40）

ハ）「接続犯」同一法益に向けられた数個の行為が同一機会に（時間的・場所的に接続して）行なわれた場合（最判昭24・7・23刑集3・8・1373）

（注）「連続犯」 昭和22年の改正前には，科刑上の一罪の扱いをうけた「連続犯」の規定があったが，削除された。「連続したる数個の行為にして同一の罪名に触るるときは，一罪として之を処断す」（55条）

(iii) **結果が数個ある場合**　　一個の行為で所有者の異なる数個の財物を窃取（一個の管理状態の侵害とみて一罪として処理）

（4）　科刑上の一罪

(a)　科刑上の一罪の性格

科刑上の一罪（または処分上の一罪ともいう）には，観念的競合と牽連犯とがある。これらは一個の構成要件によって評価しつくすことができないため，数個の構成要件による評価を必要とする点で，実質上数罪であるが，行為の一個性，あるいは，行為間の類型的関係から，手続法上一罪として扱われるものである。

(b)　観念的競合（想像的競合ともいう）

観念的競合とは，一個の行為にして数個の罪名に触れる場合である（54条1項）。実質上数罪であるものを一罪として扱う理由は，一個の行為による場合であるからである。

(i) 「**一個の行為**」**の意味**　　一個の行為とは，判例によれば「法的評価をはなれ構成要件的観点を捨象した自然的観察のもとで，行為者の動態が社会的見解上一個のものと評価をうりる場合をいう」とされる（最判昭49・5・29刑集28・4・114）。

第7章 罪　　数

【判例】
　ア）無免許運転と酒酔い運転とは，観念的競合（上掲，最判昭49・5・29）
　イ）無免許運転と車検切れ車両運転とは，観念的競合（同上）
　ウ）信号無視と業務上過失致傷とは，観念的競合（最決昭49・10・14刑集28・7・372）
　エ）道交法上の救護義務違反と報告義務違反とは，観念的競合（最判昭51・9・22刑集30・8・1640，不作為の行為の一個性について判例の解釈には疑問がある。）
　オ）銃砲刀剣の所持とこれを用いた強盗とは，併合罪（最判昭23・12・24刑集2・14・1916）
　カ）酒酔い運転と業務上過失致死とは，併合罪（上掲，最判昭49・5・29）

(ii) **数個の罪名に触れること**
　(ア) 同種類の観念的競合（通説・判例は，これを認める）
　　① 一個の行為により2人を同時に殺害した場合は，二個の殺人罪の観念的競合（大判昭11・7・2新聞4015・10）
　　② 一通の書面で数人を誣告した場合は，数個の誣告罪の観念的競合（大判明42・10・14刑録15・1375，誣告罪は現行法では虚偽告訴罪172条）
　(イ) 異種類の観念的競合
　　③ 巡査を傷害し，その公務を妨害する場合は，傷害罪と公務執行妨害罪との観念的競合（大判昭8・6・17刑集12・820）

(c) **牽　連　犯**

① **牽連犯の意義**　牽連犯とは，「犯罪の手段若しくは結果である行為が他の罪名に触るるとき」に，それらの罪をいう（54条1項後段）。すなわち，数個の行為が各別の構成要件に該当し，それらの間に，目的と手段，原因と結果の関係が認められる場合に，牽連犯が成立する。

② 牽連犯を科刑上一罪とする理由は，数個の犯罪が成立する場合であるが，ある犯罪の手段または結果として，随伴するのが通常であるため併合罪としてそれぞれ独立に評価を加える必要がないとするからである。何が通常であるかは法文からは明らかでなく，判例に待つしかないといえよう。

③ 行為間の牽連性を判断する基準について主観説（牧野）と客観説（通説）

211

とが対立している。判例は、「犯人が主観的にその一方を他方の手段又は結果の関係において実行したいというだけでは足りず、その数罪間にその罪質上通例、手段・結果の関係が存在すべきものたることを必要とする」としており、折衷的立場をとっているといえよう（最判昭32・7・18刑集11・7・18）。

④ 判例
　イ）住居侵入と殺人・窃盗・放火・強姦（牽連犯を認める）
　ロ）文書偽造と同行使（牽連犯を認める）
　ハ）偽造文書行使と詐欺（牽連犯を認める）
　ニ）不法監禁と恐喝（牽連犯を認める）
　ホ）放火と保険金詐欺（牽連関係を認めず、併合罪）
　ヘ）殺人と死体遺棄（牽連関係を認めず、併合罪）
　ト）窃盗教唆と贓物故買（牽連関係を認めず、併合罪）

(d) 科刑上の一罪（観念的競合・牽連犯）の処断

「その最も重い刑」をもって処断する（54条1項）。最も重い刑とは、上限・下限ともに重い刑によるという趣旨である。

(5) 併　合　罪

(a) 意　義

「併合罪」とは、確定裁判を経ていない二個以上の罪をいう。同時審判しうる数罪（同時的併合罪）の場合と同時審判しえた数罪（事後的併合罪）の場合とがある。

　ア）同時的併合罪……「確定裁判を経ていない二個以上の罪」をいう（45条前段）。
　　　たとえば、A罪・B罪・C罪（いずれも確定裁判なし）→三罪が併合罪となる。
　イ）事後的併合罪……「ある罪について禁錮以上の刑に処する確定裁判があったときは、その罪とその裁判が確定する前に犯した罪とに限り、併合罪とする。」（45条後段）
　　　たとえば、A罪→A罪とB罪とが併合罪

第 7 章　罪　　数

　　　　Ｂ罪（確定裁判あり）
　　　（Ｂ罪は確定しているからＡ罪についてのみ裁判する→50条）
　　　　Ｃ罪　Ｃ罪は併合罪とならぬから別に裁判
　(b)　確定裁判によって遮断する理由として挙げられているのはつぎの 3 つであるが，イ)ウ）によるべきであろう。
　　ア）確定裁判後は新たな人格態度が期待されるから（団藤）
　　イ）確定裁判の感銘力を無視したから（植松）
　　ウ）確定裁判を区切りとしてそれぞれの数罪を纏めて処理する方が合理的（平野）
(c)　処　　断

原則………加重主義

補充的……吸収主義・併科主義

① 死刑のときは，他の刑は科さない（吸収）。ただし，没収はこの限りでない（併科）。(46条 1 項)
② 無期の懲役・禁固の場合，他の刑は科さない（吸収）。ただし，罰金・科料・没収はこの限りでない（併科）。(46条 2 項)
③ 有期の懲役・禁固の場合，重い刑の1.5倍を長期とする（各長期の合算した期間を超えない，20年以下）（加重）。(47条)
④ 罰金は多額の合算額が新たな多額となる（加重）。(48条 2 項)
⑤ 罰金・拘留・科料・没収と他の刑（併科）。(48条以下)
　二個以上の拘留・科料（併科）(53条 2 項)

〈More Study〉

虫明　満・包括一罪の研究　1992　成文堂
中山善房「罪数論の現状」中野判事還暦祝賀　1972　有斐閣
鈴木茂嗣「罪数論」現代刑法講座　第 3 巻　1979　成文堂
前田雅英「一罪と数罪」刑法基本講座　第 4 巻　1992　法学書院

第3編　刑　罰　論

第1章　刑罰の本質

　刑法学には古くから刑罰の本質は何であるかをめぐってたたかわされた激しい論争がある。応報刑論と教育刑論との対立である。まず，応報刑論からみてゆこう。

（1）応　報　刑　論

　刑罰の本質は，犯罪に対する応報にあるとする立場である。犯罪という悪行に対してそれに応じた刑罰を加えることが正義の実現に向かうものであるとするのである。

　刑罰に応報の要素が含まれていることは容易に理解されるであろう。刑罰は古い時代における被害者・その縁者による加害者に対する復讐の醇化したものであるといわれる。復讐は同害報復を求める。被害者が被ったと同一の害悪を加害者に加えることによって満足するのである。いわゆる「生命には生命を償い，目にて目を償い，歯にて歯を償」うという同害報復・タリオの法がこれである。このような応報思想は，きわめて素朴な報復感情のあらわれとみることができる反面，この思想には犯罪によって生み出される害悪と刑罰として加えられる報復との均衡をはかることが正義であるという観念も窺えるのである。ギリシアの正義の女神 Justitia が右手に剣を握り，左手に衡平をあらわす秤をもって立つ姿はこれを象徴しているものといえよう。

　このように刑罰の本質を応報とする思想は古くからあるが，近代的な応報刑思想は啓蒙期になってカントやヘーゲルなどによって基礎づけられた。

　カントは道徳的人格としての人間を意思の自由をもって行為する理性的存在として措定する。自由な意思をもって行動する人間はその行為，結果について責任を負わなければならない。自己の意思により法を破り，犯罪を犯す者に対

して，その犯したところにより償いを求めることは正義の要求するところである。犯罪者に刑罰を科することは，それによって犯罪を相殺し，犯罪者にその道義的責任をつくさせ，再び人格者に復帰させることにほかならない。カントは犯罪の必罰を主張しそれが正義の要求であると説く。「国家が全員の同意で解散することがあっても，牢獄につながれている最後の殺人者は，解散の前に死刑に処せられねばならない。各人に対してその行為に値するものが与えられることを明らかにするために，またかような処罰を主張しなかったために民族が殺人の責任を負うことがあってはならないために。」

ヘーゲルは，応報としての刑罰を法が自己を実現する過程として考えた。犯罪は「法としての法の侵害」であり，法の否定である。自由な意思を基礎とする法が自由をあまねく実現するためには，法に対する侵害を排除して法を回復しなければならない。法の否定である犯罪をさらに刑罰によって否定し，法を回復するところに刑罰の必然的積極的意味があるとするのである。しかし，刑罰の意義は犯罪者に害悪を加えて苦しめることにあるのではなく，犯人を理性的な存在として取り扱うことにある。したがって，刑罰は応報の観念にもとづくものではあるが，単なる同害報復ではなく「侵害の価値に応じた相等性」をもつべきものとされるのである。

かように応報刑の思想は意思の自由を前提とし，犯罪はその自由な意思によりなされた行為であるから，その当然の報いとして刑罰を受くべきなのであり，それによって正義が実現されるとするのである。

（2） 教育刑論

これは刑罰の本質は犯罪に対する応報にあるのではなく，刑罰を科することによって将来犯罪がなされることを防止し，犯人をして社会復帰させるための教育・改善にあるとする考えである。また，刑罰自体に意味があるのではなく，かような目的で刑を科することに意義を認めるところから目的刑論とも呼ばれている。

この思想は近代科学の発達にともなう犯罪の実証的研究がもたらした「意思の自由」に対する懐疑から生まれたものということができる。犯罪人類学を提

唱したイタリアのロンブローゾは，犯罪者の身体的特徴と犯罪の関係を研究し，一定の身体的特徴を有する者は犯罪を犯すべく宿命づけられているとし，これを生来性犯罪人と名付けた。また，フエリーは犯罪には人類学的原因のほかに物理的・社会的原因が認められるとして，犯罪は素質と環境とによって必然的に生ずるものであると主張した。これらの主張は，人間が意思の自由をもつ存在であることを否定し，犯罪は人間の自由な意思ではなく，遺伝とか環境とかの自然的社会的要因に左右されるものとするのである。したがって，犯罪を行ったことを理由として行為者に道義的非難を加えることはできず，ただ，社会を危険な犯人から防衛するという角度から刑罰を考えることになるのである。この考えを完成させたのはドイツのリストである。

彼の主張は「罰せられるべきは行為ではなく行為者である」という標語によって知られている。犯罪者のもっている社会にとって危険な性格が科刑の根拠であって，犯罪行為は犯罪者の反社会的性格の徴表にすぎないとするのである。したがって，行為を手がかりとして危険な犯罪者を社会から隔離し，教育し改善して社会適応性をもたせて社会復帰させることが刑罰の目的とされるのである。それゆえ，応報刑論では犯罪行為の重大性に応じて——実害あるいは実害発生の危険の大小に応じて——相当の刑罰を科すべきものとするのに対して，教育刑論では犯罪行為は行為者の危険性を知る手がかりにすぎないから同一の犯罪についても行為者の危険性の程度により扱いが異なることになる。たとえば，同じ品物を盗んだ場合でも「出来ごころ」で盗んだ者と周到な計画にもとづいて盗んだ者とではその処遇に差異を生ずることになる。

(3) 刑罰の本質

応報刑論と教育刑論とは互いに相容れないものとして論争が続けられてきたが，今日では極端な応報刑論を主張する者も，また，妥協を許さない教育刑論をとる者もいない。理論の核心において両者に相違点のあることは否定できないが，応報と教育は全面的に排斥し合うべきものではなかろう。応報刑の立場から考えるならば，つぎのようになろう。

(a) まず，刑罰は犯罪を契機として行為者に加えられる法的強制である。こ

の点は教育刑論にあっても同様である。強制は一定の害悪・苦痛を内容とする。刑罰はもっぱら犯人の教化を目的とするとし，施設をどんなに整備したとしても，刑罰は犯人の法益——自由・財産・名誉さらには生命をも強制的に剥奪するものであるから，刑を受ける者に苦痛を与えることは刑罰の否定し難い本性といわなければならない。

(b) つぎに，刑罰は犯罪に対する消極的評価・非難であるということである。犯罪を犯した者に刑罰を科するという制度の背後には，犯罪は許すべからざる悪であるとする思想がある。そして，刑罰の種類・程度が犯罪に応じて法定されているということは，刑罰が犯罪に向けられた社会的非難であるということも示しているのである。刑罰の内容である害悪は犯罪の重さに応じたものでなければならず，その均衡を失したものはもはや実質的に刑罰とはいえなくなる。つまり，刑罰は犯された犯罪に対する応報であり，その犯罪に対する非難の程度に比例するものでなければならない。

(c) しかし，刑罰の本質を応報とする立場にたっても，犯人の教育改善を無視してよいということにはならない。もっぱら苦痛を与えるために刑罰を科するということは人道上許さるべきことではないし，犯罪者が刑を終えて社会に戻ったとき，再び犯罪を行わないように教育することは，犯罪防止の上からいっても当然のことである。

〈More Study〉
小野清一郎・刑罰の本質について・その他　1955　有斐閣
木村亀二・刑法の基本概念　1949　有斐閣
宮内　裕「刑罰と保安処分」刑法講座1　1963　有斐閣
加藤久雄「刑罰と保安処分」刑法基本講座　第1巻　1992　法学書院

第2章　刑罰の種類

　現行刑法の定める刑罰は，主刑としての生命刑（死刑），自由刑（懲役，禁錮，拘留），財産刑（罰金，科料），付加刑として財産刑である没収の七種である（9条）。主刑はそれだけを単独で科することができるが，付加刑は主刑に付加して科されるものである。以下，現行の刑罰制度の内容を概観する。

（1）　死　　　刑

　(a)　生命刑とも極刑ともいう。死刑は犯人の生命を断ち，その存在を永久に抹殺する刑罰であるから，もっとも峻厳な制裁である。死刑は犯人の存在そのものの否定であるから，犯人の教育改善という点では意味がない。しかし，犯人を社会から抹殺し，社会を防衛するという点ではもっとも確実な方法であり，一般予防の観点からも，人間の執着する生命を奪うという刑罰は犯罪を抑制する力が大きいと考えられている。

　(b)　死刑は監獄内で絞首の方法で執行する（11条）。古い時代には，磔，火あぶり，鋸引など残虐な方法が用いられていたが，近代の文明社会ではヒューマニズムの観点から残虐な刑罰に対する反省によってそのような方法も姿を消している。

　(c)　ところで，わが国では，死刑そのものが，残虐な刑罰であるから，憲法36条に違反するとして死刑の合憲性が争われた事件がある（最判昭22・3・12刑集2・3・191）。この判例において最高裁は被告人の上告を退けて，死刑は憲法に違反しないと判断した。「生命は尊貴である。一人の生命は，全地球よりも重い。」しかし，憲法は公共の福祉のために死刑制度の存続の必要性を承認している（憲13条・31条）。死刑は「窮極の刑罰であり，また冷厳な刑罰ではあるが，刑罰としての死刑が，一般に直ちに……残虐な刑罰に該当するとは考えら

れない。ただその執行の方法等がその時代と環境とにおいて人道上の見地から一般に残虐性を有するものと認められる場合には残虐な刑罰といわねばならない。」つまり，残虐な刑罰であるか否かは，死刑そのものについてではなく，その執行方法についての問題だというのである。

　(d)　死刑選択の基準

　最高裁判所は，永山事件において死刑の選択が許される基準を次のように述べている。「死刑制度を存置する現行法制の下では，犯行の罪質，動機，態様ことに殺害の手段方法の執拗性・残虐性，結果の重大性ことに殺害された被害者の数，遺族の被害感情，社会的影響，犯人の年令，前科，犯行後の情状等各般の情状を併せ考察したとき，その罪責が誠に重大であって，罪刑の均衡の見地からも一般予防の見地からも極刑がやむをえないと認められる場合には，死刑の選択も許される。」(最判平 2・4・17判時1348・15)

　(e)　死刑存廃論

　死刑の廃止を求める声は，18世紀イタリアの刑法学者ベッカリーアがその著「犯罪と刑罰」において死刑の廃止を提唱してから，今日にいたるまで続いている。存廃論の主な争点は，①死刑には犯罪を抑止する力があるか，②死刑は残虐な刑罰か，③死刑は人道主義に反するか，④誤判の可能性がある以上，取り返しのつかない死刑は科すべきでない（適正手続違反）などである。

　今日死刑を廃止・停止している文明国は相当数にのぼり，世界の趨勢は死刑廃止に向かっているといえる。死刑は廃止されるべきである。しかし，わが国の世論では死刑存置に 7 割を超える国民の賛成がある（総理府の世論調査・1994年 9 月）。

（2）自　由　刑

　(a)　懲役（12条），禁錮（13条），拘留（16条）の三者を自由刑という。いずれも一定の施設内に犯罪者を収容し，その自由を拘束する点で共通性を有するが，期間，定役の有無で区別される。懲役と禁錮とは期間の点では同じであるが，懲役には定役が科せられる点で区別される。期間は無期と有期に分けられ，有期は 1 月以上15年以下である。加重する場合は20年にいたることがあり，減

軽する場合には1月以下に下ろすことができる。拘留は1日以上30日未満であるが定役を科せられない点で禁錮と似ている。しかし，受刑者の請願があれば，禁錮・拘留に処せられている者を作業に就かせてよいことになっているので，禁錮囚の大部分は，就業請願して作業に就いているのが実情である。したがって，懲役と禁錮とは執行の実質においてはほとんど差異がなくなっている。そこで，自由刑に数種の別を置かず一切の自由刑を一元化せよという議論がある。自由刑一元論は，執行の実質において懲役と禁錮とは差異がないという点以外にも傾聴に値する論拠を有するが，未だ大方の支持を得るにいたってはいない。

(b) 自由刑は現代の刑罰の主流をなすものといってよい。それは自由の剥奪を内容とする刑罰であるが，人道的にも許容され，また犯罪人の改善および社会の安全の確保に有効であると考えられたからである。監獄の状態をいくら改善しても，自由を拘束され，規則に定められた生活を強制されることは受刑者にとって苦痛である。この意味で自由刑は犯罪者に害悪を与えることが主目的なのではなく，受刑者を教化改善して善良な市民として社会復帰させることこそが目的とされねばならないと考えられる。そのために「社会に帰った時のための教育」の必要が唱えられ，種々の処遇がなされている。たとえば，刑務作業（定役）によって勤労の習慣を養わせるとか，職業技術を修得させるとか，仮釈放によって社会適応性を形成させる等々はその目的に出たものである。

(c) 刑期の短い自由刑（短期自由刑）については一般にその弊害の大きいことが指摘されている。短期間の拘禁生活では受刑者は，教育によって改善を受けるよりはむしろ同囚の犯罪教育によってますます悪に染まって社会に出てゆくというのである。そこで短期自由刑の弊害を回避するためその代替手段として，罰金，執行猶予・宣告猶予などの方法が考えられているが，なお検討すべき問題を残している。

（3） 財 産 刑

(a) 主刑としての財産刑は罰金（15条）と科料（17条）である。罰金は1万円以上であるが，これを減軽する倍は1万円未満に下げることができる。科料は千円以上1万円未満である。罰金も科料も犯罪者に一定の金額を国庫に納め

させるという点で異ならない。罰金・科料を完納することができない場合には，その残額に応じて一定の期間労役場に留置される（18条）。

(b) 罰金は一定の金銭の剝奪を内容とする。したがって，金銭に対する所有欲のつよい行為者に対しては，一応犯罪抑制の効果を期待し得る。しかし，犯罪者の貧富の差によって同額の金銭の剝奪であってもそれによって受ける苦痛の度合いは著しく異なる。罰金の量定にあたっては犯人の責任の量とともに「犯人の資産その他の経済的状態」をも考慮に入れる必要があろう。しかし，罪刑法定主義の建て前上，法律の制限を超えて刑を定めることは許されないのであるから，刑の目的を達成するためにはもっと合理的な制度（たとえば，日数罰金制など）を検討する必要があろう。

(c) 付加刑としての財産刑は特定の物に対する没収である（19条）。これは犯人に不正に利益を得させないため，あるいは，危険な物件を放置しないという目的で科せられる。賄賂や偽造文書，犯罪に用いられた凶器，賭博でもうけた金銭などで，犯人以外の者に属さない物である場合に没収することができる。

〈More Study〉
団藤重光・死刑廃止論（第6版）2000　有斐閣
井上正治「自由刑」刑法講座1　1963　有斐閣
高橋則夫「自由刑とその単一化」刑法基本講座　第1巻　1992　法学書院
市川秀雄「財産刑」刑法講座1　1963　有斐閣
藤本哲也「財産刑・日数罰金制」刑法基本講座　第1巻　1992　法学書院

第3章 刑の適用

(1) 刑の適用

　犯罪が成立すれば，原則としてその行為者に刑罰を言い渡す，これが刑の適用である。ただし，例外的に犯罪が成立しても処罰されない場合がある。客観的処罰条件（たとえば，事前収賄罪において公務員または仲裁人となったこと〔197条2項〕など）が成就していなかったり，親族相盗例における一定の親族関係が存在する場合（244条1項）などである。

(2) 法定刑

　法定刑とは，刑罰法規の各本条に規定された刑である。法定刑に対して，処断刑および宣告刑を区別しなければならない。処断刑とは，法定刑に法律上および裁判上の加重減軽を行ったもので，当該被告人に適用可能な刑をいう。また，宣告刑とは，処断刑の範囲内で被告人に宣告された刑をいう。
　①主刑の軽重は，刑法9条に規定されている順序による（10条）。死刑＞懲役＞禁錮＞罰金＞拘留＞科料の順である。ただし，無期の禁錮と有期の懲役とでは無期の禁錮を重い刑とする。また，有期の禁錮の長期が，有期の懲役の長期の2倍を越えるときは，前者を重い刑とする（1項）。②同種の刑の場合は，長期または多額で比較し，長期または多額が同じ場合には短期または寡額で比較し，重い刑を決める（2項）。③以上によって同種の刑の軽重が決まらないときは，犯情によってその軽重を決める。2個以上の死刑の場合も同様である（3項）。

(3) 刑の加重・減軽

刑の加重・減軽の事由には，法律上のものと裁判上のものとがある。前者は法律で加重・減軽の事由が定められているものであり，後者は刑の加重・減軽が裁判官の判断にゆだねられているものである。

(a) 刑の加重事由

法律上の加重事由としては，併合罪加重（47条：罪数の項参照）と累犯加重（57条）がある。

累犯とは，既に確定裁判を経た犯罪（前犯）を犯した者がさらに犯罪（後犯）を犯すことである。そのうち，一定の要件を備えている場合を再犯といい，刑が加重される。再犯の要件は，懲役刑に処せられた者が，その刑の執行終了または免除後5年以内に再び犯罪を犯し有期懲役に処すべき場合などである（56条各項）。

刑が加重される理由は，既に前犯によって改悛の機会が与えられたのに，更に犯罪を繰り返したため非難が大きいこと，また，犯罪の反復累行により高度な危険性が認められることにある。

再犯加重（累犯加重）は，その罪について定めた懲役の長期の2倍以下である（57条）。

(b) 刑の減軽事由

法律上の減軽事由としては，必要的減軽事由と任意的減軽事由がある。前者には，心神耗弱（39条2項），中止犯（43条但書），従犯（63条）による減軽があり，後者には，過剰防衛（36条2項），過剰避難（37条1項但書），法律の錯誤（38条3項），自首・首服（42条），未遂犯（43条本文），偽証罪における自白（170条）などによる減軽がある。

裁判上の減軽とは，酌量減軽ともいい，「犯罪の情状に酌量すべきものがあるとき」に減軽することができる（66条）。なお，法律上の事由によって刑を加重または減軽する場合であっても，酌量減軽をすることができる（67条）。

自首とは，罪を犯した者が，捜査機関に対して自発的に自己の犯罪事実を申告してその処分を求める行為である。刑の任意的減軽事由である（42条1項）。刑法上の自首は「罪を犯した者が捜査機関に発覚する前に」行わなければなら

ない。発覚する前とは，犯罪事実そのものが捜査機関に知られていない場合や犯罪事実は発覚していてもその犯人が誰であるか不明の場合などであり，単に犯人の所在だけが不明な場合は含まれない（最判昭24・5・14刑集3・6・721）。減軽事由とする根拠としては，犯罪捜査を容易にするための政策的理由と犯行後の改悛による責任の減少とが挙げられるが，現行法では悔悟などの主観的な要件は示されていないので政策的理由と考えるべきであろう。

　首服とは，親告罪の犯人が，被害者などの告訴権者に自己の犯罪事実を告知し，その者の告訴に委ねることで，これも自首と同様，刑の任意的減軽事由とされている（42条2項）。

(c) 刑の加重・減軽の方法

刑法第1編の13章は刑を加重・減軽する場合の方法および順序を定めている（刑の加減例ともいう）。

① 刑を加重する方法については，併合罪加重と再犯加重の項参照。

② 刑の減軽の方法については，法律上の減軽の方法（68条），酌量減軽の方法（71条）。なお，法律上の減軽事由が数個ある場合でも減軽は1回に限られる（法律上の減軽1回と酌量減軽1回の2回は可）。

③ **加減の順序**　同時に刑を加重したり，減軽したりするときは，再犯加重→法律上の減軽→併合罪加重→酌量減軽の順序で行う（72条）。順序が異なると結論も異なり得るので不公平をなくすために順序を法定しているのである。

(4) 刑の量定

(a) 意　義

刑の量定とは，特定の行為者に対して，具体的に言い渡すべき刑の種類と量を決定することをいう。単に量刑ともいう。量刑は，法定刑に所要の加重・軽減を施してえられた処断刑の範囲内で具体的に宣告すべき刑（宣告刑）を決定することである。その刑の種類と量の決定は，裁判官の自由裁量に委ねられている。わが国の刑法の法定刑はとくに大きな幅をもって定められており，裁判官の裁量可能な範囲が広いのが特徴である。しかし，それは裁判官の恣意を許

すという趣旨ではないことはもちろんであり，裁判官は客観的に合理的な刑を量定しなければならないのである。

(b) 量刑基準

現行法には刑の量定に関する規定はないが，起訴便宜主義を定めた刑事訴訟法248条および改正刑法草案48条の規定が参考になる。48条は，刑の適用の一般基準として「①刑は，犯人の責任に応じて量定しなければならない。②刑の適用にあたっては，犯人の年齢，性格，経歴及び環境，犯罪の動機，方法，結果及び社会的影響，犯罪後における犯人態度その他の事情を考慮し，犯罪の抑制及び犯人の改善更正に役立つことを目的としなければならない。③死刑の適用は，特に慎重でなければならない。」と規定している。

(5) 刑の免除

刑の免除とは，刑の宣告に際して，刑を免除すべき事由があるとき，刑を言い渡さないで刑を免除することをいう。

刑の免除の事由は，すべて法律に定められている場合に限り，必要的免除事由と裁量的免除事由がある。前者の例としては内乱罪における自首（80条），私戦予備・陰謀における自首（93条）などがあり，後者の例としては親族間の犯人蔵匿（105条），放火予備（113条）などがある。また，刑の免除と減軽が選択的に規定されているものがあり，必要的なものとして中止犯（43条但書）があり，任意的なものとして過剰防衛（36条2項），過剰避難（37条1項但書）がある。

〈More Study〉
　川崎一夫・体系的量刑論　1991　成文堂
　城下裕二・量刑基準の研究　1995　成文堂
　佐伯千仞「刑の量定の基準」刑法講座1　1963　有斐閣

第4章 刑の執行

(1) 刑の執行

　刑の執行とは，判決により言い渡された刑が確定したとき，刑の内容を実現することである。

(a) 死刑の執行

　死刑の言渡しを受けた者は，その執行まで監獄に拘置し，監獄内において絞首して執行する（11条）。死刑の執行は，法務大臣の命令による。この命令は，判決確定の日から原則として6カ月以内にしなければならない（刑訴法475条）。

(b) 自由刑の執行

　自由刑は監獄において執行される。監獄には，懲役監，禁錮監，拘留場，拘置監の4種類ある（それぞれの監獄は，刑務所，拘置所と呼ばれる）。

(c) 財産刑の執行

　罰金・科料・没収・追徴の裁判は，検察官の命令により執行される。この命令は執行力のある債務名義と同様の効力を有する（刑訴法490条）。

　なお，罰金・科料を完納することができない者は一定期間労役場に留置される（19条）。

(2) 刑の執行猶予

(a) 意　義

　刑の執行猶予とは，刑を言い渡す際に情状などにより，一定期間（1年以上5年以下）その執行を猶予し，その期間を無事に経過したときは，刑の言渡しの効力を失わせ，刑の言渡しがなかったのと同様の効果を生じさせる制度である。刑の執行，とくに短期自由刑の執行による弊害を回避し，また，前科のも

たらす弊害を回避することが主な目的である。

(b) 要　　件

(ア)①前に禁錮以上の刑に処せられたことがない者（25条1項1号），または②前に禁錮以上の刑に処せられたことがあるが一定の条件を満たす者（同2号）であること，(イ)これらの者が3年以下の懲役もしくは禁錮，または50万円以下の罰金の言渡しを受けた場合であること（25条参照）。

裁判官は25条の要件を満たすときに，刑の言渡しと同時に判決で刑の執行猶予の言渡しをすることができる。

(c) 効　　果

刑の執行猶予の言渡しを取り消されることなく猶予期間を経過したときは，刑の言渡しは，効力を失う（27条）。猶予の期間内に更に罪を犯して禁錮以上の刑に処せられるなど一定の事由がある場合は，執行猶予が取り消される（26条，26条ノ2）。

(3) 仮　釈　放

仮釈放とは，言い渡された自由刑の執行が完全に終わっていないが，「改悛の状」があるとき，行政機関の判断により一定の条件付きで仮に釈放し，残りの期間を無事経過したときは，その執行を免除する制度である。仮釈放には，仮出獄と仮出場とがある。

(a) 仮　出　獄

懲役または禁錮に処せられた者に改悛の状があるときは，有期刑については，その刑期の3分の1を，無期刑については10年を経過した後，行政官庁（地方更正保護委員会）の処分により仮に出獄を許すことができる（28条）。

(b) 仮　出　場

拘留に処せられた者あるいは労役場に留置された者は，情状により，いつでも行政官庁の処分により仮に出場を許すことができる（30条）。

〈More Study〉

宮内　裕・執行猶予の実体　1963　日本評論新社

西村克彦「刑の執行猶予と保護観察」刑法講座1　1963　有斐閣
石川正興「刑の執行猶予」刑法基本講座　第1巻　1992　法学書院
墨谷　葵「仮釈放」現代刑法講座　第3巻　1979　成文堂

第5章 刑の消滅

　刑の消滅とは，犯罪の成立により発生した刑罰権が，何らかの事由によって消滅することである。そのような事由を刑罰消滅事由といい，いったん発生した刑罰権を消滅させるものである点で処罰阻却事由と異なるものである。刑罰消滅事由としては，犯人の死亡，恩赦，時効，仮釈放期間の満了，刑の執行猶予期間の満了，刑の消滅などがある。

（1）恩　　赦

　恩赦とは，行政権によって刑罰権の全部または一部を消滅させ，その効力を減殺する制度である。恩赦法には，大赦・特赦・減刑・刑の執行の免除・復権の5種が規定されている。

（2）時　　効

　刑事に関する時効には，①刑の時効，と②公訴の時効がある。刑の時効とは，刑の言渡しが確定した後，一定の期間が経過したことにより刑罰執行権を消滅させることである（31条・32条）。公訴の時効とは，一定の期間が経過したことにより，まだ確定していない事件についての公訴権を消滅させ，その結果刑罰権を消滅させることである（刑訴法250条以下・337条4号）。

（3）刑の消滅（34条の2）

　刑罰消滅事由により刑の執行は免除されるが，刑の言渡しに伴う資格制限等他の法律効果は解消されないことが多い。そこで，一定の期間の経過よって

刑の言渡しの効力をを失わせることにしたのである。34条の2は，「禁錮以上の刑の執行を終わり又はその執行の免除を得た者が罰金以上の刑に処せられないで10年を経過したときは，刑の言渡しは，効力を失う。」と規定している。刑の消滅として規定されているが，実質は法律上の復権である。言渡しが効力を失うとは，爾後の法律上の扱いとしては，過去にそのような言渡しがなかったのと同じに対応するということである。

事 項 索 引

あ行

暴れ馬事件 …………………………137
安楽死 ………………………………122
意思決定規範 …………………………92
意思の自由 …………………………133
一個の行為 …………………………210
一般的正当行為 ……………………115
違法行為類型説 ………………………46
違法性 …………………………………36
違法性推定機能 …………………44, 89
違法性阻却事由 ………………………97
　――の錯誤 ………………………159
違法性の意識 ………………………143
　――の可能性・必要説 …………144
　――・必要説 ……………………144
　――・不要説 ……………………143
違法・責任行為類型説 ………………46
因果関係 ………………………………78
　――の錯誤 ………………………150
　――の断絶 …………………………80
　――の中断 …………………………80
　――の判断 …………………………81
ウェーバーの概括的故意 ……………59
疫学的因果関係 ………………………82
応報刑論 ……………………………217
恩　赦 ………………………………233

か行

概括的故意 ……………………………59
蓋然性説 ………………………………65
拡張解釈 ………………………………16

確定的故意 ……………………………59
科刑上の一罪 ………………………210
過　失 …………………………………39
　――の競合 …………………………68
　――の有意性 ………………………39
過失犯 ………………………………166
過剰避難 ……………………………109
過剰防衛 ……………………………103
仮定的因果関係 ………………………82
可罰的違法性 …………………………93
仮釈放 ………………………………230
科　料 ………………………………223
慣習法の排除 …………………………12
間接教唆 ……………………………193
間接正犯 ……………………………182
監督過失 ………………………………68
観念的競合（想像的競合）………210
企業組織体責任論 ……………………50
危惧感説 ………………………………65
危険犯 …………………………………52
記述的構成要件要素 …………………47
規制機能 ………………………………5
期待可能性 …………………………136
規範違反説 ……………………………90
規範的構成要件要素 …………………47
規範的責任論 ………………………135
義務の衝突 …………………………114
客観的違法性論 ………………………92
客観的構成要件要素 …………………48
客観的処罰条件 ………………………54
客観的相当因果関係説 ………………79
教育刑論 ……………………………218

235

事項索引

教唆の未遂 …………………192	結果的加重犯…………………51
教唆犯 ………………………190	結果犯 …………………………51
共同正犯 ……………184, 204	結果無価値論…………………95
共　犯 ……………177, 196, 202	結合犯 …………………………167
──と中止 ………………204	原因説…………………………79
──と身分 ………………196	原因において自由な行為 ……140, 166
共犯関係からの離脱 ………204	喧嘩と正当防衛 ……………103
共犯従属性説 ………………180	限時法 …………………………25
共犯独立性説 ………………180	限定責任能力 ………………138
共謀共同正犯 ………………187	謙抑性 …………………………5
業務上過失……………………67	牽連犯 …………………………211
挙動犯（単純行為犯）………51	故　意 ……………………39, 59
緊急避難 ……………106, 109	故意規制機能…………………45
禁　錮 …………………………222	行為共同説 …………………179
具体的危険犯…………………52	行為責任論 …………………134
具体的事実の錯誤 ………147	行為統御能力 ………………138
具体的符合説 ………………148	行為無価値論…………………95
刑 ………………225, 229, 233	行為類型説 ……………………45
──の加重事由 …………226	構成要件………………………43
──の減軽事由 …………226	──の機能 ………………44
──の執行 ………………229	──の要素 ………………47
──の執行猶予 …………229	構成要件該当性 …………36, 69
──の消滅 ………………233	構成要件的過失………………61
──の変更 ………………24	構成要件的故意………………57
──の免除 ………………228	勾　留 …………………………222
──の量定 ………………227	誤想過剰防衛…………………104
傾向犯…………………………56	誤想避難 ………………………110
形式的意義の刑法 ……………3	誤想防衛 ……………………87, 159
形式犯…………………………52	国家正当防衛…………………103
刑事法学………………………7	
刑事未成年 …………………140	**さ行**
継続犯…………………………53	
刑罰法規の明確性……………13	再間接教唆 …………………193
刑法の法源……………………19	罪刑の著しい不均衡…………14
刑法の目的……………………5	罪刑の適正……………………14
	罪刑の法廷（法律主義）……12

事項索引

罪刑法定主義……………………11	条件説………………………………79
罪刑法定主義的機能……………44	状態犯………………………………53
財産刑………………………………223	定　役………………………………222
罪　数………………………………207	植物状態患者……………………126
――を定める基準……………207	白地刑法（空白刑法）…………20
作為義務……………………………73	侵害犯………………………………52
作為犯………………………………71	人格責任論………………………134
錯　誤………………………146, 202	人格的行為論……………………38
時間的適用範囲…………………23	新々過失論………………………65
自救行為…………………………111	心神耗弱…………………………139
事業主処罰………………………50	心神喪失…………………………139
死　刑………………………………221	真正不作為犯……………………71
死刑存廃論………………………222	真正身分犯……………………48, 201
時　効………………………………233	人的違法観………………………96
事後法の禁止……………………15	人的適用範囲……………………30
事実の錯誤………………………147	信頼の原則………………………64
自招危難…………………………107	心理的責任論……………………135
実行行為……………………………69	推定の承諾………………………121
実行従属性………………………180	性格責任論………………………134
実行の着手………………………165	正当業務行為……………………117
実質的意義の刑法………………3	正当防衛…………………………99
実質的違法性……………………89	――と緊急避難………………100, 110
実質犯………………………………52	生命刑………………………………221
社会的行為論……………………39	世界主義……………………………29
社会的責任論……………………132	責任主義…………………………131
社会的相当性説…………………99	責任説………………………………145
自由刑………………………………222	責任能力…………………………137, 138
重畳的因果関係…………………81	責任の本質………………………132
重大な過失（重過失）…………67	責任無能力………………………138
従犯（幇助犯）…………………194	責任要素としての過失（責任過失）…160
主観的違法性論…………………92	絶対的不定刑の禁止……………14
主観的違法要素…………………55	折衷的相当因果関係説…………79
主観的構成要件要素……………54	相当因果関係説…………………79
主観的相当因果関係説…………79	遡及処罰の禁止…………………15
条件関係………………………79, 81	属人主義……………………………28

237

事項索引

即成犯（即時犯）…………………53
属地主義……………………………28
尊厳死………………………………125

た行

対向犯………………………………178
対物防衛……………………………102
択一的故意…………………………59
短期自由刑…………………………223
単純一罪……………………………209
注意義務……………………………64
中　止………………………………202
中止行為……………………………170
中止犯…………………………168, 204
中止未遂……………………………168
抽象的危険犯………………………52
抽象的事実の錯誤……………148, 151
抽象的符合説…………………148, 152
懲　役………………………………222
超法規的違法性阻却事由…………128
追及効………………………………26
同価値性……………………………75
道義的責任論………………………132
特別刑法……………………………3
独立教唆罪…………………………193

な行

任意性………………………………169
任意的共犯…………………………178
認識のある過失……………………65
認容説………………………………65
脳　死………………………………127

は行

場所的適用範囲……………………27

罰　金………………………………223
犯罪共同説…………………………179
犯罪個別化機能……………………44
犯罪の成立要件……………………35
犯罪論………………………………40
判例の不利益変更…………………15
被害者の承諾………………………118
必要的共犯…………………………178
評価規範……………………………92
表現犯………………………………56
不確定的故意………………………59
付加刑………………………………224
不可罰的事後行為…………………53
不作為の有体性……………………40
不作為犯………………………71, 166
不真正不作為犯……………………71
不真正身分犯…………………48, 201
不能犯………………………………173
併合罪………………………………212
弁識能力……………………………138
法益権衡の原則……………………108
法益衡量説（優越的利益説）……99
法益侵害説…………………………90
法益保護機能………………………5
法確証の原理………………………100
包括一罪……………………………209
法条競合……………………………209
法人の犯罪能力……………………49
法定刑………………………………225
法定的符合説…………………148, 151
方法の錯誤（打撃の錯誤）………149
法律の錯誤…………………………155
法令行為……………………………116
保護主義……………………………29
補充の原則…………………………107

保障機能 …………………………6	目的的行為論 ……………………38
保証人説 …………………………74	
没　収 …………………………224	**や行**
本来的一罪 ……………………208	有意的行為論 ……………………38
	有責性（責任）…………………37
ま行	要素従属性 ……………………181
未遂の教唆 ……………………191	予備の中止 ……………………172
未遂犯 …………………………163	
未必の故意 …………………59, 60	**ら行**
身　分 …………………………196	両罰規定…………………………50
身分犯 …………………………196	類推解釈…………………………16
目的刑論 ………………………218	労働争議行為 …………………127
目的説 …………………………98	

事項索引

239

判 例 索 引

【107】	大判明37・12・20刑録10・2415………………………………………	183
【048】	大判明43・10・11刑録16・1620（一厘事件）……………………	94
【015】	大判明44・6・16刑集17・1202（ゴーベン号失火事件）……	28
【117】	大判大2・8・18刑録19・353 ………………………………………	202
【035】	大判大4・2・10刑録21・90（貰い子餓死事件）………………	78
【102】	大判大6・9・10刑録23・999 ………………………………………	176
【024】	大判大6・11・9刑録23・1261 ……………………………………	61
【032】	大判大7・12・18刑録24・1558 ……………………………………	77
【110】	大判大10・5・7刑録27・257 ……………………………………	184
【080】	大判大11・2・4刑集1・32 ………………………………………	154
【021】	大判大11・5・6刑集1・255 ………………………………………	60
【081】	大判大11・5・9刑集1・313 ………………………………………	155
【027】	大判大12・2・16刑集2・97 ………………………………………	66
【082】	大判大12・4・30刑集2・378 ……………………………………	155
【044】	大判大12・5・26刑集2・458 ……………………………………	85
【041】	大判大12・7・14刑集2・658（神水塗布事件）………………	84
【038】	大判大13・3・14刑集3・285 ……………………………………	78
【087】	大判大13・4・25刑集3・364（むささび・もま事件）………	158
【083】	大判大13・8・5刑集3・611 ………………………………………	156
【086】	大判大14・6・9刑集4・378（たぬき・むじな事件）………	158
【043】	大判昭2・9・9刑集6・343 ………………………………………	85
【076】	大判昭2・10・16刑集6・413 ……………………………………	142
【054】	大判昭3・3・19新聞2891・14 ……………………………………	105
【045】	大判昭5・10・25刑集9・761 ……………………………………	85
【056】	大判昭7・1・25刑集11・1 ………………………………………	105
【116】	大判昭7・5・11刑集11・614 ……………………………………	202
【084】	大判昭7・8・4刑集11・1153 ……………………………………	157
【046】	東京控判昭8・2・28新聞3545・5（浜口首相暗殺事件）……	86
【073】	大判昭8・11・21刑集12・2072（第5柏島丸事件）…………	137
【058】	大判昭8・11・30刑集12・2160 …………………………………	108
【091】	大判昭9・10・19刑集13・1473 …………………………………	167
【017】	大判昭10・11・25刑集14・1217 …………………………………	49

241

【051】	大判昭11・12・7刑集15・1561 ………………………………………………	105
【094】	大判昭12・3・6刑集16・272 …………………………………………………	171
【095】	大判昭12・9・21刑集16・1303 ………………………………………………	171
【059】	大判昭12・11・6裁判例11刑86 ………………………………………………	108
【033】	大判昭13・3・11刑集17・237 …………………………………………………	77
【099】	大判昭13・4・19刑集17・336(「宜しく頼む」事件) ……………………	171
【003】	大判昭15・6・19刑集5・267 …………………………………………………	18
【004】	大判昭15・8・22刑集19・540 …………………………………………………	18
【104】	大判昭15・10・16刑集19・10・698 …………………………………………	176
【028】	最判昭23・3・16刑集2・3・227 ………………………………………………	66
【118】	最判昭23・5・1刑集2・5・435 ………………………………………………	204
【011】	最判昭23・6・22刑集2・7・694 ………………………………………………	25
【096】	最判昭24・7・9刑集3・8・1174 ………………………………………………	171
【065】	最判昭24・7・22刑集3・8・1363 ………………………………………………	120
【050】	最判昭24・8・18刑集3・9・1465 ………………………………………………	104
【039】	最判昭25・3・31刑集4・3・469(脳梅毒事件) ……………………………	84
【101】	最判昭25・8・31刑集4・9・1593 ………………………………………………	174
【120】	東京高判昭25・9・14高刑集3・3・407 ……………………………………	205
【013】	最判昭25・10・11刑集4・10・1972 ……………………………………………	27
【042】	最判昭25・11・9刑集4・11・2239 ……………………………………………	85
【077】	最判昭26・1・17刑集5・1・20 ………………………………………………	142
【088】	最判昭26・8・17刑集5・9・1789(無鑑札犬撲殺事件) …………………	158
【085】	東京高判昭27・12・26高刑集5・13・2645(コンニャク玉窃盗事件) ……	157
【121】	福岡高判昭28・1・12高刑集6・1・1 ………………………………………	205
【111】	最判昭28・1・23刑集7・1・30 ………………………………………………	189
【026】	最決昭28・3・5刑集7・3・506 ………………………………………………	63
【112】	札幌高判昭28・6・30高刑集6・7・859 ……………………………………	189
【060】	最判昭28・12・25刑集7・13・2671 ……………………………………………	108
【100】	最判昭29・1・20刑集8・1・41 ………………………………………………	173
【092】	最判昭29・5・6刑集8・5・634 ………………………………………………	167
【097】	福岡高判昭29・5・29判特26・93 ……………………………………………	171
【008】	最判昭30・3・1刑集9・3・381 ………………………………………………	19
【009】	最判昭31・4・10刑集10・4・520 ………………………………………………	19
【075】	名古屋高判昭31・4・19高刑集9・5・411 …………………………………	142
【109】	最決昭31・7・3刑集10・7・955 ………………………………………………	184

【063】	大阪高判昭31・12・11高刑集9・12・1263（梅田駅前事件）	114
【057】	最判昭32・1・22刑集11・1・31	105
【023】	最判昭32・3・13刑集11・3・997（チャタレー事件）	61
【012】	最判昭32・10・9刑集11・10・2497	26
【018】	最判昭32・11・27刑集11・12・3133	50
【114】	最判昭33・5・28刑集12・8・1718（いわゆる練馬事件）	190
【074】	最判昭33・7・10刑集12・11・2471（失業保険不納付事件）	137
【034】	最判昭33・9・9刑集12・13・2889	77
【061】	最判昭35・2・4刑集14・1・61（吊橋爆破事件）	109
【089】	広島高判昭35・6・9高刑集13・5・399	160
【029】	広島高判昭36・8・25高刑集14・5・333	66
【005】	最判昭37・3・8刑集16・3・267	18
【105】	最判昭37・3・23刑集16・3・305（空気注射殺人未遂事件）	176
【014】	最判昭37・4・4刑集16・4・345	27
【103】	東京高判昭37・4・24高刑集15・4・210	176
【016】	大阪地判昭37・7・24下刑集4・7=8・696	40
【068】	名古屋高判昭37・12・22高刑集15・9・674	124
【071】	最判昭38・5・22刑集17・4・37（ポポロ事件）	129
【072】	最決昭39・12・3刑集18・10・698（舞鶴事件）	129
【093】	最決昭40・3・9刑集19・2・69	167
【115】	最決昭40・3・30刑集19・2・125	202
【036】	東京地判昭40・9・30下刑集7・8=12・1828	78
【090】	最決昭41・7・7刑集20・6・554	160
【006】	最決昭42・9・19刑集21・7・985	18
【047】	最決昭42・10・24刑集21・8・1116（米兵ひき逃げ事件）	86
【078】	最決昭43・2・27刑集22・2・67	143
【106】	最判昭43・12・24刑集22・13・1625	183
【055】	最判昭44・12・4刑集23・12・1573	105
【019】	最判昭45・1・29刑集24・1・1	56
【064】	福岡高判昭45・2・14高刑集23・1・156	114
【037】	浦和地判昭45・10・22下刑集2・10・1107	78
【040】	最判昭46・6・17刑集25・4・567（老女ふとん蒸し事件）	84
【052】	最判昭46・11・16刑集25・8・996	105
【070】	最判昭48・4・25刑集27・3・418（国労久留米事件）	128
【001】	最判昭50・9・10刑集29・8・489（徳島市条例事件）	13

【053】	最判昭50・11・28刑集29・10・983	105
【010】	最決昭52・3・25刑集31・2・96	19
【079】	最判昭53・7・28刑集32・5・1068	154
【119】	最決昭54・4・13刑集33・3・179	204
【066】	最決昭55・11・13刑集34・6・396	120
【062】	東京高判昭57・11・9刑月14・11＝12・804	109
【108】	最決昭58・9・21刑集37・7・1070	184
【025】	最判昭59・3・6刑集38・5・1961	61
【049】	最決昭61・6・24刑集40・4・292（マジックホン事件）	94
【067】	仙台地裁石巻支判昭62・2・18判タ632・254	121
【113】	大阪高判昭62・7・10高刑集40・3・720	189
【098】	東京高判昭62・7・16判時1247・140	171
【020】	東京地判昭62・9・16判タ670・254	56
【030】	最判昭63・10・27刑集42・8・1109（日本アエロジル塩素ガス流出事故）	68
【122】	最決平1・6・26刑集43・6・567	205
【031】	最決平1・12・15刑集43・13・879	73
【022】	最決平2・2・9刑集判時1341・157	61
【069】	横浜地判平7・3・28判時1530・28（東海大安楽死事件）	124
【007】	最判平8・2・8刑集50・2・221	18
【002】	最判平8・11・18刑集50・10・745（岩手県教組事件）	16

著者紹介

小松　進（こまつ　すすむ）

秋田県に生まれる（1938年）。
東京教育大学文学部社会科学科法律政治学専攻卒業（1963年），一橋大学大学院法学研究科博士課程中退（1969年）。
山形大学人文学部教授を経て，1987年より大東文化大学法学部教授。

主な著書論文　「医師法」（『注解特別刑法第5巻』1983年，青林書院），「歯科医師法」（『注解特別刑法第5巻—Ⅱ』1992年，青林書院），『講義刑法各論』（共著，1981年，青林書院），『刑法総論』（共著，1994年，青林書院），「医療と刑罰」（『現代刑罰法体系3巻』1982年，日本評論社），「偽証および証憑湮滅」（『現代刑法講座4巻』1982年，成文堂），「不動産侵奪罪」（『判例刑法研究6巻』1983年，有斐閣），「臓器移植法と死の概念」大東法学9-2など。

刑法総論

2003年8月30日　第1版第1刷発行

著者　小　松　　　進

発　行　不　磨　書　房
〒113-0033 東京都文京区本郷6-2-9-302
TEL 03-3813-7199／FAX 03-3813-7104

発　売　㈱信　山　社
〒113-0033 東京都文京区本郷6-2-9-102
TEL 03-3818-1019／FAX 03-3813-0344

Ⓒ KOMATHU Susumu
2003, Printed in Japan

印刷・製本／松澤印刷

ISBN4-7972-9079-X C3332

不磨書房

導入対話による刑法講義（総論）【第2版】　9083-8　■ 2,800円（税別）
新倉 修（青山学院大学）／酒井安行（青山学院大学）／髙橋則夫（早稲田大学）／中空壽雅（獨協大学）
武藤眞朗（東洋大学）／林美月子（神奈川大学）／只木 誠（中央大学）

導入対話による刑法講義（各論）　9262-8　★近刊　予価 2,800円（税別）
新倉修（青山学院大学）／酒井安行（青山学院大学）／大塚裕史（岡山大学）／中空壽雅（獨協大学）
信太秀一（流通経済大学）／武藤眞朗（東洋大学）／宮崎英生（拓殖大学）
勝亦藤彦（海上保安大学校）／北川佳世子（岡山大学）／石井徹哉（奈良産業大学）

導入対話による刑事政策講義　9218-0　★近刊　予価 2,800円（税別）
土井政和（九州大学）／赤池一将（高岡法科大学）／石塚伸一（龍谷大学）
葛野尋之（立命館大学）／武内謙治（九州大学）

導入対話によるジェンダー法学　監修：浅倉むつ子
阿部浩己（神奈川大学）／林瑞枝（駿河台大学）／相澤美智子（東京大学）／浅倉むつ子（都立大学）
山崎久民（税理士）／戒能民江（お茶の水女子大学）／宮園久栄（東洋学園大学）／堀口悦子（明治大学）
武田万里子（金城学院大学）　　　　　　　　　　　　　　9268-3　■本体 2,400円（税別）

◇◇ 法学検定試験を視野に入れた **ワークスタディ シリーズ** ◇◇

1 ワークスタディ 刑法総論【第2版】　定価：本体 1,800円（税別）
島岡まな（大阪大学）編／北川佳世子（岡山大学）／末道康之（南山大学）
松原芳博（早稲田大学）／萩原滋（愛知大学）／津田重憲（明治大学）／大野正博（朝日大学）
勝亦藤彦（海上保安大学校）／小名木明宏（熊本大学）／平澤修（中央学院大学）
石井徹哉（奈良産業大学）／對馬直紀（宮崎産業経営大学）／内山良雄（九州国際大学）　9074-9

2 ワークスタディ 刑法各論　定価：本体 2,200円（税別）
島岡まな（大阪大学）編／北川佳世子（岡山大学）／末道康之（南山大学）
松原芳博（早稲田大学）／萩原滋（愛知大学）／津田重憲（明治大学）／大野正博（朝日大学）
勝亦藤彦（海上保安大学校）／小名木明宏（熊本大学）／平澤修（中央学院大学）
石井徹哉（奈良産業大学）／對馬直紀（宮崎産業経営大学）／内山良雄（九州国際大学）
関哲夫（国士舘大学）／清水真（獨協大学）／近藤佐保子（明治大学）　9281-4

事例で学ぶ 刑法総論　吉田宣之 著（桐蔭横浜大学教授）　9078-1　■予価 2,200円

ドメスティック・バイオレンス　☆山川菊栄賞受賞
戒能民江（お茶の水女子大学教授）著　9297-0　定価：本体 3,200円（税別）

みぢかな刑事訴訟法　河上和雄（駿河台大学）編　■定価：本体 2,600円
近藤和哉（富山大学）／上田信太郎（岡山大学）／津田重憲（明治大学）／新屋達之（立正大学）
辻脇葉子（明治大学）／吉田宣之（桐蔭横浜大学）／内田 浩（岩手大学）
吉弘光男（久留米大学）／新保佳宏（京都学園大学）／山本輝之（名古屋大学）　9225-3